OCELLUS LUCANUS

EN GREC ET EN FRANÇOIS

avec

DES DISSERTATIONS

SUR LES PRINCIPALES QUESTIONS DE
la Metaphysique, de la Phisique, & de la Morale
des anciens; qui peuvent servir de suite

à la

Philosophie du Bon Sens.

par

Mr. LE MARQUIS D'ARGENS

CHAMBELLAN DE S. M. LE ROI DE PRUSSE
de l'Académie Royale des Sciences & Belles
Lettres de Berlin, Directeur de la Classe
de Philologie.

A UTRECHT, 1762.

Aux depens des Libraires associés.

AVERTISSEMENT.

Tout ce qu'on pourroit dire de plus flatteur sur cette nouvelle production de Mᵣ. le Marquis d'Argens, se trouve dans deux extraits qu'en a donné le *Journal Enciclopedique*, en *Janvier* 1762. Un accueil aussi distingué excitera sans doute le docte & aimable Auteur de cette Traduction *d'Ocellus*, à hater l'ouvrage qu'il promet sur *Timée*, & qui se fait desirer avec empressement.

A

SON ALTESSE ROYALE

MONSEIGNEUR

LE

PRINCE HENRI

FRERE DU ROI.

MONSEIGNEUR!

*Il-y-a des Héros qui se sont éle-
ves par leurs grandes qualités,
à un point de gloire au dessus de
toutes les louanges; leur nom seul,
en le prononçant, fait leur panegi-
rique. C'est ainsi qu'en nommant
Cesar, on a d'abord l'idée d'un Général*

néral au deſſus de tous ceux des Romains & des Grecs. En faiſant
mention de Titus, toutes les vertus humaines ſe préſentent à nôtre
eſprit; & l'on ne peut penſer à
Marc-Aurele, ſans ſonger à cette
ſage philoſophie, qui régloit toutes
les actions de cet illuſtre Empereur. VOTRE ALTESSE
ROYALE réunit dans Elle toutes les grandes qualités de ces Heros illuſtres. L'Europe entiere n'a
qu'une ſeule voix ſur ſon ſujet, &
les ennemis de l'Etat ſont forcés de
joindre leur ſuffrage à celui de nos
Alliés. Quand l'Univers a parlé,
& qu'il a porté ſon jugement, à quoi
peut ſervir celui d'un particulier?
c'eſt une goutte d'eau de plus dans
l'immenſe Ocean. Je ne prendrai
donc pas, MONSEIGNEUR,
la liberté, en Vous offrant cet
Ouvrage, de Vous exprimer toute
l'admiration que j'ai pour Vos talents militaires, pour Vôtre grandeur d'ame, pour Vôtre bonté pour

a 3

les

les malheureux, pour Vos connois-
ces litteraires, qui rendent Vôtre esprit aussi brillant, que Votre
cœur est bon & vertueux. Je me
contenterai de prier VOTRE AL-
TESSE ROYALE de me conti-
nuer la glorieuse protection dont
Elle a toujours daigné m'honorer.
J'ai l'honneur d'être avec le plus
profond respect

MONSEIGNEUR

DE

VOTRE ALTESSE ROYALE.

Berlin
ce 6 Novembre
1761.

Le très-humble, très-
obeissant & très-
devoué Serviteur,

Le Marquis d'Argens.

DISCOURS PRELIMINAIRE.

J'AI souvent penſé, que pour aprendre la philoſophie des anciens, il étoit beaucoup plus utile de lire, dans quelques Auteurs grecs, ce qu'ils en avoient dit, que de conſulter les ouvrages modernes, qui ont été écrits ſur ce ſujet, dont la plupart ſont fort étendus, & quoique bons peut-être trop diffus. Je formai donc le deſſein de traduire deux Auteurs, qui raſſemblaſſent dans leurs ouvrages toutes les principales idées, que les anciens ont eues ſur la metaphiſique, ſur la phiſique, & ſur la morale; & je reſolus de faire de ces traductions deux Volumes, qui ſerviroient de ſuite à la *Philoſophie du bon ſens.* C'eſt ce que j'exécute aujourdhui en partie, en donnant la traduction de l'ouvrage d'Ocellus ſur l'Univers; & j'eſpere, ſi ma foible ſanté me le permet, publier dans peu de tems la traduction de Timée de Locre; ce ſont les deux plus anciens philoſophes qui nous reſtent. Ils ont vecu avant Socrate, Platon, Ariſtote, & l'on trouve dans leurs ouvrages le germe de toutes les idées, que ces philoſophes ſoutinrent après eux.

On ne ſait pas préciſément le tems où a vecu Ocellus, mais l'on peut conjecturer que

 c'étoit

c'étoit quatre vingt ou cent ans avant Socrate, par une lettre d'Archytas écrite à Platon, que nous a conservé Diogene Laerce. Comme elle est fort courte, & qu'elle concerne uniquement Ocellus, je la raporterai ici en entier.

[1] Archytas à Platon
Santé.

„ Je suis charmé d'aprendre par vous, &
„ par Damiscus, que vous vous portez mieux.
„ J'ai eu soin des écrits dont vous m'aviez
„ parlé, & j'ai été en Lucanie chez les Des-
„ cendans d'Ocellus; j'ai actuellement entre
„ les mains ses Commentaires sur la Loi, la
„ Roiauté, la Pieté, & la Génération de tou-
tou-

[1] Ἀρχύτας πλάτωνι ὑγιαίνειν.	*Archytas Platoni valere.*

Καλῶς ποιῖς ὅτι ἀποπέφευγας ἐκ τᾶς ἀρρωσίας· ταῦτα γὰρ αὐτός τε ἐπέσταλκας, καὶ τοὶ περὶ Δαμησκὸν ἀπάγγελον. περὶ δὲ τῶν ὑπομνη μάτων ἐπεμελήθημες, καὶ ἀνήλθομες ὡς Λευκανὼς, καὶ Ἐνετύχομες τοῖς Ὀκέλλω ἐκγόνοις· τὰ μὲν ὧν περὶ νόμω, καὶ βασιληίας, καὶ ὁσιότατος, καὶ τᾶς τῶ παντὸς γενέσιος, αὐτοί τε ἔχομες, και τινα ἀπεςάλκαμες. τὰ δὲ λοιτὰ οὗτοι νῦν γε

Facis tu quidem recte quod nobis, te convaluisse ex ægritudine, epistola significaris; & Damiscus idem nuntiaverit. De commentariis autem curavimus, venimusque ad Lucanos, ibique convenimus Ocelli nepotes. Quæ autem ipsius de legibus, & de regno ac pietate, omniumque generatione, ipsi habemus, eorum quædam misimus. Reliqua modo reperiri non
δύνα-

,, tes chofes: je vous en ai deja envoié une par-
,, tie, mais je n'ai pû jusques ici recouvrer les
,, autres ouvrages: fi je les trouve, foiez af-
,, furé que je ne manquerai pas de vous les
,, envoier."

Nous voions par cette lettre le cas, que Platon faifoit des ouvrages d'Ocellus; mais nous l'apre-nous mieux, par la reponfe qu'il fit à Archytas & que Diogene Laerce nous a encore confer-vée. Cette lettre nous inftruit de la famille & du païs d'Ocellus.

[2] Platon à Archytas Sageffe.

,, Je ne puis vous exprimer le plaifir, que
,, m'ont fait les ouvrages que vous m'avez en-
a 5
,, voiés:

δύναται εὑρεθῆμεν. ἂν δέ κα εὑρεθῆ ἥξει τοι.

Ὧδε μὲν ὁ Ἀρχύτας. ὁ δὲ Πλάτων ἀντεπιςέλλει τοῦτον τὸν τρόπον.

poffunt: cum inventa fuerint, ad te deferen-tur.

In hunc modum Ar-chytas. Plato autem ita refcripfit. *Diog. Laert. in Vit. Archyt. VIII. S.* 80. tom. I. pag. 540.

[2] Πλάτων Ἀρχύτα εὖ πράττειν.

Plato Archytæ recte agere.

Τὰ μεν παρὰ σοῦ ἐλθόντα ὑπομνήμαῖα θαυμαστῶς ἄσμενοί τε ἐλάβομεν, καὶ τῦ γράψανῖος αὐτὰ ἠγάσθη-μεν ὡς ὅτι μάλιςα, καὶ ἴδε-

Quæ abs te nobis al-lata funt commentaria, dici non poteft quam li-benter acceperimus, eumque qui illa fcripfit, in primis admirati fu-mus. Oftendit enim pro-

,, voiés: j'eſtime infiniment l'Auteur: je l'ad-
,, mire, parcequ'il eſt veritablement digne de
,, ſes ancerres du vieux tems, qui étoient ſi
,, eſtimables par leur vertu. On les dit origi-
,, naires de Myrra: du nombre de ces Troyens,
,, qui ſuivirent Laomedon, & qui étoient de
,, très-honnêtes gens, comme l'Hiſtoire nous
,, l'aprend. Quant aux Commentaires que j'ai,
,, & pour les quels vous m'avez écrit, ils ne
,, ſont pas encore en aſſés bon état; je vous les
,, envoie cependant tels qu'ils ſont. Nous ſom-
,, mes également convaincus tous les deux de
,, l'attention qu'ils meritent: ainſi je n'ai rien à
,, vous recommander à ce ſujet. Portez vous
,, bien. ``

Voila

ξεν ὑμῖν ἀνὴρ ἄξιος ἐκείνων
τῶν παλαιῶν προγόνων. λέ-
γονῖαι γὰρ οἱ ἄνδρες οὗτοι
Μυραῖοι εἶναι. οὗτοι δ' ἦσαν
τῶν ἐπὶ Λαομέδονῖος ἐξα-
ναςάντων Τρώων, ἄνδρες
ἀγαθοὶ, ὡς ὁ παραδεδομέ-
νος μῦθος δηλοῖ· τὰ δὲ παρ'
ἐμοὶ ὑπομνήματα περὶ ὧν
ἐπέςειλας, ἱκανῶς μὲν οὔ-
πω ἔχει. ὡς δέ ποτε τυγχά-
νει ἔχονῖα, ἀπέςαλκά σοι.
περὶ δὲ τῆς Φυλακῆς ἀμ-
φότεροι συμφωνοῦμεν. ὥςε
οὐδὲν δῖῦ παρακελεύσθαι.
Ἔρρωσο.

fecto Vir ille, dignum
ſe majoribus illis ſuis an-
tiquiſſimis atque opti-
mis viris. Feruntur au-
tem iſti viri Myræi fuiſ-
ſe. Hi autem ex illis fuere Trojanis, qui cum
Laomedonte migra-
runt, viri boni, ut de
illis tradita ſignificant.
Quæ apud me ſunt com-
mentaria, de quibus
ſcripſiſti, nondum ſatis
elucubrata ſunt, utcun-
que tamen nunc ſe ha-
bent, ad te miſi. De cu-
ſtodia vero ambo con-
ſentimus. Nihil itaque
adhortatione opus eſt.
Vale. *Id. ib. S. 81. pag.*
541.   *Ἐπ-*

Voila toutes les particularités qui nous reſtent ſur Ocellus & ſur ſa famille. Quant à ſes Ouvrages, nous avons une ſuite de temoignages, d'aprobations, & de louanges, que les plus illuſtres Savans lui ont donnés dans tous les tems. „ Il y a des Auteurs, *dit Philon*, 3 qui „ ont prétendu qu'Ariſtote n'étoit pas le pre- „ mier, qui eut ſoutenu l'éternité de l'Uni- „ vers, mais que pluſieurs Pythagoriciens, „ plus anciens que lui, avoient été de cette „ opinion J'ai vu un Commentaire ſur la na- „ ture de l'Univers, écrit par Ocellus de Lu- „ canie, dans lequel non ſeulement l'éternité „ de l'Univers étoit ſoutenue, mais prouvée „ par d'excellentes raiſons.“

Lu-

3 Ἔνιοι δ' οὐκ Ἀριϛο-τέλη τῆς δόξης εὑρετὴν λέγουσιν, ἀλλὰ καὶ τῶν πυθαγορείων τινάς. ἐγὼ δὲ καὶ Ὠκέλλου συγγράμματι, Λευκανοῦ γένος, ἐπιγεγραμμένῳ περὶ τῆς τοῦ παντὸς φύσεως ἐνέτυχον, ἐν ᾧ ἀγέννητόν τε καὶ ἄφθαρτον οὐκ ἀπεφαίνετο μόνον, ἀλλὰ καὶ δι' ἀποδείξεως κατεσκεύαζεν τὸν κόσμον εἶναι.

Cæterum ſunt, qui tradant opinionis hujus non Ariſtotelem primum auctorem, ſed Pythagoreos quosdam fuiſſe. At mihi Ocelli, genere Lucani, inſcriptum de univerſi natura, commentarium oblatum eſt, in quo quidem mundum eſſe ingenitum, & nunquam interiturum non ſolum protulit, verum etiam exquiſitiſſimis rationibus comprobavit. *Philo Judæus in Lib.* περὶ ἀφθαρσίας κόσμου. *Pag.* 233.

Lucien fait auſſi mention d'Ocellus. ,, Le
,, divin Pythagore, [4] dit-il, ne nous a laiſſé
,, aucun ouvrage, comme il paroit par ce que
,, nous voions dans Ocellus & dans Archytas."
Stobée, qui vivoit dans le cinquieme ſiecle nous donne un extrait de l'ouvrage dont je
donne ici la traduction. ,, Ocellus, [5] dit-il,
,, fait le monde éternel dans ſon livre de la
,, nature de l'Univers; & il prouve que le
,, monde eſt éternel, & que le mouvement,
,, le tems, & la figure de l'Univers ont tou-
,, jours exiſté ainſi que lui. Car la figure du
,, monde eſt circulaire, qui eſt égale & ſem-
,, blable de tout côté, & par conſéquent qui
,, n'a

---

[4] Ὁ μέντοι θεσπέσιος ὁ
πυθαγόρας, εἰ καὶ μηδὲν
αὐτὸς ἡμῖν ἴδιον καταλιπεῖν
τοῦ αὐτοῦ ἠξίωσεν. ὅσον
Ὀκέλλῳ τῷ λευκανῷ καὶ
Ἀρχύτα, καὶ τοῖς ἄλλοις
ὁμιληταῖς αὐτοῦ τεκμαί-
ρεσθαι.

Divinus quidem Py-
thagoras, tameſi nul-
lam nobis reliquit lite-
ram, ut ex Ocello Lu-
cano, & Archita, aliis-
que ejus diſcipulis licet
conjicere. *Lucian. oper.
tom. I. pag.* 248.

[5] Ὄκελλος αἴδιον τὸν κόσ-
μον· ὧδε γὰρ ἐν τοῖς περὶ
τοῦ παντὸς φύσεως λέγει
ἔτι δὲ καὶ τὸ ἀτελεύταον
καὶ τῷ σχήματος καὶ τᾶς
κινήσιος, καὶ τῷ χρόνω
καὶ τᾶς ωσία· τοῦτο πιςεῦ-
ται, διότι ἀγέννητος ὁ κόσμος, καὶ ἄφθαρτος. ἅ τε
γὰρ τῷ σχήματος ἰδέα κύκ-
λος οὗτος δὲ πάντοθεν ἴσος

Ocellus æternum fa-
cit mundum. Sic enim
ait libro de univerſi na-
tura : Præterea figu-
ræ, motus, temporis
ac naturæ æernitas ini-
tii finiſque expertem
eſſe mundum confir-
mat. Nam & figura
circuli eſt, qui ab omni
parte ſimilis & æqualis
καὶ

> n'a ni commencement ni fin. Le mouve-
> ment de même n'a pu avoir un commence-
> ment, puisqu'il a co-existé avec l'Univers;
> il n'aura donc aucune fin, l'Univers étant
> éternel. Le tems est également infini &
> impérissable, parcequ'il est avec le mouve-
> ment. La nature ne peut donc recevoir au-
> cun changement, ni passer d'un état bon à
> un mauvais, ni d'un mauvais à un meilleur;
> mais elle restera éternellement telle qu'elle a
> toujours été.«

Lors du renouvellement des Sciences en Italie, Ocellus fut un des Auteurs les plus estimés.
> Au jugement de Platon, [6] dit l'illustre Pic
de

καὶ ὅμοιος· διόπερ ἄναρ-
χος καὶ ἀτελεύτατος, ἅ τε
τᾶς κινάσιος κατὰ κύκλον·
αὐτὰ δὲ ἀπαράβατος καὶ
ἀδιέξοδος, ὅτε χρόνος ἄπειρος ἐν ᾧπερ ἁ κίνασις, διὰ
τὸ μήτε ἀρχὰν εἰληφέναι τὸ
κινούμενον, μήτε τελευτὰν
λάμψειν. ὁ δὴ ἅ τε μὰν
οὐσία τῶν πραγμάτων ἀ-
νέκβακτος καὶ ἀμετάβλα-
τος, διὰ τὸ μήτε ἀπὸ τῶ
χείρονος εἰς τὸ βελτίον, μήτε ἀπὸ τῶ βελτίονος ἐπὶ τὸ
χεῖρον πέφυκεν μεταβάλ-
λειν.

est, ideoque principii fi-
nisque expers, & mo-
tus in orbem fertur, qui
quidem finem non ha-
bet: & infinitum eit mo-
tus tempus, quod nec
principium habuerit,
quod movetur, nec fi-
nem sit habiturum. Jam
natura rerum nullam
mutationem recipit,
quod nec ex deteriore
melior, nec ex meliore
deterior fieri possit. *Sto-
bæus eccl. phisic. Lib. I.
cap. 24.*

[6] Cur & Ocellus idem Lucanus in libro de Mundo, testimonio etiam ipse Platonis eminentissimus.
Joan. Picus Mirandulanus. Lib. I. cont. Astrolog.

[7] *Ne-*

,, de la Mirandole, Ocellus eſt un Ecrivain
,, très-excellent, & ſon livre de la nature de
,, l'Univers eſt un ouvrage pretieux."

Dans l'édition que Gale, Anglois très-ſa-
vant, a donnée de l'ouvrage d'Ocellus, & de
celui de Timée de Locre; il appelle ces deux
Auteurs, *des Ecrivains ſortis de la plus ſainte diſcipline de Pythagore.* ,, Ocellus Lucanus
,, & Timaeus Locrus ex ſanctiſſima Pythago-
,, rae diſciplina profecti ſunt."

C'eſt aſſés parler d'Ocellus, je viens à ma
traduction: tous ceux qui ſavent le grec verront, qu'il eſt impoſſible d'en faire une qui
ſoit plus fidele. Je ne me ſuis pas permis la
moindre licence & j'ai rendu partout mon Auteur tel qu'il eſt dans l'original. Je n'ai pas
cherché à lui faire dire de jolies choſes. Admirant partout ſon bon ſens, ſes lumieres,
ſes grandes vues, ſes excellens principes de
morale, je n'ai été attaché, comme lui, qu'à
rendre ſes raiſons claires. Il y a deux-mille
& cinq-cens ans que les philoſophes n'écrivoient, que pour mettre au jour la verité
le plus ſimplement qu'ils pouvoient: aujourdhui cette verité ſi reſpectable n'oſeroit paroître nue, que dis-je, nue! Ce n'eſt pas aſſés que de lui donner des habillemens cou-
verts de clinquants, on la ſurcharge de pom-
pons.

J'aurois pû donner aux reflections d'Ocellus un air d'epigrammes: lui faire dire un bon
mot à la fin de chaque article, mais j'euſſe
préſenté à mes Lecteurs un ouvrage *pariſien-
grec,* & non pas celui d'Ocellus. J'ai crû
que

que les gens du monde, qui se plaisent à la
lecture des anciens, & que quelques hommes de
Lettres qui n'entendent pas le grec, cette langue n'étant que trop negligée aujourdhui, me
sauroient bon gré de leur montrer, comment
l'on écrivoit dès la naissance de la philosophie. Je me suis cependant vu obligé, dans
deux ou trois endroits, d'étendre un peu ma
traduction, & même d'y joindre quelques
phrases, pour rendre plus clair le sens de
l'Auteur, la brieveté en grec ne pouvant
être exprimée qu'obscurement en françois;
mais lorsque j'ai pris cette licence, j'ai mis
en caracteres italiques, ce que j'ai ajouté au
texte.

Il n'y a jamais eu aucune traduction d'O-
cellus en langue vulgaire, & je n'en connois
qu'une seule latine, faite par le Comte Nogarella, Italien. Vizanius, de la même nation, a donné une édition d'Ocellus; il s'est
servi de la traduction de Nogarella, qu'il a re-
touchée en plusieurs endroits : mais trouvant
cette traduction encore trop obscure, il a fait
à chaque article une paraphrase, pour expliquer plus clairement les pensées d'Ocellus,
qui sont rendues en grec d'une maniere très-
concise; à cette paraphrase, qui est souvent
moins claire que la simple traduction, Vizanius y a joint un Commentaire, qui forme
un volume *in quarto*, dans le quel il n'y a
que des choses fort triviales, & qui ont presque toujours raport à la philosophie peripa-
teticienne. L'ouvrage de Vizanius est en général fort mauvais, sans goût, presque toujours

jours fans juftefſe dans le raiſonnement: auſſi
eſt - il entierement tombé.   Quand à la traduction de Nogarella, elle eſt fidele & exacte, excepté dans quelques endroits où elle
devient un peu prolixe, & s'éloigne trop de
la ſublime ſimplicité d'Ocellus.   La meilleure édition que nous aions de l'ouvrage de cet
Auteur grec, & de la traduction de Nogarella, eſt celle qu'a donné Thomas Gale Anglois,   dans les Opuscules mytholo-
giques, phiſiques & moraux imprimés à Amſterdam 1688. Aux ſoins que ſe donna Thomas Gale pour cette édition Meibomius, ſi
connu par ſa grande érudition, ajouta les
ſiens.

Je viens actuellement aux notes, ou plutôt aux differtations que j'ai faites ſur quelques maximes d'Ocellus; je m'y ſuis propoſé
d'éclaircir les points les plus eſſentiels de la
theologie, de la phiſique & de la morale des
anciens, & de montrer le plus ou le moins de
reſſemblance qu'il ſe trouve entre leurs ſentiments & ceux des modernes. Je crois qu'en
examinant avec impartialité toutes ces diférentes queſtions, depuis le tems de leur naiſſance
jus-

7 Neceſſarium eſt homini accipere per modum fidei, non ſolum ea quæ ſunt ſupra rationem, ſed etiam ea quæ per rationem co-
gnoſci poſſunt propter certitudinem. Ratio
enim humana in rebus divinis eſt multa defi-
ficiens; cujus ſignum eſt, quia philoſophi de
rebus humanis naturali inveſtigatione perſcru-
tan-

Jusqu'à prefent, on peut faire une hiftoire abregée de l'efprit humain.

Pour éclaircir certaines opinions, & les examiner de tous les diférents côtés, j'ai été quelque fois obligé de combattre certains dogmes philofophiques que la Religion a adoptes ; mais après avoir montré que les raifons, que l'efprit humain aporte pour prouver ces dogmes, ne font point évidentes, j'ai foumis ma croïance à ce que nous en dit la revelation. Je penfe avec les plus illuftres Peres de l'Eglife, qu'il eft un nombre d'opinions, qu'il faut recevoir fimplement par la foi, parceque les raifonnemens des hommes ne font pas capables de nous en demontrer la verité, qui cependant n'en eft pas moins fure, puifqu'elle nous eft revelée par les Ecritures. S. Thomas prétend non feulement que les hommes ne peuvent recevoir, que par la foi, les verités qui paroiffent douteufes par les preuves des philofophes, mais encore qu'ils ne doivent donner leur croïance que par cette même foi à celles qui leur paroiffent claires : ,, Il eft ne-
,, ceffaire, 7 dit ce grand Philofophe, que les
,, hommes reçoivent par l'autorité de la foi,

non

tantes, in multis erraverunt, & fibi ipfis contraria fenferunt. Ergo ut effet indubitata & certa cognitio apud homines de Deo, oportuit quod divina eis per modum fidei traderentur, quafi a Deo dicta, qui mentiri non poteft. *S. Thom. II. 2. Qvæft. 2. & 4.*

8 Vi-

„ non feulement les chofes qui font au deſſus
„ de la raiſon, mais même celles que la rai-
„ fon peut connoître, à cauſe de la certitu-
„ de; car la raiſon humaine eſt fort défec-
„ tueufe dans les chofes divines; auſſi voit-on
„ que les philofophes font tombés dans plu-
„ fieurs erreurs, en voulant aprofondir la na-
„ ture, & l'eſſence des chofes humaines, &
„ fe font contredits mutuellement; l'un foute-
nant un fentiment qu'un autre condamnoit.
„ Afin donc que les hommes connuſſent d'u-
„ ne maniere certaine & indubitable l'exis-
„ tence de Dieu, il a été neceſſaire, que la
„ foi leur enfcignat les chofes divines, com-
„ me aiant été enfeignées de Dieu-même qui
„ ne peut mentir."

Comment a-t-on donc pu faire, dans ces derniers tems, un crime à quelques philofophes qui fe font fervis du fage confeil de Saint Thomas, & qui après avoir montré dans leurs ouvrages, la foibleſſe des raiſonnemens des philofophes fur certaines opinions, ont reconnu cependant la verité de ces mêmes opinions, parceque la revelation la leur aprenoit.

Je

---

8 Videte ne quis vos decipiat per philofophiam & inanem fallaciam, fecundum traditiones hominum, fecundum elementa mundi, & non fecundum Chriſtum. *Ep. D. Pauli ad Coloſſ. Cap XI. v. 8.*

9 Τί τοίνυν ἄιτιον τοῦ μὴ πρὸς ἀλλήλυς μόνον, ἀλλὰ καὶ πρὸς ἑαυτοὺς ϛασιάζειν τοὺς παρ' ὑμῖν νο-

Quænam igitur afferri poteſt cauſa, ut qui apud vos reputati funt fapientes, non tantum

σιά

Je crois devoir remarquer ici, que le sentiment de S. Thomas a été celui tous les plus illustres Theologiens anciens & modernes. Commençons par S. Paul : „ Prenes garde, „ *dit cet Apôtre*, [8] que personne ne vous trom„ pe par les raisonnemens de la philosophie, & „ de cette vaine tromperie conforme aux tra„ ditions des hommes, & aux élémens du mon„ de, & non pas à Christ.“

Les premiers Chretiens mépriserent infiniment toutes les preuves, qui n'étoient pas fondées purement & simplement sur la revelation. [9] „ Comment voulez-vous, *dit S. Justin*, „ qu'on ajoute aucune croiance aux philoso„ phes, qui non seulement disputent avec ceux „ des autres sectes, mais qui ne font pas d'ac„ cord avec eux-mêmes?“

„ L'homme, [10] *dit Arnobe*, est un animal „ aveugle, & qui n'a aucune connoissance de „ lui-même, & qui ne sauroit connoître par „ aucune raison ce qu'il doit faire, en quel „ tems, & de quelle maniere.“

Lactance est encore plus précis sur la necessité de ne croire une opinion que parcequ'elle

b 2

est

μισθέντας γεγενῆσθαι σο inter se mutuo non sint φούς.   factionibus conflictati, verum sibi ipsis etiam per se non repugnarint? *S. Justin. Mart. ad Græc. cohort. pag.* 8.

[10] Esse animal cæcum, & ipsum se nesciens, nullis possit rationibus consequi quid oporteat fieri, quando, vel quo genere. *Arnob. Disp. adv. Gent. Lib. I. cap.* I.

[11] Cum

est relevée. ,, Les Livres saints, *dit-il*, [11] nous
,, aprennent, que toutes les pensées des phi-
,, losophes sont des folies: on ne sauroit trop
,, constater cette verité par les effets & par
,, les raisons, dans la crainte que quelqu'un
,, trompé, & seduit par le nom brillant de la
,, sagesse, & égaré par l'éclat d'une éloquen-
,, ce flateuse, ne préfere les opinions qu'on
,, apuie sur l'autorité de la raison & de la
,, lumiere naturelle, à celles qui n'ont d'autre
,, fondement que la revelation.'' Cet Auteur
ne se contente pas de nous dire, qu'il ne faut
recevoir une opinion, que parcequ'elle est revelée : il donne, dans un autre ouvrage, une
preuve de l'incertitude des philosophes sur les
questions les plus importantes, de la verité
des quelles la seule revelation a pu nous instruire. ,, Qui ne sait, *dit Lactance*, [12] que
,, la nature de l'ame est incompréhensible; ce-
,, lui qui croit en avoir connoissance montre
,, qu'il n'en a aucune. Nous devons donc
,, com-

---

[11] Cum sit nobis divinis Litteris traditum,
cognitiones philosophorum stultas esse, id ipsum
re & argumentis docendum est; ne quis honesto
sapientiæ nomine inductus, aut inanis eloquen-
tiæ splendore deceptus, humanis malit quam
divinis credere. *Lactant. Inst. Lib. I. cap. 1.*

[12] Mentis quoque rationem incomprehensibi-
lem esse quis nesciat, nisi qui omnino illam
non habet : cum ipsa mens quo loco sit, aut
cujusmodi, nesciatur? Varia ergo a philosophis
de natura ejus ac loco disputata sunt; at ego
non

„ comprendre la grandeur des ouvrages de
„ Dieu, par la difficulté qu'il-y-a de les con-
„ noître.“

Aujourdhui le plus petit Regent de Colege
prétend expliquer clairement, quelle eſt la nature de l'ame, & ſavoir le lieu où elle fait ſa
demeure. Il n'eſt pas beſoin, ſelon lui, que
l'homme ſoit guidé par la révélation, ſes foibles raiſonnemens valent l'autorité des Ecritures ſaintes. Dans quels travers ne doivent pas
donner des ignorans auſſi préſomptueux, puisqu'un des plus grands Peres de l'Egliſe, nous
a apris que l'orgueil des raiſonnemens philoſophiques avoit penſé le jetter dans une erreur
mortelle. „ Je parlois beaucoup, [13] *dit ce*
„ *Pere*, & je me regardois comme un grand
„ philoſophe, mais ſi je n'euſſe pas eu dans
„ Chriſt un ſecours contre ma vanité, au lieu
„ de la ſcience, j'aurois trouvé ma perte : car
„ je commençois deja à vouloir paſſer pour
„ un Sage, gonflé d'orgueil de mes connois-

b 3

ſan-

non diſſimulabo quid ipſe ſentiam, non quia
ſic eſſe adfirmem; (quod eſt inſipientis in re
dubia facere) ſed ut expoſita rei difficultate, in-
telligas, quanta ſit divinorum operum magnitudo. *Lactant. de Officio Dei cap.* 16.

[13] Garriebam plane quaſi peritus, & niſi in
Chriſto Salvatore noſtro viam tuam quærerem,
non peritus, ſed periturus eſſem. Jam enim
coeperam velle videri ſapiens, plenus poena
mea; & non flebam inſuper, & intlabar ſcien-
tia. *D. Aug. Conf. Lib. VII. cap.* 20.

[14] Quia

,, fances, fur les quelles j'aurois du pleurer.``
Le même S. Auguftin aiant reconnu par lui-
même, que la feule autorité des Ecritures eft
ce qui doit obliger un chretien à foumettre fa
croiance, & non pas les preuves philofophiques, qui n'ont jamais une certitude évidente, remarque dans [14] un autre ouvrage, que
l'entendement humain eft obfcurci par l'habitude des tenebres, dont il eft envelopé dans la
nuit du peché; il ne peut envifager fixement
la clarté, l'évidence lui manque: c'eft un bonheur pour lui d'être conduit vers la verité par
la voix de l'autorité.

Il eft facheux que les Jefuites ne lifent jamais les ouvrages de S. Auguftin, fans cela on
eut pû efperer, que les Journaliftes de Trevoux n'attaqueroient plus, avec autant d'indécence que de mauvaife foi, plufieurs auteurs,
qui ont déclaré & qui déclarent tous les jours,
qu'ils croient toutes les verités révélées, parcequ'elles font révélées, mais non pas parcequ'elles font fort mal prouvées par les raifonnemens de quelques philofophes, auffi mauvais que ceux de l'Auteur du Journal Chrêtien, & de quelques autres Savans de cette
efpece.

Parmi les Theologiens modernes, qui ont
rejetté toutes les preuves philofophiques, choififfons le plus favant & le plus vertueux qu'il
y ait

[14] Quia caligantes hominum mentes confue-
dine tenebrarum, quibus in nocte peccatorum
vitiorumque velantur, perfpicuitati fanctitati-
que rationis afpectum idoneum intendere ne-
queunt,

y ait eu dans ces derniers tems; l'illuftre Mr.
Huet, Evêque d'Avranches, a fait un Traité
qu'il a intitulé *de la foibleffe de l'Efprit humain*: il l'a compofé en françois, & en latin,
pour qu'il put avoir plus de lecteurs. Ce favant Prêlat prouve invinciblémént, dans cet
ouvrage, la neceffité de ne pas donner un entier confentement à aucune opinion foutenue
par les philofophes. Il a divifé fon livre en
trois parties: dans la premiere il foutient qu'il
eft impoffible, que l'efprit humain puiffe être
affuré d'une maniere évidente de la verité: dans
la feconde il examine quelle eft la façon la plus
utile d'étudier la philofophie: dans la troifieme
il refute les Savans qui ont voulu décider avec
trop de hauteur. Lorsque ce livre parut, après
la mort de Mr. Huet, les Jefuites foutinrent
que ce Prêlat n'en étoit pas l'auteur; c'eft là
leur façon d'agir ordinaire, ils commencent
toujours par nier, quitte enfuite à convenir de
ce qu'ils foutenoient être faux, ainfi que cela
arriva à l'occafion de l'ouvrage de Mr. Huet,
dont le manufcript original fut remis par Mr.
l'Abbé d'Olivet à l'Académie françoife, qui
décida que l'Ouvrage étoit véritablement de
cet illuftre Evêque. Comme il eft mort, qu'il
a vecu plufieurs années chez les Jefuites, &
qu'il y a compofé ce Traité fur la foibleffe de
l'efprit humain, ces Reverends Peres n'ont pas

b 4

jugé

queunt, faluberrime comparatum eft, ut in lu-
cem veritatis aciem titubantem, & veluti ra-
mis humanitatis opacatam inducat autoritas. *D.
Auguftin. de Morib. Eccl. Cath. cap.* 2.

15 Quis-

jugé à propos de se vanger de leur confusion, en cherchant à décrier cet ouvrage dans leurs écrits, & dans ceux des auteurs subalternes qui leur sont devoués, tels que le Moine Chomeix, qui seroit inconnu, si Mr. de Voltaire ne l'avoit immortalisé en plaçant son nom dans un ouvrage, où il fait mention de quelques Auteurs également méprisables par leur ignorance, & par leurs calomnies. Ces sortes d'écrivains sont veritablement faits, pour être les goujats & Cuistres soumis à la ferule des Journalistes de Trevoux; & pour avoir les mêmes partisans, & les mêmes lecteurs qu'eux. *Qui Bavium non odit amet tua carmina Mevi.*

Il y a encore une chose, sur la quelle quelques personnes trop délicates pourroient peut-être me faire des reproches, si je n'avois pour moi l'autorité & l'exemple de S. Augustin. J'ai été obligé, dans ma traduction du quatrieme chapitre d'Ocellus sur la génération, d'agiter dans mes Notes certaines questions fort libres; mais Ocellus a écrit pour des philosophes; ce n'est pas pour les Religieuses de Fontevraux & pour les Novices Benedictines que j'ai commenté ce chapitre; je n'ai pas expliqué pour les financiers, & pour les Abbés de Cour celui de la possibilité de la transmutation des élémens; & de même je n'ai pas recherché

l'ori-

---

15 Quisquis ergo ad has literas impudicus accedit, culpam refugiat, non naturam : facta denotet suæ turpitudinis, non verba nostræ necessitatis, in quibus mihi facillime pudicus &

ex-

l'origine des Dieux & des demons, dont parle Ocellus, pour donner des éclaircissemens aux petits maitres sur les demons & les Dieux de l'Opera de Paris. Mon livre est écrit pour les personnes, qui aiment les belles Lettres & la philosophie, & pour tous les gens du monde, qui lisent dans le dessein de s'instruire & qui ne sont pas assés scrupuleux pour condamner la Cité de Dieu de S. Augustin, livre rempli d'érudition, & de choses intéressantes. Il n'y a rien dans mes notes d'aussi libre, que les endroits que j'ai pris de cet ouvrage. Mais, dira peut être quelqu'un, S. Augustin a écrit en latin, & par conséquent il n'a pû être lû que des gens de Lettres. Celui qui raisonneroit ainsi, montreroit qu'il a peu de connoissance de l'Histoire. Lorsque S. Augustin a fait son livre de la Cité de Dieu, le latin étoit la seule & générale langue de tout l'Empire d'Occident: la plus jeune fille, qui savoit lire, pouvoit entendre son ouvrage aussi facilement, que le mien peut être entendu aujourdhui. Ce Saint ne s'aréta pas à des préjugés mal fondés, & aiant à parler sur des matieres philosophiques, il crut qu'il y auroit de la foiblesse à se contraindre par rapport aux scrupules ridicules de certaines gens. ,, Quiconque, *dit S. Au-* ,, *gustin,* ¹⁵ lit ceci avec une mechante disposition

fition

religiosus lector vel auditor ignoscet, donec infidelitatem refellam, non de fide rerum inexpertarum, sed de sensu expertarum argumentantem. Leget enim hoc sine offensione, qui non

exhor-

„ tion d'efprit, qu'il fe blâme lui-même &
„ non la nature; qu'il condamne l'impureté de
„ fon cœur, non les paroles dont la neceffité
„ nous oblige de nous fervir; car celui qui
„ n'eft point fcandalifé d'ouir S. Paul parler
„ de l'impudicité monftrueufe de ces femmes,
„ qui changeoient l'ufage, qui eft felon la na-
„ ture, en un autre qui eft contre la nature,
„ lira ceci fans fcandale, vu particulierement
„ que nous ne parlons pas ici comme lui de
„ de cette abominable infamie; mais qu'en ex-
„ pliquant, felon nôtre pouvoir, ce qui fe paf-
„ fe dans la génération des enfans, nous évi-
„ tons comme lui toutes les paroles dèshon-
„ nêtes."

Je ne fais ce que l'on pourroit repondre de
raifonnable, pour détruire ce qu'avance ici fi
fagement S. Auguftin. Dira-t-on, que nôtre
langue eft plus chafte que la latine? avoir recours à une auffi foible raifon, c'eft prétendre que la matieres qui regardent la phifique,
comme l'anatomie, la génération, la defcription des animaux &c. ne peuvent être trai-
tées en françois. Les gens veritablement fages
& vertueux ne s'arrêtent pas à de fi foibles
objections. L'on a vu fortir de la plume d'un
des principaux Ecrivains de Port Royal, une
traduction de la Cité de Dieu, où tous les endroits

exhorret Apoftolum horrenda foeminarum flagi-
tia reprehendentem, quæ immutaverunt natura-
lem ufum, in eum ufum qui eft contra naturam : præcipue quia nos non damnabilem obs-
cœ-

droits les plus libres font fidelement rendus, &
ce Traducteur a donné de très bonnes raifons
pour juftifier fa conduite à ce fujet. „ Si S.
„ Auguftin, *dit-il*, eut été du fentiment, que
„ ces fortes de chofes étoient inutiles & nui-
„ fibles à la pofterité, il n'auroit pas manqué
„ d'en avertir dans fes retractations, de peur
„ de tendre ce piege à ceux, qui viendroient
„ après lui: & lui qui a été affés humble pour
„ fe dedire de certaines chofes, où la méprife
„ étoit indiférente, n'auroit eu garde d'ou-
„ blier celles qui pouvoient être d'une dange-
„ reufe conféquence; car je fuplie de confidé-
„ rer que la langue, en la quelle ce Saint a
„ écrit, étoit celle de fon pais & de tout l'Em-
„ pire Romain, c'étoit la langue vulgaire de
„ ce tems-là: c'étoit celle des filles, des reli-
„ gieufes, & fes ouvrages étoient entre les mains
„ de ces fortes de perfonnes, qui bien loin de s'en
„ fcandalifer en étoient extrèmement édifiées."
Je ne demande donc aux perfonnes des deux
fexes, qui liront mon ouvrage, que de n'être
pas plus fcrupuleufes que l'étoient les religieux,
& les vierges confacrés aux autels du tems de
S. Auguftin. Cependant pour éviter tous les
reproches, & prévenir toutes les critiques d'u-
ne fauffe fageffe, couverte du mafque de l'hy-
pocrifie; je declare encore que je n'ai écrit que

pour

cœnitatem nunc, ficut ille, commemoramus
atque reprehendimus, fed in explicandis quantum poffumus humanæ generationis affectibus,
verba tamen, ficut ille, obfcœna devitamus. *Aug.*
de Civ. Dei Lib. XIV. Cap. 23.

pour les gens, qui aiment la philofophie & qui cultivent les lettres.

J'ai fait imprimer les reflections prifes dans le texte, & qui font le fujet des remarques, fans y mettre d'accens, comme on a fait depuis quelque tems en diférents ouvrages, où les citations, à caufe de la petiteffe du caractere font fans accens; car il eft presque impoffible qu'on ne fe brouille lors de l'impreffion, & cela fait une confufion plutôt qu'une exactitude. Ce qui m'a déterminé à fuivre cette methode, c'eft que ces mêmes paffages fe trouvent accentés dans le texte qui eft imprimé en plus gros caractere : ainfi, fi j'ai fait une faute en fuivant le nouvel ufage, cette faute eft toute reparée dans le Texte d'Ocellus.

Le grec & latin qui fe trouvent neceffairement, & même indifpenfablement mêlé avec le françois dans cet ouvrage, ne doivent point embaraffer ceux, qui n'entendent pas ces langues: tous les paffages cités font fidelement traduits, & le fens eft toujours lié indépendamment des citations grecques & latines, faites uniquement pour les Savans qui ne veulent pas toujours fe dunner la peine de les verifier & qui fouvent ne le peuvent pas, par le défaut des livres. On peut donc lire cet ouvrage en françois, fans trouver aucune interruption, & avec la même facilité, que s'il n'y avoit ni grec ni latin.

Reflections **D'OCELLUS** DE LUCANIE sur l'Univers.	Ὤ ΚΕΛΛΟΣ Ὁ ΛΕΥΚΑΝΟΣ Περὶ τοῦ παντός
Chapitre I.	Κιφ. ά.
§. I.	§. I.

Ocellus de Lucanie a écrit ces reflections sur le monde : quelques unes lui ont été suggerées par les indices manifestes de la nature, quelques autres par l'opinion, & par le raisonnement ; & quelques autres par les reflections & par les conjectures sur ce qui est le plus probable.

§. 2. Le Monde me paroit n'avoir jamais

Τάδε συνέγραψεν Ὤκελλος ὁ Λευκανὸς, περὶ τῆς τοῦ παντὸς φύσεως. Τὰ μὲν τεκμηρίοις σαφέσι παρ᾽ αὐτῆς τῆς φύσεως ἐκμαθών· τὰ δὲ καὶ δόξη, μετὰ λόγου τὸ εἰκὸς ἀπὸ τῆς νοήσεως ςοχαζόμενος.

§. 2. Δοκεῖ γάρ μοι τὸ πᾶν ἀνώλεθρον εἶναι

A   καὶ

καὶ ἀγένητον. ἀεί τε été produit, [1] & de-
γὰρ ἦν, καὶ ἔςαι. εἰ γὰρ voir être impériſſable ;
ἔγ-

[1] Δοκει γαρ μοι το παν ανωλεθρον ειναι και αγενητον. *Le monde me paroit n'avoir jamais été produit & devoir être impériſſable.*

Les Philoſophes anciens ont été partagés ſur la nature du monde; les uns lui ont donné un commencement, les autres ont prétendu au contraire qu'il avoit été de tout tems, tel qu'il eſt aujourd'hui. Thales, Anaxagore, Empedocle, Democrite, Meliſſus, Platon, crurent que l'arrangement du monde, avoit eu un commencement. Ariſtote, s'il faut l'en croire, fut le premier qui ſoutint & demontra l'éternité du monde ; & les plus celebres commentateurs, fondés ſur ſon autorité, diſent la même choſe. Le Jeſuite Toleta, qui fut Cardinal, & qui compoſa un excellent commentaire ſur les ouvrages d'Ariſtote, aſſure qu'avant ce Philoſophe grec tous les philoſophes avoient admis le commencement de l'arrangement du monde. *Mundum eſſe genitum omnes antiqui philoſophi ante ipſum Ariſtotelem poſuerunt, ut Anaxagoras, Democritus, Empedocles, Meliſſus, Plato cum cæteris, ſed ipſe Ariſtoteles omnium primus ingenitum & æternum fecit, ut de ſe ipſemet ait, I. de Cœlo Text. 102. Francis. Toleta Societatis Jeſu Commentarii in octo Libros Ariſtotelis &c. coment. in Lib. VIII. Phyſ. cap. 2. fol. 209. vers.* Mais comment Ariſtote a-t-il pu dire qu'il avoit été le premier à connoître l'éternité du monde, & comment les Commentateurs l'ont ils cru ſur ſa parole, puiſqu'ils pouvoient ſe convaincre évidemment de la fauſſe aſſertion de leur Maître, ayant devant leurs yeux l'ouvrage d'Ocellus qu'ils
ne

comme il a toujours ἔγχρονον, ούκ ἂν ἔτι ἦν.
été, [2] de même il fub-   οὕτως οὖν ἀγένητον τὸ
               A 2   πᾶν

ne pouvoient ignorer, & Ariftote encore moins qu'eux? On fera moins étonné de cette affertion d'Ariftote, fi l'on confidere que les hommes ont dû être tels dans tous les tems qu'ils font aujourd'hui : n'a t'on pas vû de nos jours Neuton & Leibnitz difputer fur la decouverte du Calcul diférentiel, & pretendre tous les deux l'avoir decouvert longtems l'un avant l'autre? cette difpute partagea la Republique des Lettres ; & quelle rumeur n'a pas caufé, en dernier lieu dans cette même Republique, le Principe de la moindre action, prefenté au Public par Mr. de Maupertuis fous une forme diférente de celle, où il avoit été adopté & foutenu par tant d'autres Philofophes ! Ariftote étoit bien aife de paffer pour l'auteur d'un fifteme entierement nouveau : fes partifans dans la Grece firent ce que les partifans des Philofophes modernes font en France, en Angleterre, & en Allemagne.

[2] Αει τε γαρ ην και εται, *il a toujours été, de même il fubfiftera toujours.* Je ne fuis point étonné que les Philofophes, qui ont admis l'éternité du monde, ayent eu beaucoup de Sectateurs. Leur fifteme étoit plus naturel, & moins fujet à une infinité de difficultés, que ceux des Philofophes, qui lui donnoient un commencement. Car ces Philofophes admettoient tous l'éternité de la matiere ; aucun d'eux n'avoit eu l'idée, que de rien on peut faire quelque chofe : ils regardoient comme le comble de l'abfurdité de penfer qu'une chofe peut fortir du néant. Or en admettant l'exiftence de la matiere de tout tems, n'eft-il pas plus naturel de croi-

πᾶν καὶ ἀνώλεθρον. οὖ- fiftera toujours. S'il
τε γὰρ, εἰ γενόμενον étoit foumis au tems,
τις

re, que l'ordre eft co-éternel avec elle, que de laiffer cette même matiere inutile & dans l'inaction.

Il faut que cette matiere premiere, fi le monde
n'eft pas éternel, ait été mife en mouvement & arrangée ou par le hazard, ou par un Etre intelligent.
Ces deux opinions paroiffent également fauffes.
Car pourquoi, fi c'eft le hazard qui a produit l'univers, l'ordre eft-il confervé dans l'univers? pourquoi les femences des chofes font elles inalterables?
pourquoi le même hazard ne produit-il pas tous les
jours de nouveaux êtres? cela arriveroit fans doute fi le hazard avoit produit l'arrangement de l'u-
nivers, & c'eft ce que nous examinerons dans la
fuite de l'ouvrage d'Ocellus. Si c'eft un Etre intelligent qui a arrangé l'Univers, pourquoi co-exif-
tant de tout tems avec la matiere a-t-il laiffé dans
l'inaction (pendant toute l'éternité anterieure à
l'arrangement du monde) cette même matiere.

Le monde étoit bon & neceffaire, ou il n'étoit
ni bon ni neceffaire; fi le monde étoit bon & neceffaire, pourquoi l'Etre intelligent a-t-il tardé à
faire une chofe bonne & neceffaire? cela n'eft pas
de l'effence d'un Etre jufte & intelligent. Si le
monde n'étoit ni bon ni neceffaire, pourquoi un
Etre intelligent a-t-il fait une chofe mauvaife &
inutile? cela eft encore contraire à fon effence.
Ainfi l'arrangement du monde ne peut avoir eu un
commencement, & ne peut avoir été fait ni par
le hazard, ni par un Etre intelligent.

Voilà comme raifonnoient les anciens Philofophes, qui admettoient l'éternité de l'univers: ils
apuioient

il n'existeroit plus. τις αὐτὸ δοξάζει, εὐ-
Ainsi donc il est incréé, ροιτο ἂν εἰς ὃ φθαρείη
A 3 καὶ

apuïoient encore leur sentiment de plusieurs raisons, que nous verrons dans la suite : lesquelles sans
la revelation, qui nous aprend à soumettre notre
esprit, & qui nous a instruit de ce que nous devons croire, nous paroitroient invincibles. Car
quel est, je ne dis pas le Philosophe, mais l'homme
tant soit peu éclairé qui, sans la foi, peut croire la
premiere vérité qu'elle nous apprend, sur la creation
de la matiere sortie du neant. Ce dogme paroissoit
contraire à toutes les notions les plus claires, non
seulement aux Philosophes qui admettoient l'éternité du monde, mais encore à ceux qui lui donnoient un commencement : C'est ce que remarque
le Cardinal Toleta, *nihil*, dit-il, *ex nihilo fieri posse putabant, etiam a prima causa, sed ex aliqua materia ; ob id mundum æternum, aut materiam æter-
nam ex qua mundus in tempore fieri posset, constitue-
bant.*

Le Pere Mourgues, autre Jesuite fort celebre,
convient non seulement que les Philosophes anciens
ont cru la matiere éternelle, mais il prouve encore
que tous ceux qui croioient qu'un Etre intelligent
avoit arrangé cette matiere premiere, faisoient ma-
teriel cet Etre intelligent. Ainsi tous ces Philosophes non seulement admettoient la matiere du monde éternelle, mais ils croioient encore que l'Intelligence, qui lui avoit donné la forme, étoit composée d'une matiere plus subtile à la verité, mais
cependant veritablement matiere. Quand nous
trouvons donc dans les ouvrages d'un Philosophe
ancien le mot ασωματον, que les latins appellent *in-*
cor-

καὶ διαλυθείη. ἐξ οὗ & impériſſable. Si
γὰρ γέγονεν, ἐκεῖνο quelqu'un penſe qu'il
πρῶ-

corporeus & les françois *incorporel*; il faut en rendre le ſens par *matiere ſubtile*. Ecoutons parler le
ſavant Jeſuite que je viens de citer : *Les Philoſophes*
croient avoir beaucoup fait d'avoir choiſi le corps le
plus ſubtil (le feu) pour en compoſer l'intelligence, ou
l'eſprit du monde, comme on le peut voir dans Plu-
tarque. Il faut entendre leur langage, car dans le
nôtre ce qui eſt eſprit n'eſt pas corps, & dans le leur
au contraire, on prouvoit qu'une choſe étoit corps
parcequ'elle étoit eſprit.

Nous avons dans Tertullien une preuve bien évidente de ce que dit ici le Pere Mourgues, car quoique cet ancien écrivain chretien vecut dans le troiſieme ſiecle de l'Egliſe, il n'avoit encore d'autre
idée de la ſpiritualité de Dieu, que celle des Philoſophes payens. Et il prouvoit que Dieu étoit *un*
Eſprit parcequ'il étoit un Corps. *Qui peut nier,*
diſoit-il, *que Dieu ne ſoit un Corps : quoiqu'il ſoit un*
eſprit ; tout eſprit eſt corps, & a une forme & une
figure qui lui eſt propre. „ Quis autem negabit Deum
„ eſſe Corpus, & ſi Deus Spiritus ? Spiritus etiam
„ corporis ſui generis, in ſua effigie. *Tertullian. ad-*
„ *vers. prax. cap.* 7." Et qu'on ne diſe pas, que
Tertullien étoit le ſeul Ecrivain celebre qui dans le
troiſieme ſiecle penſoit encore comme les philoſophes anciens. Origene s'expliquoit ainſi que lui,
& ce ſavant auteur après avoir remarqué, que le
mot *incorporel* ἀσώματον ne ſe trouvoit dans aucun
auteur ſacré (*appellatio* ἀσώματον *apud noſtros Scri-*
ptores eſt inuſitata & incognita, Orig. *in proëm. ad*
lib. princip.) explique ce mot par ceux de matiere
ſubtile.

<table>
<tr><td>est produit, certaine-
ment il ne pourra con-</td><td>πρῶτον τοῦ παντός
ἐϛιν· εἰς ὅ τε πάλιν</td></tr>
</table>

A 4   φθα-

subtile. Mr. Huet, Prelat egalement illustre & par sa pieté & par ses lumieres, sera mon garand. *Nous montrerons, dit-il, que quoiqu'Origene semble faire l'ame incorporelle ; ce n'est que par rapport à la matiere épaisse & crasse dont les Corps sont composés, car d'ailleurs il la fait cependant materielle, ce qui est évident par la maniere dont il s'explique dans le Livre des principes. Car expliquant dans cet ouvrage le mot* spirituel ασωματον *il enseigne qu'il faut entendre par cette expression, une substance qui n'est pas semblable à la matiere crasse & visible qui compose les corps ; mais qui est une matiere subtile, & deliée comme l'air :* Ostendemus in sequentibus, animam licet incorporalem statuere videatur, talem tamen respectu crassiorum corporum, ab eo prædicari revera corpore præditam decerni; quemadmodum vel ex priore capite librorum de principiis perspicuum est, ubi vocis ασωματον vim exponens, accipi docet pro eo quod non est simile huic nostro crassiori & visibili corpori, sed quod est naturaliter subtile, & velut aura tenue. *Origenis in sacras scripturas, Commentarii* &c. *et. Daniel Huetius &c. notis & observationibus illustravit. Tom. I. quæst. V. de Deo. pag.* 29.

Il seroit aisé de prouver ici que tous les Peres de l'Eglise, jusqu'au tems de S. Augustin, ont fait la Divinité corporelle, mais je me contenterai de citer encore ici un célébre Pere de l'Eglise, qu'elle a placé comme martir au rang de ses Saints & qui s'explique ainsi qu'Origene & Tertullien: *Toute substance, dit-il, qui ne peut être soumise à une autre*

à cau-

Φθαρήσεται , ἐκεῖνο cevoir ce dans quoi il
ἔσχατον τοῦ παντὸς fera diffous, & com-
ἔςαι. ment il finira. Car de
  Τόγε δὲ πᾶν γινό- même que ce dont il
μενον, σὺν πᾶσι γίνε- aura été produit aura
Τόγε

à caufe de fa legereté , a cependant un corps qui con-
ftitue fon effence. Si nous appellons Dieu incorporel,
ce n'eft pas qu'il le foit : mais c'eft parceque nous
fommes accoutumés d'aproprier certains noms à certaines chofes, à defigner le plus refpectueufement
qu'il nous eft poffible les attributs de la Divinité.....
ainfi parceque l'effence de Dieu ne peut être aperçue,
& ne nous eft point fenfible , nous l'appellons incorporel. „ Quidquid eft fubftantiale quod ab aliquo pre-
„ hendi non poteft, corpus ei eft quod id prehendit :
„ & divinitatem dicimus effe incorpoream, non
„ quod incorporea , fed quem admodum foliti fumus
„ in rebus materialibus, quæ apud nos funt, pro
„ ftabilioribus deitatem cohoneftare, ita etiam in
„ nominibus facimus, non quod illis Deus indi-
„ geat, fed ut per ea noftram de ipfo mentem de-
„ claremus..... confimiliter vero , quia non pre-
„ hendi honorificentius eft, idcirco eum vocamus
„ incorporeum. *St. Juftini Philofoph. Martyr. O-*
„ *per. quæft. græcanicarum ad Chriftianos de incorpo-*
„ *reo & Deo &c. lib. p. 203.*"
  Il n'eft pas étonnant que tous les anciens chretiens ne trouvant, comme le remarque Origene,
aucune marque de cette fpiritualité, telle que nous
l'admettons aujourd'hui, dans les Auteurs facrés ;
& le mot *incorporel* ασωματον ayant encore été inconnu pendant plus de trois fiecles dans la langue
latine ;

été la premiere partie τ̄αι· καὶ τὸ φθειρόμε-
du monde, de même νον, σὺν πᾶσι φθείρε-
ce dans quoi il sera dif- ται. καὶ τοῦτό γε δέ
sous en sera la der- ἀδύνατον. ἄναρχονἄρα
niere partie. Mais le καὶ ἀτελεύτητον τὸ

A 5 πᾶν

latine; les Chretiens, & même leurs plus illustres auteurs, ayent continué à regarder comme absurde d'admettre, qu'une substance pouvoit exister sans exister dans aucun lieu, qu'elle pouvoit mouvoir le corps sans avoir des parties étendues, qui pussent agir sur ce même corps : & enfin qu'elle pouvoit, elle qui n'avoit point d'étendue, de profondeur, ni de largeur, être muë & afectée par une substance corporelle. Il a fallu du tems à l'Eglise pour découvrir & pour établir ces verités, ainsi que plusieurs autres, qui peu à peu ont été revelées aux fideles par les diférents Conciles, comme les miracles operés par les images, la présence réelle, la transubstantiation : ces verités qui dans les premiers tems du Christianisme auroient pû revolter l'esprit des Payens, les éloigner de notre sainte Religion, ne pouvant plus produire dans la suite le même effet, elles ont pû & dû être établies.

Si l'on considere à present, que bien loin que les Anciens ayent pensé, que la matiere ait pû sortir du néant, ils ont au contraire cru que l'Intelligence, qui l'avoit arrangée, n'avoit pu subsister sans être elle-même materielle, on verra qu'il étoit naturel qu'ils soutinsent que cette matiere, ayant été de tout tems, avoit dû être arrangée de même de tout tems, par les raisons que j'ai rapportées au commencement de cette note, & par celles qu'on verra dans Ocellus.

πᾶν. οὐ μὲν οὖν ἄλλως ἔχει ἢ οὕτως.

monde étant produit il doit l'être avec toutes ses parties, & si il est détruit il doit aussi l'être dans toutes ses parties, ce qui est impossible, *3 puisqu'il faut que ce dont il a été produit, ait été sa premiere partie, & que ce dans quoi il sera dissous soit sa dernière partie, la premiere de ces parties aura donc éxisté avant le monde, la seconde éxistera après sa destruction, puisqu'elle est ce dans quoi il sera dissous: ni l'une, ni l'autre de ces choses ne peut l'être.* Le monde donc n'a point de commencement, & n'aura point de fin, il est impossible que cela soit autrement.

§. 3. Πᾶν τε τό γε νέσεως ἀρχὴν εἰληφὸς, ἢ διαλύσεως ὀφεῖλον κοινωνῆσαι, δύο ἐπιδέχεται μεταβολάς· μίαν μὲν τὴν ἀπὸ τοῦ μείονος ἐπὶ τὸ μεῖζον, καὶ τὴν ἀπὸ τοῦ χείρονος ἐπὶ τὸ βέλτιον. καλεῖται δὲ τὸ μὲν ἀφ' οὗπερ ἂν ἄρξηται μεταβάλλειν,

§. 3. Toute chose qui a reçu un commencement de production & qui doit participer à la destruction reçoit deux changemens; l'un se fait du moindre au plus grand, & du pire au meilleur. Et ce par quoi ce changement commence à s'operer

γένε-

---

3 Puisqu'il faut que ce dont il a été produit. J'ai ajouté cela & les deux phrases suivantes pour rendre le sens de l'auteur plus clair.

s'apelle production, & ce en quoi il parvient s'apelle vigueur. Le second changement se fait du plus grand au moindre, & du meilleur au pire, & la fin de ce changement est nommée destruction & dissolution.

γένεσις· τὸ δὲ εἰς ὃ ἀφικνεῖται, ἀκμή. δευτέραν δὲ τὴν ἀπὸ τοῦ μείζονος ἐπὶ τὸ μεῖον, καὶ τὴν ἀπὸ τοῦ βελτίονος ἐπὶ τὸ χεῖρον. τὸ δὲ συμπέρασμα τῆς μεταβολῆς ταύτης ὀνομάζεται φθορά καὶ διάλυσις.

§. 4. Si l'Univers donc est engendré & corruptible, il doit par conséquent changer du moindre au plus grand & du plus mauvais au meilleur ; & dans la suite il doit aussi changer du plus grand au moindre, & du meilleur au pire : il faut encore que le monde, s'il a été produit, prenne un accroisement & une plus grande force, & ensuite il déperira & finira, puisque toute nature *produite* a une progression de trois

§. 4. Ἐὰν οὖν καὶ τὸ ὅλον καὶ τὸ πᾶν γεννητόν ἐσιν καὶ φθαρτὸν, γενόμενον, ἀπὸ τοῦ μείονος ἐπὶ τὸ μεῖζον μετέβαλλε, καὶ ἀπὸ τοῦ χείρονος ἐπὶ τὸ βέλτιον. ὥστε καὶ ἀπὸ (τοῦ) μείζονος ἐπὶ τὸ μεῖον μεταβαλεῖ, καὶ ἀπὸ τοῦ βελτίονος ἐπὶ τὸ χεῖρον. γενόμενος ἄρα ὁ κόσμος αὔξησιν ἔλαβε καὶ ἀκμὴν, καὶ πάλιν λήψεται φθίσιν καὶ τελευτήν. ἅπασα γὰρ φύσις, ἡ ἔχουσα διέξοδον, ὅρους ἔχει τρεῖς, καὶ δύο διαστήματα.

ματα. ὅροι μὲν οὖν
εἰσὶ τρεῖς, γένεσις,
ἀκμὴ, τελευτή· διαςή-
ματα δὲ, τό τε ἀπὸ
τῆς γενέσεως μέχρι τῆς
ἀκμῆς, καὶ τὸ ἀπὸ
τῆς ἀκμῆς μέχρι τῆς
τελευτῆς.

§. 5. Τὸ δέ γε ὅλον
καὶ τὸ πᾶν, οὐδὲν ἡμῖν
ἐξ αὐτοῦ παρέχεται
τεκμήριον τοιοῦτον· οὔ-
τε γὰρ γενόμενον αὐτὸ
εἴδομεν, οὔτε μὲν ἐπὶ
(τὸ) βέλτιον καὶ τὸ
μεῖζον μεταβάλλον,
οὔτε χεῖρον ποτὲ ἢ
μεῖον

termes & de deux inter-
vales. Les trois termes
font la génération, la
force, & la fin : les in-
tervales font celui de-
puis la naiſſance jusqu'à
la force, & celui depuis
la force jusqu'à la fin.

§. 5. Le Monde ne
nous donne aucun in-
dice pareil, & nous ne
voïons pas qu'il ſoit
engendré, puisqu'il ne
change point en mieux
ni en grand, & qu'il ne
devient ni pire ni
moindre. 4 Mais il per-

4 Αλλ αει κατα τ' αυτο και ωταυτως διατελει και
ςτον και ομοιον αυτο εαυτου, *mais il perſevere toujours
dans le même état*, & il eſt toujours *égal & ſemblable à lui même.*

L'ordre de l'Univers eſt immuable, & les
changemens journaliers, qui s'opérent en lui n'influent point ſur ſon harmonie generale ; malgré
l'inconſtance des choſes qu'il renferme, & qui
ſont ſujetes à changer, ſon arrangement eſt toujours le même : nous voyons perpetuellement les
mêmes proportions dans les mouvemens cele-
ſtes, dans la marche de la terre & des planetes :

le

sévere toûjours dans le même état ; & il est toûjours égal & semblable à lui même.

μεῖον γενόμενον· ἀλλ' ἀεὶ κατὰ τὸ αὐτὸ καὶ ὡσαύτως διατελεῖ, καὶ ἴσον καὶ ὅμοιον αὐτὸ ἑαυτοῦ.

§. 6. Les marques & les indices évidens de cette verité sont les arrangemens, les simétries, les formes, les situations, les distances, les puissances, les vitesses, & les lenteurs reciproques : car toutes ces choses, & leurs semblables, reçoivent un changement & une

§. 6. Τὰ σημεῖα δὲ καὶ τεκμήρια αὐτοῦ ἐναργῆ, (αἱ) τάξεις, (αἱ) συμμετρίαι, σχηματισμοὶ, θέσεις, διαsάσεις, δυνάμεις, ταχύτητες πρὸς ἄλληλα καὶ βραδύτητες, ἀριθμοὶ γοῦν καὶ χρόνων περίοδοι. πάντα γὰρ τὰ τοιαῦτα μεταβολὴν καὶ μείωσιν ἐπιδέχεται, κατα.

le retour des Saisons est éternellement reglé, la longueur des jours & des nuits est toujours conforme au tems de ces mêmes saisons. Les plantes, les animaux, les hommes sont sujets aux mêmes loix, que la nature leur a imposées dans tous les tems. Ainsi les changemens particuliers n'influent point sur l'ordre immuable de l'Univers, qui sera toujours tel qu'il a toujours été, au lieu que les êtres qui ont été créés sont sujets au changement par une loi, imposée à tout ce qui doit mourir. Dans les revolutions, amenées par le cours des années, la face de la terre est

per-

τὰ τὴν τῆς γενητῆς
Φύσεως διέξοδον. τῇ
μὲν γὰρ ἀκμῇ διὰ τὴν
δύναμιν τὰ μείζονα
καὶ τὰ βελτίονα παρ-
έπεται, τῇ δὲ φθί-
σει διὰ ἀσθένειαν τὰ
μείονα, καὶ τὰ χεί-
ρονα.

diminution selon la progreſſion d'une ſubſtance produite : & parmi elles les meilleures ſuivent l'état de force à cauſe de leur puiſſance, & les plus petites & les plus mauvaiſes tendent à la deſtruction à cauſe de leur foibleſſe. *Mais dans l'eſſence & la nature ſtable du monde l'on n'aperçoit rien de pareil.*

§. 7.

perpetuellement changée, & depouillée des Nations qui la couvroient, aux quelles d'autres ſuccèdent. Le monde par ces alterations n'en reçoit jamais aucune, il conſerve toujours ſa même nature, il n'eſt point ſujet à la vieilleſſe, ſon mouvement n'eſt ni accelleré ni retardé, il ſera toûjours le même qu'il a été, & nos arrieres neveux le verront tel, que nos ancêtres. C'eſt ce que le Poëte Manile a exprimé élégamment dans ces Vers,

Omnia mortali mutantur lege creata,
Nec ſe cognoſcunt terræ vertentibus annis,
Exutae variam faciem per Sæcula gentes.
At manet incolumis mundus, ſuaque omnia ſervat;
Quæ nec longa dies auget, minuitque ſenectus,
Nec motus puncto currit, curſusque fatigat :
Idem ſemper erit, quoniam ſemper fuit idem;
Non alium videre patres, aliumve nepotes
Aſpicient, *Manil. Aſtron. lib.* I.

§. 7. J'apelle le monde, ce que l'on nomme *le Tout*, l'Univers; [5] c'est à cause de cette universalité qu'il a obtenu le nom qu'on lui a donné. Il est orné de toutes les perfections. Il est enfin l'assemblage accompli & parfait de la nature & de toutes les sub-

§. 7. Τὸ δέ γε ὅλον καὶ τὸ πᾶν ὀνομάζω τὸν σύμπαντα κόσμον. διὰ γὰρ τοῦτο καὶ τῆς προσηγορίας ἔτυχε ταύτης, ἐκ τῶν ἁπάν. των δὴ κοσμηθείς. σύ. σημα γάρ ἐσιν τῆς τῶν ὅλων φύσεως αὐτοτε. λὲς, καὶ τέλειον· ἐκτὸς γὰρ

---

[5] Το δι γι ολον και το παν ονομαζω τον συμπαντα κοσμον, *j'apelle le monde ce que l'on nomme le tout:* mot à mot. Δι γε ονομαζω το ολον και το παν τον κοσμον συμπαντα *je nomme le tout, & l'univers, le monde universel.*

Voilà donc la definition exacte de ce qu'Ocellus entend par le mot de *monde* κοσμος. Le monde c'est *l'Univers*, c'est *tout* ce qui existe, συμπας κοσμος La terre, le soleil, les planetes peuvent souffrir quelques changemens; mais le *tout*, mais *l'Univers*, n'en est ni troublé, ni diminué, ni augmenté; il ne peut être troublé, parce qu'il est l'assemblage accompli & parfait de la nature & de toutes les subftances, συσημα γαρ εσιν της των ολων φυσεως αυτοτελις: il ne peut être diminue, *parceque rien n'est hors de lui,* εκτος γαρ του παντος ουδεν: il ne peut être augmenté, *parceque s'il existe quelque chose elle existe dans lui & avec lui:* ει γαρ τι εσιν εν τω παντι εσι και συν τουτω: & rien enfin

γὰρ τοῦ παντὸς οὐδὲν. εἰ γὰρ τί ἐςιν, ἐν τῷ παντί ἐςιν, σὺν τούτῳ τὸ πᾶν. καὶ σὺν τούτῳ (τὸ) πάντα ἔχειν, τὰ μὲν ὡς μέρη, τὰ δὲ ὡς ἐπιγεννήματα.

§. 8. Τὰ μὲν οὖν ἐμπεριεχόμενα τῷ κόσμῳ, πρὸς τὸν κόσμον ἔχει τὴν συναρμογήν, ὁ δὲ κόσμος πρὸς οὐδὲν ἕτερον, ἀλλ' αὐτὸς πρὸς ἑαυτόν. τὰ μὲν γὰρ ἄλλα πάντα, τὴν φύ-

stances. Rien n'est hors de lui. Si quelque chose exiſte, elle exiſte dans lui & avec lui. Il comprend tous les Etres diférens, les uns comme des parties, & les autres comme des productions accidentelles.

§. 8. Il s'enſuit de là que les choſes contenuës dans le monde ont une afinité & un accord avec lui. Le monde au contraire n'a aucune afinité & aucun accord qu'avec lui-même: toutes les autres choſes ſubſiſtent ayant une nature non par-
σιν

enfin ne peut-être ſans lui *parce qu'il comprend tous les êtres diférents, les uns comme des parties, & les autres comme des productions accidentelles.* Και το παν παντα εχειν, τα μιν ως μερη, τα δι ως επιγεννηματα.

6 *Avec la partie de l'arrangement general des choſes.* Mot à mot, *avec la partie du commun arrangement de lui,*

faite en soi, & elles ont encore besoin d'une liaison avec les choses qui existent hors d'elles, comme les animaux avec la respiration, la vuë avec la lumière, les autres sens avec l'objet sensible qui leur est propre, les plantes avec la naissance & l'acroissement; le soleil, la lune, les planetes, les étoiles fixes avec la partie 6 de l'arrangement general des choses. Mais le monde au contraire n'a aucun raport avec aucune chose qu'avec lui-même; & sa nature est

σιν ὀυκ ἀυτοτελῆ ἔχοντα συνέςηκεν, ἀλλ' ἔτι δεῖται τῆς πρὸς τὰ ἐκτὸς ἐχόμενα συναρμογῆς. ζῶα μὲν πρὸς ἀναπνοὴν, ὄψις δὲ πρὸς τὸ φῶς, αἱ δὲ ἄλλαι αἰσθήσεις πρὸς τὸ οἰκεῖον αἰσθητόν. τὰ δὲ φυτὰ πρὸς τὸ φύεσθαι. Ἥλιος δὲ καὶ σελήνη, καὶ οἱ πλάνητες, καὶ (οἱ) ἀπλανεῖς κατὰ τὸ μέρος μὲν τῆς (κοινῆς) διακοσμήσεως ἀυτοῦ: ἀυτός

lui, c'est à dire, *du monde*, κατα το μερος μην της (κοινης) διακοσμησεως αυτου Le Traducteur latin n'a pas traduit ce passage, il l'a paraphrasé inutilement, car il est fort clair dans sa brieveté; voici sa traduction. *Cum mundo, quem ipsæ tanquam partes distinguunt, atque exornant, cognatione quadam junctæ & continentes sunt.* Il n'y a pas le quart de tout cela dans l'original.

τὸς δὲ πρὸς ουδὲν ἕτε-
ρον ἀλλὰ πρὸς αὑτοῦ.

§. 9. Ἔτι δὲ καὶ
οὕτως εὔγνωςον ἔςαι τὸ
λεγόμενον, ὅτι ἀληθές
ἐςι. τὸ τε γὸ πῦρ ἑτέρῳ
θερμαντικὸν ὂν, αὑτὸ ἐξ
αὑτοῦ θερμόν ἐςι· ἡ τὸ
μέλι γλυκαντικὸν γε-
νόμενον, αὑτὸ ἐξ αὑ-
τοῦ γλυκύ ἐςι. καὶ αἱ
ἀρχαὶ τῶν ἀποδείξεων
τῶν ἀφανῶν σημαντι-
καὶ οὖσαι, αὑταὶ ἐξ
ἑαυτῶν ἐμφανεῖς τέ
καὶ γνωςικαὶ εἰσίν. οὔ-

independante de celle
de tous les êtres par-
ticuliers.

§. 9. Il nous sera
aisé de connoître cette
verité par une simple
comparaison. Si nous
considerons, que le so-
leil échauffant les au-
tres corps doit neces-
sairement être chaud
lui-même & par lui-
même; le miel étant
adoucissant doit être
doux lui-même; les
principes des demon-
strations, étant signifi-
catifs pour expliquer
les choses obscures,
doivent être clairs &
sensibles par eux mê-
τως

<hr>

7 Ο δὲ γε κοσμος αιτιός ἐςι ταις αλλοις του ειναι και του σωζεσθαι και του αυτοπλη ειναι. Mais le monde est la cause de l'existence de la conservation & de la perfection de toutes les choses αρα αυτος ἐςι αιδιος ἐξ εαυτου, il est donc immortel par lui même. Philon le Juif a employé a peu près le même argument dans l'ouvrage, qu'il a fait pour prouver, que le monde sera éternel.
Crito-

mes. *Si nous conside-*
rons, dis-je, toutes ces
choses, nous devons en
conclure : qu'une fub-
ftance étant la caufe
aux autres de leur per-
fection doit être par-
faite en foi, & par elle
même ; & qu'une fub-
ftance étant la caufe
aux autres de leur con-
fervation & de leur du-
rèe, doit être confervée
& perfévérante par el-
le-même ; & qu'enfin
une fubftance étant la
caufe aux autres de
l'harmonie & de l'ar-
rangement, eft harmo-
nique & arrangée par
elle même. 7 Or le

τως ἦν καὶ τὸ τοῖς
ἄλλοις αἴτιον γινόμενον
τῆς αὐτοτελείας, αὐτὸ
ἐξ ἑαυτῶ αὐτοτελές ἐσι·
καὶ τὸ τοῖς ἄλλοις αἴ-
τιον γινόμενον τῆς σω-
τηρίας καὶ διαμονῆς ;
αὐτὸ ἐξ ἑαυτοῦ σωζό-
μενον, καὶ διαμένον
ἐσί. καὶ τὸ τοῖς ἄλ-
λοις αἴτιον γινόμενον
τῆς συναρμογῆς, αὐ-
τὸ ἐξ ἑαυτοῦ συνηρ-
μοσμένον ἐσίν. ὁ δέ γε
κόσμος, αἴτιός ἐσι τοῖς
ἄλλοις τοῦ εἶναι καὶ

τοῦ

Critolaus, *dit il*, avoit accoutumé de fe fervir fouvent dans la difpute de cette preuve : une fubftance
qui eft à foi-même la caufe de fa fanté ne peut être
malade, & une fubftance qui a dans elle la puiffance
de veiller toujours, eft exempte du fommeil. De
même auffi, une fubftance qui eft la caufe efficiente
de fon exiftence doit être éternelle. Or le monde eft

τοῦ σώζεσθαι, καὶ
τοῦ αὐτοτελῆ εἶναι·
αὐτὸς ἄρα ἐξ ἑαυτοῦ
ἀΐδιός ἐςι καὶ αὐτοτε-
λὴς, καὶ διαμένων τὸν
πάντα αἰῶνα, καὶ δι'
αὐτὸ τοῦτο τοῖς ἄλ-
λοις παραίτιος γινό-
μενος τ διαμονῆς (τῶν
ἕλων.)

§. 10. Ὅλως δὲ εἰ
καὶ διαλύεται τὸ πᾶν,
ἤτοι εἰς τὸ ὂν, ἢ εἰς
τὸ μὴ ὂν διαλυθήσεται.
καὶ εἰς μὲν τὸ ὂν, ἀδύ-
νατον· οὐ γὰρ ἐςαι τοῦ
παντὸς φθορὰ, ἐὰν εἰς
τὸ ὂν διαλύηται. τὸ

monde étant la cause de l'existence, de la conservation, & de la perfection de toutes les choses est donc impérissable, & durera toute l'éternité, puisqu'il est par lui-même la cause [8] de la durée de toutes les choses.

§. 10. Si l'Univers vient à être dissous, il faut qu'il soit dissous dans ce qui est ou dans ce qui n'est pas: il est impossible qu'il soit dissous dans ce qui est, puisque ce qui est, est l'Univers-même, ou

γὰρ

la cause efficiente de son existence, il est éternel. Ἐπαγωνιζόμενος δὲ Κριτόλαος ἐχρῆτο καὶ τοιούτῳ λόγῳ. τὸ αἴτιον αὑτῷ τῷ ὑγιαίνειν ἄνοσον ἐςιν ἀλλὰ καὶ τὸ αἴτιον αὐτῷ τῷ ἀγρυπνεῖν, ἄγρυπνον ἐςιν. εἰ δὲ τοῦτο, καὶ τὸ αἴτιον αὐτῷ τῷ ὑπάρχειν, ἀΐδιον ἐςιν. αἴτιος δὲ ὁ κόσμος αὐτῷ τῷ ὑπάρχειν εἴγε καὶ τοῖς ἄλλοις ἄπασιν. ἀΐδιος ἄρα ὁ κόσμος ἐςιν. Critolaus autem disputans hac ratione utebatur: quod sibi ipsi bonæ valetudinis causa est, id nullo affligitur morbo; quin etiam quod ex se habet ut vigilet, somni expers est.
Quod

du moins une certaine partie de l'Univers : il ne peut pas aussi être dissous dans ce qui n'est pas, car de même qu'il est impossible, que ce qui est soit composé de parties non existantes, il l'est aussi que ce qui existe soit dissous dans ce qui n'existe pas. Donc l'univers est indestructible & impérissable.

γὰρ ὂν, ἤτοι τὸ πᾶν, ἢ τὸ μέρος τί ἐςι τοῦ παντός. καὶ μὴν οὐδὲ εἰς τὸ μὴ ὄν. ἀμήχανον γὰρ τό ὂν, ἀποτελέσθαι ἐκ τῶν μὴ ὄντων, ἢ εἰς τὸ μὴ ὂν ἀναλυθῆναι. ἄφθαρτον ἄρα καὶ ἀνώλεθρον τὸ πᾶν.

§. 11. Si quelqu'un pense que le monde sera détruit, *il faut qu'il convienne* qu'il sera détruit étant surmonté

§. 11. Εἰ δὲ ἢ δοξάζοι τις αὐτὸ φθείρεσθαι, ἤτοι ὑπό τινος τῶν ἔξω τοῦ παντὸς, φθαρήσε

B 3 ται

Quod si ita res se habeat, id quoque quod sibi ipsi causa est cur sit, perpetuum est; atqui mundus sicuti cæteris rebus, sic etiam sibi ipsi in causa est ut sit, nimirum ipse æternus est. Philo lib. Περὶ ἀφθαρσίας κόσμυ.

8 Καὶ δὲ αὐτο τουτο τοις αλλοις παραιτιος γινομενος της διαμονης των ολων, *puis qu'il est lui même la cause de la durée de toutes les choses.* Mot à mot, γινομενος τοις αλλοις αιτιος της διαμονης των ολων, *étant la cause aux autres de la durée de toutes les choses.*

9 La

ται δυναςευόμενον, ἢ par quelqu'une des choses hors du Tout, ὑπό τινος τῶν ἐντός. ou par quelqu'une qui οὔτε δὲ ὑπό τινος τῶν est dans le Tout. Ce ἔξωθεν. ἐκτὸς γὰρ τοῦ ne sera pas par une des παντὸς, οὐδέν. τὰ γὰρ choses hors du Tout, ἄλλα πάντα ἐν τῷ car rien ne peut être παντὶ, καὶ τὸ ὅλον καὶ hors du Tout, tous les τὸ πᾶν ὁ Κόσμος. οὔ- êtres étant dans le τε ὑπὸ τῶν ἐν αὐτῷ: Tout, & le monde ou l'Univers c'est le Tout, Ce ne sera pas non plus δεή-

9 Le Tout ne pouvant donc être détruit ni par quelqu'une des choses au dehors ni par quelqu'une des choses au dedans, le monde doit être éternel. Εἰ δὲ ουτε υπο τινος των εξωθεν ουτε υπο τινος των ενδοθεν φθαρησεται το παν, αφθαρτος αρα, και ανωλεθρος ο κοσμος. τουτο γαρ εφαμεν ειναι το παν.

Les Philosophes anciens, qui soutenoient l'éternité du monde, non seulement prétendoient qu'il ne pouvoit être détruit par aucune cause interieure ou exterieure, mais encore par le pouvoir divin. Voici la preuve qu'en donne Aristote: si le monde pouvoit être dissous, ce seroit par celui qui l'auroit crée, mais cela ne se peut pas, donc il ne peut être détruit par aucune chose. Car en suposant que Dieu a crée le monde, il est contre son Essence de l'anéantir. En voici la preuve: Ou le monde est parfait, ou il est imparfait. S'il est imparfait, Dieu n'a pû le créer, parcequ'une cause parfaite ne peut rien produire d'imparfait, & que pour

pro-

par une chose qui soit dans lui, car il faudroit que cette chose fut plus puissante, & plus grande que le Tout, & cela ne peut être, car toutes les choses sont nécessairement entrainées par le Tout, elles ont par lui leur existence ; 9 le Tout ne pouvant donc être

δεήσει γὰρ ταῦτα μεί-
ζονά (τε) καὶ δυναμι-
κώτερα εἶναι τοῦ παν-
τός. τοῦτο δὲ οὐκ ἀλη-
θεύει. ἄγεται γὰρ τὰ
πάντα ὑπὸ τοῦ παντὸς,
καὶ κατὰ τοῦτο καὶ
σώζεται καὶ συνήρμο-
σαι, καὶ βίον ἔχει, καὶ

B 4   ψυ-

produire un mauvais monde il faudroit que Dieu fut defectueux, ce qui est absurde. Si le monde au contraire est parfait, Dieu ne peut le détruire, parceque la mechanceté est contraire à son essence, & que c'est le propre d'un Etre mauvais de vouloir nuire aux bonnes choses. Donc Dieu ne peut pas nuire au monde qui est parfait, donc le monde sera éternel. *Si mundus corrumpi posset, maxime ab eo qui fecit eum; sed ab hoc non potest, ergo a nullo: probatur minor. Si a Deo corrumpi potest, & id est possibile, ponatur in esse: tunc vel mundus erat perfectus vel non. Si non: ergo nec causa fuit perfecta, quod absonum est. Si autem perfectus fuit, ergo a Deo solvi non potest; quia pravi hominis est & vitium perfecta destruere: at Deus nullam potest committere pravitatem, & sic nec mundum destruere. Francisci Toletæ, Societ. Jesu, commentaria una cum quæstionibus in octo libros de Auscultatione &c. comment. in lib. VIII. phis. Cap. 2. fol. 209. vers.*

Après

ψυχήν. εἰ δὲ οὔτε ὑπό τινος τῶν ἔξωθεν, οὔτε ὑπό τινος τῶν ἔνδοθεν φθαρήσεται τὸ πᾶν, ἄφθαρτος ἄρα καὶ ἀνώλεθρος ὁ κόσμος. τοῦτο γὰρ ἐφαμεν εἶναι τὸ πᾶν.

détruit ni par quelqu'une des choses au dehors, ni par quelqu'une de celles en dedans; le monde doit être éternel, indestructible, & impérissable, puisque l'Univers ou le monde est le Tout.

§. 12.

Apres qu'Aristote avoit prouvé que quand bienmême Dieu auroit crée le monde il ne pouroit le detruire, il soutenoit que Dieu n'avoit pû le créer. Ainsi il prouvoit également les deux éternités du monde l'anterieure & la posterieure. Voici son Argument pour l'éternité anterieure. Je demande, dit ce Philosophe, si Dieu aïant été de tout temps, s'il a pû & s'il a voulu produire le monde de tout tems, ou s'il ne l'a pas pu, & ne l'a pas voulu. S'il l'a pu & voulu, sans doute le monde est de tout tems. S'il ne l'a pas voulu, & ne l'a pas pu, il s'ensuit que dans la suite il n'a pu ni le pouvoir ni le vouloir. Car il faudroit dire que Dieu a été pendant un tems imparfait & ensuite plus parfait, ce qui est absurde. Si l'on repond qu'il l'a voulu, mais qu'il ne l'a pas pû, Dieu aura toujours été également imparfait, ce qui repugne à la raison : & s'il a pu créer le monde & qu'il ne l'ait pas voulu, Dieu est donc un Etre envieux & méchant, puisque pouvant faire un grand bien il n'a pas voulu le faire. Or aucune de ces diférentes opinions ne peut se soutenir, donc le monde est éternel. *Si Deus fuit ab æterno, & mundum non produxit, id petitur statim : aut potuit & vo-*
luit,

§. 12. Maintenant
si nous considerons en
general la nature en-
tiere, nous verrons
qu'elle ôte la continui-
té des choses premie-
res, 10 & les plus ex-
cellentes ; elle atenuë
cette continuité dans

§. 12. Ἔτι δὲ καὶ
ὅλη δι ὅλης ἡ Φύσις
θεωρουμένη, τὸ συνεχὲς
ἀπὸ τῶν πρώτων καὶ
τιμιωτάτων ἀφαιρεῖ,
κατὰ λόγον ἀπομα-

B 5 ρκινο-

*luit, aut nec potuit, nec voluit: aut voluit sed non
potuit: aut potuit, sed non voluit. Si primum detur,
profecto mundus fuit ab æterno. Si vero alterum,
quod non voluit nec potuit, tunc sequitur quod nec
postea vellet nec posset, & esset imperfectus, & per-
fectior postea. Si tertium, quod voluit sed non potuit,
pariter esset id imperfectionis quæ repugnat primo
principio. Si quartum, potuit sed non voluit, fuit
invidus, quia cum posset bonum communicare noluit
id facere. Cum igitur nihil ex his dici possit, sequitur quod mundus æternus fuit. Id. ibid.*

10 *Ἔτι δὲ καὶ ὅλη δι ὅλης ἡ Φύσις θεωρουμένη το συνεχες απο των πρωτων και τιμιωτατων αφαιρει. Si nous
considerons en general la nature entiere, nous verrons
qu'elle ôte la continuité des choses premieres, & les
plus excellentes. Par les termes des choses premieres
& les plus excellentes,* των πρωτων και τιμιωτατων, *
Ocellus entend les élemens, qui sont changés, par
leur melange qui détruit la continuité des choses
premieres & très excellentes & qui atenue cette
continuité* απομαρκινομενη το συνεχες. *Ocellus explique le changement, la dissolution & le renouvellement des élemens dont il va parler.*

11 Ἀντι

ραινομένη τὸ συνεχὲς,
καὶ προσάγουσα ἐπὶ
πᾶν τὸ θνητὸν, καὶ διέ-
ξοδον ἐπιδεχομένη τῆς
ἰδίας συςάσεως. τὰ
μὲν γὰρ πρῶτα κινού-
μενα κατὰ τὰ αὐτὰ
καὶ ὡσαύτως κύκλον
ἀμείβει. διέξοδον, οὐκ
ἐφεξῆς καὶ συνεχῶς,
οὐ μὴν τὴν κατὰ τό-
πον, ἀλλὰ τὴν κατὰ
μεταβολήν.

§. 13. Πῦρ μὲν γὰρ
εἰς ἓν συνερχόμενον,
ἀέρα ἀπογεννᾷ, ἀὴρ
δὲ ὕδωρ, ὕδωρ δὲ γῆν·
ἀπὸ γῆς δὲ ἡ αὐτὴ πε-
ρίοδος τῆς μεταβολῆς
(μέχρι πυρὸς) ὅθεν ἤρ-

une certaine propor-
tion, la ramenant à la
mortalité, & recevant
une progression de sa
constitution propre.
Car les choses premie-
res étant mues changent
leur nature selon leurs
qualités,& changent pa-
reillement leur cercle,
qui est une progression,
qui n'est ni de suite, ni
continuelle, & qui n'est
pas de l'espece de celle
qui se fait dans le lieu,
mais de celle qui se fait
par changement.

§. 13. Par exemple,
le feu étant rassemblé
dans un *point de réunion*
engendre l'air, & l'air
l'eau, & l'eau la terre
& *le même retour* ou le
même periode de chan-
gement a lieu de la ter-

ξα.

[11] Ἀντιπερίστασις οὐδὲ μεταβολης, *d'antiperista-
se & de changement* εἰς αλληλα *en des choses reciproques*, le Texte ajoute ces dernières expressions
essentielles pour montrer qu'il paroît qu'Ocellus
admet

ré jufqu'au feu, d'où il a commencé de changer. De même les fruits, les plantes, les arbres ont reçu un commencement de generation par les germes; enfuite étant devenus fruits, & parvenus à leur perfection ils font de nouveau leur refolution dans leur germe, la nature accompliffant cette progreffion par la même chofe & dans la même chofe.

§. 14. Les hommes & les autres animaux changent fucceffivement, & courent plus vite au terme de la nature. Car il n'y a point pour eux de retour vers le premier âge, ni d'antiperiftafe & de changement

ξατο μεlαβάλλειν. οἱ δὲ καρποὶ, καὶ τὰ πλεῖςα τῶν ῥιζοφύτων, ἀπὸ σπερμάτων ἀνέλαβον τὴν ἀρχὴν τῆς γενέσεως, καρπωθένlα δὲ καὶ τελεσφορήσανlα, πάλιν ἐπὶ (τό) σπέρμα τὴν ἀνάλυσιν ποιεῖται, ἀπὸ τȣ αὐτȣ, καὶ ἐπὶ τὸ αὐτὸ τὴν διέξοδον ἐπιlελουμένης τῆς φύσεως.

§. 14. Οἱ δὲ ἄνθρωποι καὶ τὰ λοιπὰ ζῶα μᾶλλον ὑποβεβηκότως τὸν καθόλου ὅρον τῆς φύσεως ἀμείβουσιν. (οὐ γάρ ἐςιν ἐπανάκαμψις αὐτοῖς ἐπὶ τὴν πρώτην ἡλικίαν,) οὐδὲ

admet ici également la mortalité de l'ame & du corps, bien loin d'établir la metempficofe des Pithagoriciens, dont il ne dit pas un feul mot dans tout fon ouvrage.

δὲ ἀντιπερίςασις μετα- comme il y en a pour le
βολῆς εἰς ἄλληλα, κα- feu, l'air, l'eau, & la ter-
θάπερ ἐπὶ πυρὸς καὶ re, mais ayant achevé
　　　　ἀέρος, le cercle divisé en qua-

¹² *Ils périssent & ne sont plus engendrés*, διαλυεται
και απογινεται. Voilà qui est clair, & il n'y a pas de
doute qu'Ocellus n'ait admis la mortalité de l'ame :
ce qui rend encore ce passage plus clair c'est la fin du
paragraphe, dans lequel l'Auteur dit, tous ces diférenrents changemens sont des marques & des indices
que l'Univers ou le Tout contient toutes les substances, demeure toujours, est toujours conservé, &
que les diverses choses qui sont contenues dans lui,
& celles qui y surviennent perissent & sont detruites.
Ταυτα ουν εςι σημεια τε και τεκμηρια του το μεν ολον και
το περιεχον μενειν αει και σωζεσθαι, τα δε επι μερους
και επιγινομενα (αυτου φθειρεςθαι και διαλυεσθαι.

L'ame n'est pas plus exceptée dans cet endroit que
toutes les autres choses sujettes à la destruction. Enfin soit qu'Ocellus ait cru que l'ame subsistoit après
la mort, soit qu'il ait cru qu'elle étoit mortelle, il est
certain qu'il n'en a fait aucune mention, ce qui est
assez singulier dans un ouvrage tel que le sien. Peut
être est-ce par prudence, qu'il n'a pas voulu s'expliquer sur une matière aussi obscure, que l'étoit la nature de l'ame pour les philosophes anciens. Nous savons aujourdhui que l'ame est spirituelle & immortelle, parceque la Revelation nous l'a appris, &
que nous devons nous soumettre à ce qu'elle nous
enseigne. Mais combien de difficultés les Philosophes payens, qui n'étoient éclairés que de la lumiere
de la raison, n'avoient ils pas à surmonter pour connoître la nature de l'ame ; ils ne pouvoient la faire
　　　　　　　　　　　　　　　　　　　　　spiri-

tre parties par les qua-
tre âges, & essuïé les
changemens de ces âges,
ils périssent, [12] & ne

ἀέρος, καὶ ὕδατος, καὶ
γῆς, ἀλλὰ τὸν διὰ
(τῶν) τεσσάρων τετρα-
μερῆ

spirituelle, puisqu'ils ne connoissoient pas de substance, qui ne fut & qui ne dut être étenduë : l'ame,
quoi que composée d'une matiere très-subtile, oc-
cupoit necessairement un lieu, & par conséquent
étoit étendue, car tout ce qui occupe une place ne
sauroit n'être pas étendu, & ce qui est étendu a de la
profondeur & de la largeur. Par conséquent selon
eux l'ame devoit avoir les trois dimensions du corps,
la largeur, la longueur & la profondeur. Or tout ce
qui est corps a des parties différentes, tout ce qui a
des parties diférentes est sujet à la destruction ; l'ame
étoit donc mortelle, sujette à la destruction, ainsi
que les autres substances corporelles. Si la foi ne
nous aprenoit son immortalité par le moyen de sa
spiritualité, nous penserions sans doute encore comme presque tous les Philosophes anciens. Et quoique
la revelation ait fixé aujourdhui nôtre croïance, elle
n'a point éclairé notre esprit, elle s'est contentée
de nous aprendre une vérité, sans nous instruire des
raisons naturelles, qui devoient nous la faire croire,
elle a fixé notre croïance, mais elle ne l'a point in-
struite. Car quel est l'homme, qui puisse avoir la
moindre veritable idée claire d'un être, qui n'a point
d'étenduë, qui par conséquent n'occupe aucun lieu,
la raison ne nous montre-t-elle pas qu'une chose qui
existe doit exister dans un lieu ; & si l'ame existe
dans un lieu, elle a donc l'étendue qu'il faut pour
occuper ce lieu : & si elle a de l'étendue elle est
donc materielle, car tout ce qui est étendu a des
parties,

parties, & tout ce qui a des parties eſt corporel.

A cette premiere difficulté, joignons-en quelques autres qui ſont auſſi fortes. Voici la raiſon la plus probable, que l'on donne pour montrer que l'ame doit être d'une nature diférente de celle du corps. Nous avons, dit-on, deux idées diſtinctes : une de nous mêmes, comme étant une choſe qui penſe & qui n'eſt point étendue, & l'autre de notre corps comme étant une ſubſtance non penſante & étenduë. Je reponds à ceux qui diſent cela, comment peut-on ſavoir que la matiere ne peut penſer ? Si c'eſt par la révélation, je réponds, que j'en ſuis perſuade : ſi c'eſt par les lumieres de la raiſon, je nie que l'on en ait aucune preuve, & que l'on puiſſe même jamais en avoir ; car il faut auparavant que l'on montre, que l'on connoit parfaitement toutes les qualités dont la matiere peut-être douée, ſélon les diférentes modifications où elle ſe trouve : ſans cela l'on ne peut établir une diſtinction entre une ſubſtance penſante & non étendue, & une ſubſtance étendue & non penſante : qui peut nous aſſurer que nôtre ame n'eſt pas une matiere extremement ſubtile & penſante ? Je placerai ici ce que diſoit Gaſſendi à Deſcartes, qui vouloit établir ces diférentes ſubſtances. „ Par quel „ moyen, ſi vous étes une choſe ſans étendue, pouvés „ vous recevoir dans vous l'idée d'une choſe éten- „ due ? d'où vous vient cette notion ? Si elle procede „ du corps, il faut que vous ne ſoyez pas ſans exten- „ ſion ; apprenez-nous comment il ſe peut faire que „ l'eſpace ou l'idée du corps, qui eſt étendu, puiſſe „ être reçue dans vous, c'eſt à dire, dans une ſub- „ ſtance non étendue. Ou cette idée eſt produite „ par le corps ou elle vient d'ailleurs ? Si elle eſt pro- „ duite par le corps, il faut abſolument qu'elle ſoit „ corporelle, qu'elle ait ſes parties les unes hors des „ autres

,, autres, & par conséquent qu'elle soit étenduë : si
,, elle vient d'ailleurs, & qu'elle émane d'un autre
,, endroit, comme il est necessaire qu'elle vous re-
,, présente un corps étendu, il faut absolument qu'el-
,, le ait des parties, & qu'elle soit par conséquent
,, étendue ; car si elle n'avoit point de parties com-
,, ment pourroit-elle vous en representer ? Si elle
,, étoit sans extension, comment vous ofriroit elle
,, une chose étendue ? Si elle n'avoit point de figure
,, comment vous representeroit elle une chose figu-
,, rée ? Si elle n'avoit pas de situation comment vous
,, montreroit-elle une chose qui a des parties difé-
,, rentes, dont les unes sont basses les autres hautes,
,, les unes courbées les autres droites, &c. Si elle
,, étoit enfin sans varieté, comment vous feroit-elle
,, connoître la varieté & la diférence des couleurs ?
,, Il faut donc avouer que l'idée du corps n'est point
,, entiérement destituée d'extension : or si elle en a,
,, & que vous soyez une chose qui n'en ait point,
,, par quel moyen pouvez-vous la recevoir & vous
,, en servir ; & par quelle raison éprouvez-vous
,, qu'elle s'efface, s'éclipse & s'évanouit peu à peu ?
,, Il est vrai, *poursuit Gassendi*, que vous connois-
,, sés que vous pensez ; mais vous ignorez quelle es-
,, pece de substance vous étes, vous qui pensez.
,, Ainsi quoique l'opération de la pensée vous soit
,, connue, le principal de vôtre essence vous est ca-
,, ché, & vous ne savez point quelle est la nature de
,, cette substance, dont l'une des opérations est de
,, penser. Vous ressemblez à un aveugle, qui sen-
,, tant la chaleur du soleil, & étant averti qu'elle est
,, causée par le soleil, croiroit avoir une idée claire &
,, distincte de cet astre ; parce que si on lui deman-
,, doit ce que c'est que le soleil il pourroit repondre
,, que c'est une chose qui echauffe.

,, Peut

,, Peut être, direz-vous, que vous n'affurez pas
,, fimplement que vous êtes une chofe qui penfe ;
,, mais que vous ajoutez que vous êtes une chofe
,, fans étendue. Je pourrois vous repondre que vous
,, avancez cela fans preuve, & que vous pofez pour
,, principe ce dont nous fommes en difpute ; mais
,, quand même je vous pafferois cette fupofition,
,, penferiez-vous pour cela avoir une idée claire &
,, diftincte de vous-même ? En verité vous vous
,, tromperiez. Vous dites que vous êtes une chofe
,, fans étendue : vous m'aprenez par-la ce que vous
,, n'êtes point ; mais non pas ce que vous êtes. N'eft-
,, il pas neceffaire, pour connoître une chofe claire-
,, ment & diftinctement, pour en avoir une notion
,, jufte, évidente & pofitive, de favoir précifément
,, & fans confufion quelle eft fa nature, & en quoi
,, confifte fon effence, enfin ce par quoi elle eft
,, telle qu'elle eft ? Pour en parler affirmative-
,, ment, eft ce affez de connoître ce qu'elle n'eft
,, pas ? Un homme qui diroit que Bucephale n'eft
,, pas une mouche, & qui n'auroit aucune autre
,, connoiffance de lui, en auroit-il une idée claire
,, & diftincte ?

,, Mais allons plus avant. Vous êtes, dites vous,
,, une chofe qui n'a aucune extenfion : je vous, de-
,, mande donc fi vous n'êtes pas diffus par tout le
,, corps ? J'ignore ce que vous pouvez repondre ;
,, car quoique je vous aye confideré pendant un
,, tems, comme refidant dans le cerveau, c'étoit
,, plutôt par conjecture que par une veritable
,, croyance que j'ai fuivi vôtre opinion. J'avois
,, fondé ma conjecture fur ce que vous dites, que
,, l'ame ne reçoit pas immediatement l'impreffion
,, de toutes les parties du corps, mais feulement
,, du cerveau ou de l'une de fes plus petites parties.

,, Je

„Je n'étois point cependant affuré, & je ne le fuis
„point encore, que vous y faffiez vôtre demeure; car
„vous pouvez être repandu dans tout le corps, & ne
„fentir qu'en une feule partie ; nous difons même af-
„fez fouvent que l'ame eft diffufe par tout le corps,
„& que néanmoins elle ne voit que dans l'œuil.

„Supofons donc un moment que vous foyez dif-
„fus par tout le corps, comment eft il poffible que
„vous n'ayez point d'étendue, vous qui êtes étendu
„depuis la téte jufqu'aux pieds, qui êtes de la même
„grandeur que vôtre corps, & qui avez affez de
„parties pour correfpondre à toutes celles de vôtre
„corps ? Si vous dites que vous n'avez point d'éten-
„due, parceque vous êtes tout entier dans chaque
„partie, comment comprenez-vous une pareille
„merveille ? Eft-il poffible qu'une feule & même
„chofe puiffe fe trouver entière tout à la fois en plu-
„fieurs lieux ? Je conviens que la foi nous enfeigne
„cela du myftere de l'Euchariftie; mais vous n'êtes
„point une chofe miraculeufe, vous êtes au contrai-
„re une fubftance naturelle, & nous ne confiderons
„ici les chofes que par le feul fecours de la lumiere
„naturelle: comment peut-on donc concevoir qu'il
„y ait plufieurs lieux, & qu'il n'y ait pas plufieurs
„chofes logées? Cent lieux ne font ils pas plus qu'un,
„& fi une chofe fe trouve toute entiere dans un feul
„comment pourra-t-elle être dans les autres, fi elle
„n'eft réellement hors d'elle même, comme le lieu
„qui la contient eft hors des autres lieux ? Repondez
„à cela tout ce que vous voudrez, vous ne prouve-
„rez jamais qu'il ne foit pas très-incertain & très-
„difficile à croire que vous foyez tout entier dans
„chaque partie. Or, comme il eft beaucoup plus
„raifonnable, & beaucoup plus probable d'admet-
„tre, que rien ne peut être tout à la fois en plufieurs

C

„lieux,

„lieux, que de foutenir le contraire : il eſt donc
„auſſi plus évident que vous n'êtes pas tout entier
„dans chaque partie, mais diffus par tout le corps;
„par conſéquent vous êtes étendu & vous avez la
„même extenſion que vôtre corps.

„Mais ſupoſons actuellement que vous ſoyez ſeu-
„lement dans le cerveau, dans quelqu'une de ſes plus
„petites parties, & conſiderons dans les diférents
„ſyſtemes qu'on peut établir ſi vous pouvez être
„ſans extenſion. Il ſe preſente d'abord des difficultés
„inſurmontables ; car quelque petite que ſoit cette
„partie que vous occupez, elle eſt néanmoins éten-
„due, & vous neceſſairement vous l'êtes autant
„qu'elle ; vous n'êtes donc point ſans extenſion, &
„vous avez des parties, quelques deliées qu'elles
„ſoient, qui correſpondent aux ſiennes.

„Je ne crois pas que vous diſiez par hazard, que
„vous prenez pour un point la petite partie à laquel-
„le vous êtes uni ; mais ſupoſons que vous ayez re-
„cours à ce ſubterfuge ; il faut alors que ce point
„ſoit phiſique ou mathematique : s'il eſt phiſique,
„la dificulté n'eſt point ôtée, parceque ce point eſt
„étendu, quelque petit qu'il ſoit, & n'eſt pas entié-
„rement ſans parties ; s'il eſt mathematique, c'eſt un
„point imaginaire, qui n'a aucune exiſtence que
„dans nôtre imagination, & qui n'exiſte pas réelle-
„ment. Mais pouſſons les choſes à l'extrême, &
„feignons qu'il eſt poſſible qu'il ſe trouve dans le
„cerveau un de ces points mathématiques auquel
„vous êtes étroitement uni, & dans lequel vous re-
„ſidez : cette fiction deviendra inutile ; car malgré
„que nous feignions, il faut cependant que vous
„vous trouviez dans le concours des nerfs, par le-
„quel les parties, que l'ame informe, transmettent
„au cerveau les notions & les eſpeces des choſes qui

„ont

„ été aperçues & decouvertes par les sens. Or pre-
„ nez garde d'abord que tous les nerfs n'aboutissent
„ pas à un seul point ; le cerveau étant continué, &
„ s'étendant jusquà la moëlle de l'épine du dos, plu-
„ sieurs nerfs qui sont repandus dans le dos aboutis-
„ sent, & se terminent simplement à cette moelle :
„ d'ailleurs ceux, qui tendent vers le milieu de la tê-
„ te, ne vont point finir également dans le même
„ endroit du cerveau, & aboutissent en diférents
„ lieux ; & quand il seroit vrai qu'ils se terminassent
„ tous au même, il seroit ridicule de prétendre les
„ réunir à un point mathematique, puisqu'ils sont des
„ corps & non pas des lignes mathématiques.

„ Mettons pour un instant que cela soit possible ;
„ alors les esprits animaux qui s'écoulent le long des
„ nerfs ne pourront ni en sortir ni y entrer, puisqu'ils
„ sont des corps, & que le corps ne sauroit n'être
„ point dans un lieu, ce qui arriveroit s'il étoit dans
„ un point mathématique qui n'a qu'une existence
„ imaginaire. Mais enfin je pousse les choses à l'ex-
„ trême & je veux qu'il y puisse être. Je demande
„ comment il est possible que vous, qui existés dans
„ un point, où il n'y a ni contrées, ni régions, où il
„ n'est rien qui soit à droite, à gauche, en haut ou en
„ bas, puissiés discerner d'où vous viennent les cho-
„ ses, & ressentir leur impression ? La même diffi-
„ culté regarde encore les esprits, que vous devez
„ envoyer dans tout le corps, pour lui communiquer
„ le sentiment & le mouvement. N'est-il pas im-
„ possible que cela puisse arriver, si vous existez dans
„ un point mathématique, si vous n'êtes point corps,
„ ou si vous n'en avez pas un par le moyen duquel
„ vous touchiez & poussiez celui que vous animez.
„ Si vous dites que les esprits se meuvent d'eux mê-
„ mes, & que vous dirigez seulement leur mouve-

C 2

„ ment,

„ ment, je vous prierai de vous souvenir, que vous
„ convenez que le corps ne se meut point soi même;
„ ainsi par vos propres principes je suis en droit de
„ conclure que vous êtes la cause de son mouve-
„ ment. Aprenez nous de grace comment la condui-
„ te & la direction des esprits peuvent se faire sans
„ quelque sorte de contention, & par conséquent
„ sans quelque mouvement & quelque impulsion de
„ vôtre part ? Dites-nous par quel moyen une chose
„ peut agir sur une autre, faire effort sur elle, la met-
„ tre en mouvement, sans un mutuel contact du
„ moteur & du mobile, & une pulsation réelle : or
„ comment cette pulsation peut elle se faire sans
„ corps ; car enfin la lumière naturelle nous aprend,
„ & nous fait voir évidemment qu'il n'y a que les
„ corps qui peuvent toucher & être touchés ?"

Cette derniere objection de Gassendi est frapante,
& quoique toutes les autres soyent d'une grande
force, il faut convenir qu'elle est la plus victorieuse,
& j'ose dire la plus évidente ; car enfin jamais on ne
pourra donner aucune raison évidente pour prouver
qu'une chose qui n'a point d'étendue, qui est denuée
de parties, puisse agir sur une qui en a, la frapper,
la toucher, & la mettre en mouvement.

Tout ce que les Theologiens diront, pour établir
par des raisons philosophiques l'impossibilité que la
matiere puisse être douée de la pensée & de la force
motrice, ne sera jamais qu'un vain ramas de paroles,
tandis qu'ils seront forcés d'avouer, comme ils le seront toujours, qu'ils ne connoissent pas toutes les
proprietés de la matiere : tous leurs beaux raisonnemens tant de fois repetés se reduisent à céci. Je ne
connois que très-peu la matiere : j'en ai quelque notion très-confuse ; j'en sais quelques qualités & quelques proprietés ; j'ignore entierement si ces proprietés

tés peuvent être jointes à la penſée, & ſi elle peut leur être reunie : Or parce que je ne ſuis rien de tout cela ; j'aſſure fort hardiment que l'eſprit ne ſauroit être étendu, & je fonde l'impoſſibilité qu'il y a que la matiere puiſſe penſer, ſur l'ignorance où je ſuis de ſes qualités, & de ſes attributs.

Un philoſophe Jeſuite, & Profeſſeur au Colege d'Anvers, me paroit avoir tourné très-bien en ridicule ceux, qui croïant connoître l'eſſence de toutes les qualités de la matiere en concluent qu'elle ne ſauroit penſer. Je placerai ici ce que dit ce Jeſuite avec d'autant plus de plaiſir, que l'on verra que des gens d'une grande pieté n'ont pas fait difficulté de ſoutenir, ainſi que je le fais, que c'eſt par la ſeule revelation, que nous pouvons être inſtruits de la ſpiritualité de l'ame, & que toutes les lumieres de la raiſon, ne ſauroient nous en donner aucune preuve claire, & aſſurée. „ Un homme ruſtique & fort „ ſimple, dit ce Profeſſeur, aperçut un loup, très- „ éloigné de lui : il demanda à ſon maitre, jeune „ homme fort doux & fort poli : dites moi, je vous „ prie, qu'eſt-ce que je vois ? Sans doute c'eſt un „ animal, puiſqu'il remue & qu'il marche ; par con- „ ſéquent c'eſt un de ceux que je connois, qui ſont „ le bœuf, le cheval, la chevre, & l'ane. Eſt-ce un „ bœuf ? non, il n'a pas de cornes. Eſt-ce une che- „ vre ? non, il n'a pas de barbe. Eſt-ce un cheval ? „ non il a la queue trop petite. C'eſt donc un ane, „ puiſque ce n'eſt ni une chevre, ni un bœuf, ni un „ cheval. Vous riez ? Attendez, je vous prie, la fin „ de la fable. Le maître voyant l'imbecilité de ſon „ valet lui dit, tu aurois pu également ſoutenir que „ c'étoit un cheval. Comment aurai-je pu faire re- „ partit le ruſtre ? Ecoute repondit le maître : Ce „ n'eſt point un bœuf, il n'a point de cornes : ce

C 3

„ n'eſt

„ n'eſt pas une chevre, il n'a point de barbe : ce n'eſt
„ point un ane, il a les oreilles trop courtes, c'eſt
„ donc un cheval. Le païſan frappé & ſurpris de
„ cette nouvelle analyſe, s'écrie d'abord : ce n'eſt
„ point un animal, car tous les animaux que je con-
„ nois ſe reduiſent au bœuf, au cheval, à la chevre
„ & à l'ane : or ce n'eſt ni un bœuf, ni un cheval,
„ ni une chèvre, ni un ane ; donc ce n'eſt point un
„ animal. Cet homme ruſtique étoit bon philoſophe
„ pour des payſans ; mais non pas pour des perſonnes
„ ſorties du Lycée. Prenez garde que vous lui res-
„ ſemblez parfaitement, & qu'une goute de lait
„ n'eſt pas plus ſemblable à une autre goute. Ne rai-
„ ſonnez-vous pas comme lui, lorsque vous dites :
„ *Je connois ce qui apartient au corps :* ou, *rien n'a-*
„ *partient au corps, que ce que j'ai connu autrefois lui*
„ *apartenir ?* Car ſi vous n'avez pas tout connu, s'il
„ y a la moindre choſe que vous ignoriez, ſi vous
„ avez attribué à l'eſprit quelques qualités du corps,
„ & ſi vous en avez retranché quelques unes de ce
„ dernier, ſoit en privant la matiere de la force mo-
„ trice & de la ſenſation, ſoit en la croyant incapa-
„ ble de pouvoir jamais recevoir la penſée : ne de-
„ vez-vous pas craindre d'avoir tiré de vos principes
„ une concluſion auſſi fauſſe, que celle que ce pay-
„ ſan tiroit des ſiens ? " Comme le ſentiment de ce
Jeſuite eſt eſſentiel ; je placerai ici ſes propres ex-
preſſions. „ *Si omiſiſti aliquid olim, ſi cenſuiſti male*
„ *(homo es, & humani a te nihil alienum putes) ſuper-*
„ *vacaneus erit omnis ille labor tuus, atque omnino*
„ *vereri debes, tibi ut ne contingat quod ruſtico nu-*
„ *per. Is ubi primum vidit lupum a longe, hæſit, &*
„ *egit ita cum hero ſuo adoleſcente ingenuo, quem*
„ *comitabatur : Quid video ? Animal haud dubie.*
„ *Movetur, ingreditur. Quodnam vero animal ?*
„ *Nempe*

„ *Nempe unum aliquod eorum, quæ novi. Quæ porro*
„ *illa sunt ? bos, equus, capra, asinus. An est bos ?*
„ *Non, cornua non habet. An equus ? vix caudatum*
„ *est, non equus est. An capra ? barbata illa, hoc*
„ *imberbe, capra non est. Asinus ergo est, cum nec*
„ *bos, nec equus, nec capra sit. Quid rides ? exitum*
„ *fabulæ exspecta. At enim, ait adolescens herus:*
„ *quidni esse equum perinde conficis, atque asinum ?*
„ *Age. An est bos ? Non, cornua non habet. An as-*
„ *nus ? Minime, auriculas non video. An capra ? Ni-*
„ *hil barbæ habet : capra non est ; est ergo equus. Tur-*
batus nonnihil rusticus analysi illa nova, ut & ex-
clamarit : non est animal ; nempe animalia quæ novi,
sunt bos, equus, capra, asinus ; non est bos, non
equus, non capra, non asinus : ergo assiliens & trium-
phans, non est animal ; ergo aliquid non animal. Stre-
nuum sane philosophum, non ex Lycæo, sed ex armen-
to ! Vis peccatum illius ? Sat, ais, video. Male posuit
apud se in animo, et si reticuit : novi animalia omnia,
aut, nullum est animal præter ea quæ novi. At quid
illud nostrum ad institutum. Nempe lacti lacte non vi-
detur similius. Ne dissimules. Taces non nihil, quod
habes in animo. An non istud, novi omnia quæ spectant
& spectare possunt ad corpus ; aut illud, nihil ad cor-
pus pertinet, præter illud, quod olim pertinere intel-
lexi ? Et vero si omnia non nosti : si omisisti, vel unum;
si aliquid quod revera sit corporis, aut rei corporeæ, ut
animæ, menti tribuisti : si cogitationem, si sensum, si
imaginationem male removisti a corpore, aut anima
corporea : addo si vel suspicaris aliquid illorum a te
commissum ; an vereri non debes eundem exitum, ut
quidquid concludas, sit conclusum male ? Object. ad-
vers. medit. metaph. Renat. Cartes. object. 6.

En considerant la façon plaisante, & énergique en
même tems, dont ce Jesuite se sert pour prouver que

la matiere peut-être fusceptible de la penfée, je ne fais pas pourquoi fes confreres en Dieu, les Journaliftes de Trevoux, qui font de très-honêtes gens, pleins d'efprit & de connoiffances, mais qui malheureufement difent trop d'injures aux perfonnes qu'ils n'aiment pas, en ont tant dit aux philofophes, qui dans ces derniers tems ont foutenu, que l'on ne pouvoit pas prouver que la matiere n'eft pas fufceptible de la penfée. Ces philofophes ont écrit modeftement, ainfi que l'a fait Mr. Locke, homme dont toute l'Angleterre a connu la pieté & la religion. Quiconque voudra fe donner la peine d'examiner, & de confiderer librement les embarras, & les obfcurités impenetrables de ces deux hypothefes, n'y pourra guere trouver de raifon capable de le determiner entiérement pour ou contre la materialité de l'ame; puifque de quelque manière qu'il regarde l'ame, ou comme une fubftance non étendue, ou comme la matiere étendue qui penfe, la difficulté qu'il aura de comprendre l'une ou l'autre de ces chofes l'entrainera toujours vers le fentiment oppofé, lorfqu'il n'aura l'efprit apliqué qu'à l'un des deux.

Gaffendi n'a été ni injurié ni attaqué indécemment, cependant il a dit en termes exprès, que l'on n'avoit aucune preuve évidente de l'immortalité de l'ame par la lumiere naturelle. *Rationes immortalitati aftruendæ allatæ mathematicæ evidentiæ, ut fumus initio teftati, non funt. Gaffend. Syntagma philof. Epicur.*

Defcartes, qui avoit employé la fagacité de fon efprit à prouver la fpiritualité & l'immortalité de l'ame, avouoit de bonne foi aux perfonnes, avec lefquelles il parloit à cœur ouvert, qu'il ne voyoit aucune preuve évidente de fon immortalité. Voici comment il écrivoit à l'illuftre Elifabeth Princeffe Pala-

Palatine; „ Pour ce qui eſt de l'état de l'ame après
„ cette vie, j'en ai bien moins de connoiſſance que
„ Mr. Digbi : car laiſſant à part ce que la Foi nous
„ enſeigne, je confeſſe que par la ſeule raiſon natu-
„ relle nous pouvons faire beaucoup de conjectures
„ à nôtre avantage, & avoir de flateuſes eſperances;
„ mais non pas aucune aſſurance." *Lettres de Des-*
cartes Tom. 2. *pag.* 173. Cette marque de la ſin-
cerité de Deſcartes doit paroître d'autant moins ſur-
prenante, que les plus grands Saints & les plus illuſtres Peres de l'Egliſe, qui ſe ſont acquis une grande
reputation non ſeulement par leur pieté, mais encore par leurs lumières, ont tous parlé ainſi que Locke, Gaſſendi, Descartes, & ſont convenus que
nous n'avons par la lumiere naturelle aucune preuve
évidente de l'immortalité de l'ame, & que c'eſt à
la ſeule revelation, que nous devons la connoiſſance & la certitude de cette verité.

St. Thomas s'explique préciſement ſur cet article:
„ Il a été neceſſaire, *dit-il*, que l'eſprit humain fut
„ élevé par la foi à la connoiſſance de pluſieurs cho-
„ ſes qui ſont trop élevées, pour qu'elles puiſſent
„ être compriſes par nôtre raiſon. Et parmi ces cho-
„ ſes on doit mettre principalement ce que la reli-
„ gion nous aprend des biens ſpirituels & éternels,
„ qu'elle nous promet après la mort, car il y a dans
„ ces biens éternels pluſieurs choſes qui excedent la
„ portée de la raiſon humaine." *Oportuit mentem*
evocari in aliquid altius, quam ratio noſtra in præ-
ſenti poſſit pertingere, ut ſic diſceret aliquid deſidera-
re, & ſtudio tendere in aliquid quod totum ſtatum
præſentis vitæ excedit; & hoc præcipue chriſtianæ re-
ligioni competit quæ ſingulariter bona ſpiritualia &
æterna promittit: unde & in ea plurima humanum
ſenſum excedentia proponuntur. Sancti Thomæ Aqui-
C 5

natis

natis , ex ordine prædicatorum &c. Summa catholicæ
fidei contra gentiles. Lib. I. cap. V. pag. 13.

Le même St. Thomas dit ensuite : „ Cette incer-
„titude, ou flote la raison humaine, sur les choses
„qui regardent les biens spirituels & éternels après
„la mort, est très-utile aux hommes, car elle leur
„aprend à reprimer la vanité, qui est la source de
„de toutes les erreurs. Il y a des hommes, qui pre-
„sument si fort de l'étendue de leur esprit, qu'ils
„croïent pouvoir mesurer celle de la nature divine,
„& en connoître toutes les qualités; ils se persua-
„dent que tout ce qu'ils pensent être veritable doit
„l'être, & que tout ce qu'ils croyent faux doit l'être
„aussi. Il faut donc pour corriger l'esprit humain
„de la vanité, & pour le ramener à une recherche
„modeste de la verité, qu'il y ait bien des choses
„qui lui soient proposées diviniment & qui passent
„entierement les bornes de la raison ” *Utilitas enim*
provenit , scilicet præsumptionis repressio , quæ est
mater erroris. Sunt enim quidam tantum de suo in-
genio præsumentes, ut totam naturam divinam se
reputent suo intellectu posse metiri , æstimantes scili-
cet totum esse verum quod eis videtur, & falsum
quod eis non videtur; ut ergo ab hac præsumptione
humanus animus liberatus ad modestam inquisitionem
perveniat necessarium fuit homini proponi quædam
divinitus quæ omnino intellectum ejus excederent.
id. ibid. pag. 13 & 14.

St. Augustin avoit parlé, ainsi que St. Thomas,
long tems auparavant, car il avoue dans ses Retractations qu'ayant voulu écrire en philosophe sur l'immortalité de l'ame, son ouvrage étoit si obscur qu'en
beaucoup d'endroits il ne l'entendoit pas lui-même.
C'est cet aveu de St. Augustin qui a fait dire à un sage philosophe (la Motte le Vayer.) „ St. Augustin
„nous

„ nous a plus inſtruit de la foibleſſe humaine par les
„ fautes, qu'il a faites dans ſon Traité de l'immorta-
„ lité de l'ame, que de la nature de l'ame. C'eſt ce
„ qui m'a toujours fait penſer qu'on n'en pouvoit
„ parler avec trop de ſoumiſſion, & que le plus ſur
„ étoit d'en remettre la deciſion auſſi bien que les
„ articles de la Trinité, de l'incarnation, de la reſur-
„ rection des corps, & du peché originel, à ce que
„ nos Ecoles chrétiennes en ont determiné, & St.
„ Auguſtin eſt d'avis que nous tenions de la reli-
„ gion les preceptes que la philoſophie rend dou-
„ teux, & qu'elle ne peut éclaircir.”

Après avoir prouvé évidemment dans cette note, qui n'eſt deja que trop longue, qu'il étoit impoſſible, que les philoſophes anciens puſſent connoitre d'une maniere diſtincte la veritable nature de
l'ame, & avoir aucune idée de ſa ſpiritualité ; puiſque les plus grands philoſophes parmi les modernes,
& parmi les Saints ſont convenus qu'ils n'en ont
aucune connoiſſance certaine, que celle qu'ils ont
acquis par la révélation ; l'on voit qu'il étoit naturel qu'Ocellus embraſſa le ſentiment le plus raiſon-
nable, qui étoit celui de croire que l'ame ayant eu
un commencement, elle périſſoit par la deſtruction
du corps. C'étoit l'opinion des Peripateticiens, des
Epicuriens & de presque toutes les Sectes philoſophiques. Il eſt aiſé de voir, dit Ariſtote, que l'ame
ne peut ſubſiſter ſans le corps ; *animam igitur non
eſſe ſeparabilem à corpore.... non eſt obſcurum. Ariſt.
de anima. lib. 2. cap.* I. Nous montrerons dans la
note ſuivante, que n'admettant pas la revelation,
dont les payens étoient privés, le ſentiment des
Peripateticiens & des Epicuriens étoit beaucoup
plus conſequent, que celui des Platoniciens qui
accordoient l'immortalité à l'ame.

μεϱῆ κύκλον ἀνύταν- ſont plus engendrés.
τα, καὶ τὰς μεταβο- Tous ces antiperiſta-
λὰς

¹3 *Tous ces antiperiſtaſes & ces changements, ſont des marques & des indices que l'Univers, ou le Tout qui contient tous les corps, demeure & eſt toujours conſervé, & que les diverſes choſes qui ſont contenues dans lui périſſent & ſont détruites.* Voici la conſtruction grecque : Συν ταυτα εϛι σημεια τε και τεκμηρια τυ μεν το ολον και το περιεχον μενειν αει και σωζεσθαι, δε τα αυτευ εϛι μερυς, και επιγινομενα φθειρεϛϑαι, και διαλυεϛϑαι. Mot à mot : *ce ſont donc-là les ſignes & les indices de ceci que l'univers & ce qui environne demeure toujours, eſt conſervé & que les choſes du monde, qui ſont des parties faites dans lui, periſſent & ſont diſſoutes.* Il faut faire attention qu'Ocellus confond également ici tous les êtres ſublunaires, & qu'il ne fait aucune diſtinction des ames & des corps : il dit ſimplement, que les choſes faites dans le monde ſont *detruites & diſſoutes* φθειρεσθαι, και διαλυεσθαι.

Voila encore une nouvelle preuve qu'Ocellus a cru la mortalité de l'ame, nous placerons ici les raiſons qu'aportoient les philoſophes qui nioient la poſſibilité de ſon immortalité : il faut, diſoient ils, que tout ce qui ſubſiſte par l'avantage de ſon immortalité, ſoit capable, par la ſolidité de ſon corps, de ſe ſoutenir d'une maniere inviolable contre les coups qu'il reçoit, & qu'il ſoit tellement inacceſſible à la pénétration, que rien ne puiſſe pénétrer au dedans pour diſſoudre l'étroite union de ſes parties ; mais l'ame eſt compoſée de parties, puiſqu'elle eſt un corps, que tout corps eſt étendu, & que tout ce qui eſt étendu a des parties ; or elle eſt donc ſujette à la diviſion, parceque tout ce qui a des parties peut être diviſé. Auſſi voyons nous

fes, [13] & ces diférents λὰς τῶν ἡλικῶν, δια-
changemens font des λύεται ᾗ ἀπογίνεται.
ταῦτα

nous tous les jours, que la nature de l'ame & fa durée
font dependantes de la nature & de la durée du corps:
l'ame partage les maladies du corps ; ajoutés à toutes
ces maladies ordinaires, & à tant d'infirmités diférentes, la fureur qui trouble quelque fois l'efprit ; joi-
gnez y la perte de la memoire, l'oubli total des
chofes paffées, les noires vapeurs de lethargie qui
étouffent fes lumieres & détruifent fes connoiffances ; & jugés après cela fi l'ame peut refifter aux
coups, & aux impulfions qui peuvent lui nuire.

> Scilicet a vera longe ratione remotum'ft.
> Præter enim quam quod morbis tum corporis
>   ægrit,
> Advenit id, quod eam de rebus fæpe futuris
> Macerat, inque metu male habet, curisque fatigat:
> Præteritisque admiffa annis peccata remordent.
> Adde furorem animi proprium, atque oblivia
>   rerum,
> Adde quod in nigras Lethargi mergitur undas.
>   *T. Lucret. lib. 3. verf. 835. & feq.*

Le corps & l'ame font d'un même age, leur alliance
inféparable reçoit une mutuelle augmentation, & le
tems les affujetit également aux infirmités de la vieil-
leffe. Ne voyons nous pas que la faculté fpirituelle
eft uniforme dans le corps tendre & foible des enfans, & que les parties étant fortifiées par un âge plus
avancé, le jugement devient dans toute fa force. A-
lors l'efprit donne des marques de fon augmentation,
mais lorsque le corps devient affoibli par l'âge, l'a-
me redevient foible, fon jugement n'a plus ni jufteffe
ni force. La langue n'eft plus que l'interprête dereglé
d'un

ταῦτα οὖν ἐϛι σημεῖά marques & des indices τε καί τεκμήρια τοῦ que l'Univers, ou le
τὸ

d'un esprit qui retourne à sa premiere enfance. Tout vient à manquer à la fois, tout tend également à sa fin, & l'ame & le corps Il faut donc convenir que comme la fumée s'evanouit dans l'air; l'ame n'est point exempte de la dissolution dans sa retraite du corps, & ayant eu le même commencement avec lui, & la même augmentation; elle doit avoir la même fin.

> Præterea gigni pariter cum corpore, & una
> Crescere sentimus, pariterque senescere mentem.
> Nam velut infirmo pueri, teneroque vagantur
> Corpore : sic animi sequitur sententia tenuis.
> Inde ubi robustis adolevit viribus ætas :
> Consilium quoque majus, & auctior est animi vis.
> Post ubi jam validis quassatum est viribus ævi
> Corpus, & obtusis ceciderunt viribus artus :
> Claudicat ingenium, delirat linguaque, mensque :
> Omnia deficiunt atque uno tempore desunt.
> Ergo dissolvi quoque convenit omnem animaï
> Naturam, ceu fumus in altas aëris auras.
> Quandoquidem gigni pariter, pariterque videmus
> Crescere. *Lucret. lib. 3. de rer. nat. verf. 446.*

L'union étroite du corps & de l'ame a paru aux Peripateticiens, ainsi qu'aux Epicuriens, une source d'arguments invincibles pour prouver la mortalité de l'ame. Tout ce qui est engendré est corruptible, dit Aristote, tout ce qui a un commencement doit avoir une fin; or l'ame a commencé avec le corps, elle doit donc être mortelle. *Omne genitum est corruptibile : omne quod habuit principium debet habere finem : anima ergo incipit esse cum corpore habebitque finem.*
Ari-

Tout qui contient tous τὸ μὲν ὅλον καὶ τὸ πε-
les Corps , demeure ρίεχον μένειν ἀεὶ καὶ
σώ-

Ariſtot. de celo tex. 126. Ce même Ariſtote dit encore, ſi l'ame ne peut penſer dans un corps vivant ſans
l'imagination, elle ne peut jamais exiſter ſans le corps,
qui par le moïen des ſens lui fournit l'imagination ;
donc l'ame périt & ceſſe de penſer dèſque les ſens
ſont détruits par la diſſolution du corps.

Tout ce que les philoſophes, qui admettoient
l'immortalité de l'ame, repondoient à ces objections
étoit pitoïable ; comme ils étoient privés du ſecours
de la révélation , ils n'aportoient pour ſoutenir leur
opinion que de frivoles conjectures. Les Pythagoriciens & les Platoniciens ſoutenoient l'abſurde dogme de la metampſicoſe, & c'eſt par cette doctrine
ridicule qu'ils prétendoient prouver l'immortalité
de l'ame. Auſſi les premiers Chretiens , éclairés par
la revelation ſe mocquerent ils des arguments par leſ-
quels les Platoniciens, les Pythagoriciens & les Stoï-
ciens vouloient prouver l'immortalité de l'ame. Lactance remarque avec raiſon que quoique les philoſophes, qui admettoient la metampſicoſe, cruſſent
l'immortalité de l'ame, ils la ſoutenoient cependant
par de très mauvaiſes raiſons,& qu'ils avoient decouvert une verité non par un raiſonnement juſte, mais
par hazard , & par cas fortuit .... *(Philoſophi) autem*
contraria his differunt , ſuper eſſe animos poſt mortem ;
& hi ſunt maxime Pythagorici ac Stoici : quibus & ſi
ignoſcendum eſt quia verum ſentiunt; non poſſum tamen
non reprehendere eos, qui non ſententia, ſed caſu incide-
runt in veritatem. Lact. inſtit. lib. 3. cap. 18. de falſa
ſapientia.

Le même Lactance s'explique encore d'une maniere

σώσεσθαι, τὰ δ' ἐπὶ toujours, & eſt tou-
μέρους καὶ ἐπιγινόμε- jours conſervé, & que
να (αὐτοῦ) φθείρεσθαι les diverſes choſes qui
καὶ διαλύεσθαι. ſont contenues dans
lui, & celles qui y ſur-
viennent, périſſent & ſont détruites.

§. 15.

niere plus préciſe dans un autre endroit, car il dit
que la cauſe des erreurs des philoſophes qui admettoient l'immortalité de l'ame & la prouvoient par
ſes transmigrations, venoit de ce que les hommes
ne pouvoient connoitre la nature de l'ame ſans le
ſecours de la revelation : *Non putaverunt philoſophi aliter fieri poſſe, ut ſuperſint animæ poſt corpora : niſi videantur fuiſſe ante corpora : par igitur ac
prope ſimilis error eſt partis utriusque. Sed hæc in
præterito falſa eſt, illa in futuro ; nemo enim vidit
quod eſt veriſſimum, & naſci animos & non occidere:
quia cur id fieret aut quæ ratio eſſet, homines neſcie-
runt. Lact. de falſa ſapientia lib. 3. cap. 18.*

Convenons donc, que c'eſt à la ſeule revelation
que nous devons les connoiſſances de tout ce
qui regarde l'éternité, la nature divine, la durée
de l'ame. Et au lieu de chercher à nous enor-
gueilir de quelques foibles raiſonnemens, que la
lumière naturelle peut nous fournir ſur ces verités
revelées ; diſons avec St. Thomas qu'il a fallu é-
clairer & fixer l'eſprit des hommes par la foi, &
leur donner par elle une veritable certitude de tout
ce qui regarde les choſes divines. C'eſt ce qu'a
fait pour nous la celeſte providence, qui nous a ré-
vélé & inſtruit par la foi des choſes que nôtre raiſon ne pouvoit comprendre. En ſorte que par ce
moyen

§. 15. La forme du monde, le mouvement, le tems, & la subſtance n'ayant ni commence-ment ni fin, nous ſont des garants aſſurés, que

§. 15. Ἔτι δὲ τὸ ἄναρ-χον καὶ ἀτελεύτητον, καὶ τοῦ σχήματος καὶ τῆς κινήσεως, καὶ τοῦ χρόνου καὶ τῆς οὐσίας, τοῦτο πιστοῦται, διότι ἀγέ-

moyen tous les hommes peuvent participer à la veri-table connoiſſance de la nature divine, ſans aucun doute & ſans aucune erreur. C'eſt ce que S. Paul nous aprend, lorſqu'il dit : *Vous ne marcherez plus actuellement comme les nations qui marchent dans la vanité de leurs opinions, & dont l'eſprit eſt obſcurci par les ténébres.* Et Dieu lui-même ne dit-il pas par la bouche du Prophete Jſaie : *Je rendrai tous vos En-fans ſavans par le Seigneur.* *Et ideo oportuit per viam fidei fixa certitudine ipſam veritatem de rebus divinis hominibus exhiberi. Salubriter ergo divina providit clementia, ut ea, quæ ratio inveſtigare non poteſt, fide tenenda præciperet : ut ſic omnes de facili poſſent divi-næ cognitionis participes eſſe, & absque dubitatione & errore. Hoc eſt quod Epheſ. 4. dicitur; Iam non ambu-letis ſicut & gentes ambulant in vanitate ſenſus ſui, tenebris obſcuratum habentes intellectum Et Eſaiæ 54. Ponam univerſos filios tuos doctos a domino. Sancti Thomæ Aquinatis ex ordine prædicatorum &c. Summa catholicæ fidei contra gentiles. Lib I. cap. IV. pag. 10.*

Je prie donc tous ceux qui liront les diférentes no-tes, que j'ai placées dans cet ouvrage, d'être perſua-dés qu'en cherchant à montrer la foibleſſe de tous les raiſonnemens des Philoſophes ſur les choſes divines & ſur la nature de l'ame, je n'ai eu d'autre but que de prouver, que ſans la revelation nous ne ſommes que

D

des

ἀγένητος ὁ κόσμος καὶ ἄφθαρτος. ἤτε γὰρ τοῦ σχήματος ἰδέα, κύκλος. οὗτος δὲ πάντοθεν ἴσος καὶ ὅμοιος. διόπερ ἄναρχος καὶ

l’Univers n’a jamais été produit, & qu’il ne sera jamais dissous. La forme du monde est ronde & fait un cercle, ce cercle est pareil & semblable de tout côté,

ἀ τε-

des aveugles, dont les connoissances incertaines & trompeuses ne peuvent nous conduire que d’une erreur dans l’autre. *Perdam sapientiam sapientum & prudentiam prudentum reprobabo.* Je perdrai la sagesse des sages, & je reprouverai la prudence des prudens, Isaie cap. I. vers. 19.

14 Ητε (ἰδέα) της κινησεως (εςι) κατα κυκλον; αυτη δι απαραβατος και αδιεξοδος. *De même l’espece ou la nature du mouvement etant aussi en cercle, elle est éternelle & ne peut recevoir d’altération.*

S’il y a, disoit Aristote, un premier mouvement, comme tout mouvement supose un mobile, il faut absolument que ce mobile soit ou engendré ou éternel, mais pourtant en repos à cause de quelque empechement. Or de quelque façon qu’on supose que cela soit, il s’ensuit une absurdité : car si ce premier mobile est engendré, il l’est donc par le mouvement, lequel par conséquent sera anterieur au premier ; & s’il a été en repos éternellement, l’obstacle n’a pu être ôté sans un mouvement, lequel derechef aura été anterieur au premier. Aristote fait encore à peu près le même argument sur la necessité de l’éternité du tems. Si le monde, dit-il, a commencé, il faut que pareillement le tems ait commencé, or le tems ne peut avoir de commencement, donc le monde est

éternel.

il est donc par consé-   ἀτελεύτητος. ἤτε τῆς
quent sans commence-   κινήσεως κατὰ κύκλον.
ment & sans fin ; de   αὕτη δὲ ἀπαράβατος
même l'espece ou la   καὶ ἀδιέξοδος. ὅτε χρό-
nature du mouvement   νος (ὁ) ἄπειρος, ἐν
étant aussi en cercle ,   ᾧπερ ἡ κίνησις, διὰ τὸ
elle est éternelle, 14 &   μήτε

éternel. Car si le tems a eu un commencement il y
aura donc un tems , où le tems n'aura pas été, & par
conséquent il y aura eu un tems avant le premier
tems. Il faut donc que le tems soit éternel, ainsi que
le mouvement, qui a toujours coexisté dans le tems
& avec le tems. *Si mundus incepit, pariter etiam tem-*
pus : sed hoc non potuit habere initium, ergo nec ipse
mundus. Minor probatur : incepit tempus, ergo dabitur
primum Nunc ante quod non fuit tempus. Tunc si cuili-
bet Nunc correspondet mutatum esse in motu (non enim
tempus est extra motum :) ergo illi primo Nunc respon-
det mutatum esse in aliquo motu. At ante quodlibet mu-
tatum esse, est motus : ergo etiam ante illud Nunc erit
tempus, quod sit in illo motu. Et sic nunquam dabitur
primum Nunc ante quod non sit tempus : non igitur
principium habere potest. Francisci Toletæ, Societ. Je-
su commentaria in octo libros Aristotelis de phisica au-
scultatione &c. Comment. in lib. VIII. phys. cap. 2.
fol. 209. *vers.* Voila encore une des preuves dont
Aristote se sert pour prouver l'éternité du monde, de
la quelle il paroit avoir été plus assuré que de toutes
les autres opinions, qu'il a soutenues. Il se moquoit
de ceux qui soutenoient le contraire, & disoit en plai-
santant que ces philosophes lui faisoient craindre une
chûte bien plus terrible que celle de sa maison.

μήτε ἀρχὴν εἰληφέναι τὸ κινούμενον, μήτε τελευτὴν λήψεσθαι. ἤ γε μὴν οὐσία τῶν πραγμάτων ἀνέκβατος καὶ ἀμετάβλητος, διὰ τὸ μήτε ἀπὸ τοῦ χείρονος ἐπὶ τὸ βέλτιον, μήτε ἀπὸ τοῦ βελτίονος ἐπὶ τὸ χεῖρον πεφυκέναι μεταβάλλειν. ἐκ τούτων οὖν ἀπάντων σαφῶς πιϛοῦται, ὅτι ὁ κόσμος ἀγένητος καὶ ἄφθαρτος. καὶ περὶ μὲν τοῦ ὅλου καὶ τοῦ παντὸς ἅλις εἰρήσθω.

ne peut recevoir d'alteration. Quant au tems dans lequel est ce mouvement il est infini, parceque ce qui est mu dans lui n'a pas eu de commencement & ne prendra point de fin ; puisque l'Univers n'est ni passager ni muable, & qu'il n'est pas de nature (*comme nous l'avons déja prouvé*) à changer ni de pire en meilleur, ni de meilleur en pire ; il est donc manifestement certain, par tout ce que nous venons de dire, que le monde est improduit & indestructible. Et nous ne dirons rien de plus à ce sujet.

κεφά-

---

¹ Il est donc manifeste que le *faire* & le *mouvoir apartiennent à la cause de la generation & que l'état de passion & d'être mis en mouvement apartiennent à ce qui reçoit la génération.* φανερον οτι περι μεν της αιτιας

Chapitre II.   Κεφάλαιον β'.

§. I.   §. I.

C'eſt dans le *Tout*, ou dans l'Univers, qu'eſt la génération, & la cauſe de la génération. La génération eſt là, où eſt le changement, & où eſt le paſſage & la transmutation des ſubſtances. La cauſe de la génération eſt là où il-y-a identité de ſubſtance. Il eſt donc manifeſte [1] que le *faire* & le *mouvoir* apartiennent à la cauſe de la génération, & que l'état de *paſſion* & d'être mis en mouvement apartient à ce qui reçoit la génération.

Ἐπεὶ δὲ ἐν τῷ παντὶ, τὸ μέν τοι γένεσις, τὸ δὲ αἰτία γενέσεως· ᾗ γένεσις μὲν, ὅπου μεταβολὴ καὶ ἔκβασις τῶν ὑποκειμένων· αἰτία δὲ γενέσεως, ὅπου ταυτότης τοῦ ὑποκειμένου· φανερὸν ὅτι περὶ μὲν τὴν αἰτίαν τῆς γενέσεως τὸ ποιεῖν καὶ (τὸ) κινεῖν ἐστί. περὶ δὲ τὸ δεχόμενον τὴν γένεσιν, τό τε πάσχειν καὶ τὸ κινεῖσθαι.

D 3   §. 2.

αἰτίαν τῆς γενέσεως τὸ ποιεῖν, καὶ (τὸ) κινεῖν ἐστί. περὶ δὲ τὸ δεχόμενον τὴν γένεσιν, τό τε πάσχειν καὶ τὸ κινεῖσθαι. Ciceron fait mention de cette diſtinction, que les philoſophes faiſoient des deux principes de la nature:

Ils

§. 2. Αἱ δε μοῖραι αὐ-   §. 2. Les destins [2]
ται διορίζουσι καὶ τέμ-   distinguent eux mê-
νουσι τό τε ἀπαθὲς μέ-   mes, & séparent la
ρος

Ils la divisoient, dit il, en deux choses, l'une étoit efficiente & l'autre étoit passive & se pretoit à la premiere. *De natura autem (philosophi) id dicebant ut eam dividerent in res duas, ut altera esset efficiens, altera quasi huic se præbens : eam qua efficeretur aliquid in eo quod efficeret vim esse censebant, in eo autem quod efficeretur materiam quandam.* Cicer. acad. quæst. pag. 23.

Nous placerons ici une remarque, qui sera utile dans la lecture de cet ouvrage, & qui fixera la veritable idée que l'on doit avoir des termes *actif, passif, reactif*, & nous en donnerons l'explication en les definissant sous les noms d'*action*, de *passion*, de *réaction*, qui sont les effets qu'ils produisent. L'*action*, est la cause produite par la vertu essentielle de l'agent sur le passif. La *passion*, est l'operation par laquelle le passif, qui est la chose sur laquelle l'agent agit, reçoit cette operation. La *réaction*, est l'operation que le passif fait à son tour sur l'actif, c'est à dire sur l'agent. *Sunt igitur notanda tria vocabula, puta actio, passio, & reactio. Actio est ipsius agentis principalis & majoris virtutis, qua in passum agit. Passio vero est ipsius passi operatio, quia patitur ; at illa actio qua passum agit in agens fortius & principalius, reactio dicitur ;* Francis. Toletæ societ. Jesu. Comment. in duos libros Aristotelis de generat. & corruptione, pag. 40. fol. vers.

[2] *Les destins distinguent eux-mêmes, & separent la partie impassible du monde & qui est immobile.* Αι δε μοιραι αυται διοριζουσι και τεμνουσι το τε απαθες μέρος

partie impaſſible du ρος τοῦ κόσμου καὶ (τὸ)
monde & qui eſt im- ἀκίνητον. ἰσθμὸς γὰρ
mobile. Car le cercle ἐςιν ἀθανασίας ἢ γε-

D 4

νέσεως

ρος τοῦ κοσμου και (το) ακινητον. Vizzanius a cru
trouver une grande difficulté à expliquer, ce qu'O-
cellus a entendu par le mot μοῖραι *les deſtins*. Il a
fait une longue diſſertation de trois pages, pour
prouver que par les *deſtins* Ocellus avoit voulu dire
la providence qui gouverne tous les êtres *Voce*, dit-
il, *μοίρας, hic fata certe expreſſa nemini dubium erit:
at quid fatorum nomine ſignificare voluerit, certo
aſſerere difficillimum, hac enim voce auctorem alibi
uſum fuiſſe non apparet; crediderim ſane ipſum pro
lege eorum, quæ in univerſo eveniunt, & per pro-
videntiam reguntur, fati nomen uſurpaſſe, &c* Il
n'y a rien de ſi clair & de ſi naturel que ce paſſage,
& je ne vois pas comment Vizzanius ne l'a pas d'a-
bord compris. Ocellus, admettant l'éternité du
monde, dit ſimplement ce qui eſt une ſuite neceſſaire de cette éternité, ſavoir que dans tous les tems il
avoit été *deſtiné*, & *arrêté* que la partie du monde
impaſſible, qui eſt au deſſus de la lune, ſeroit ſeparée de la partie *paſſible* qui eſt au deſſous : la penſée
d'Ocellus ſe préſente naturellement, ainſi en diſant
que les deſtins ont ſeparé la partie du monde, &c.
c'eſt dire que tout tems la partie du monde impaſſible a été deſtinée à être ſeparée, &c. Il y a cent
diſſertations dans l'ouvrage de Vizzanius auſſi peu
importantes, que l'eſt celle dont je viens de montrer l'inutilité. Le Commentateur Nogarola a jugé
la remarque de Vizzanius ſi peu intereſſante, qu'il n'y
a fait aucune attention, ni même au mot μοῖραι, qui
a paru à Vizzanius un miſtere difficile à penetrer.

3 Le

νέσεως ὁ περὶ τὴν σε-
λήνην δρόμος. τὸ μὲν
ἄνωθεν ὑπὲρ ταύτης
πᾶν, καὶ τὸ ἐπ' αὐ-
τὴν, θεῶν κατέχει γέ-
νος.

que decrit la Lune est
la séparation 3 des cho-
ses incrées & créées;
tout ce qui est en haut
au dessus d'elle, & tout
ce qui est en elle, con-
tient le genre des
Dieux: 4 mais tout ce

3 Le cercle que decrit la lune est la separation des choses crées & incrées. Ισθμος γαρ εστιν αθανασιας και γενεσεως ο περι την σεληνην δρομος. mot a mot γαρ ο δρομος περι την σεληνην εστιν ισθμος αθανασιας και γενεσεως. *Car la course autour de la lune est l'istme de l'immortalité & de la generation.* L'expression du mot ισθμος est heureuse, pour exprimer la séparation qui se fait entre deux grands corps, tels que ceux qui composent les deux parties de l'Univers.

4 *Mais tout ce qui est sous la lune contient le genre de la division & de la nature, où se fait le changement & le depérissement des choses qui furent engendrées, & la genération des êtres qui avoient existé autre fois.* Το δε υπακατω σεληνης νεικυς και φυσεως. το μεν (γαρ) εστιν εν αυτη διαλλαγη γεγενοτων, το δε γενεσις απογεγονοτων. J'ai ajouté l'épithete de *nouvelle* au mot generation, pour mieux faire sentir la pensée de l'auteur, qui par cette generation nouvelle entend ce qu'il a deja expliqué dans le premier chapitre, lorsqu'il dit: *Le feu étant rassemblé dans un point de reunion,* (il y a dans le grec le feu venant ensemble dans un; πυρ μεν γαρ εις εν συνερχομενον) *engendre l'air, & l'air l'eau, & l'eau la terre; & le même retour, ou le même periode de changement a lieu*

de

qui eſt ſous la Lune
contient le genre de
la diviſion, & de la
nature où ſe fait le
changement & le de-
périſſement des choſes,
qui furent engendrées,
& la génération nou-

vος· τὸ δ' ὑποκάτω
σελήνης, νείκους καὶ
φύσεως. τὸ μὲν (γάρ)
ἐςιν ἐν αὐτῇ διαλ-
λαγὴ γεγονότων, τὸ
δὲ

D 5

*de la terre jusqu'au feu. d'où il a commencé de chan-
ger, de même les fruits, les plantes, les arbres ont
reçu un commencement de generation par les germes,
enſuite étant devenus fruits, & parvenus à leur perfection ils font de nouveau leur reſolution dans leur
germe, la nature accompliſſant cette progreſſion par la
même choſe & dans la même choſe.* Je place ici ſous
les yeux des lecteurs ce paragraphe troiſieme du chapitre précedent, parce qu'il n'y a point de meilleur
commentaire, pour expliquer ce qu'entend Ocellus
par cette generation nouvelle des êtres qui avoient
été autre fois: & il ne faut pas croire qu'il ad-
mette les ames des hommes, ni celles des animaux
dans cette nouvelle generation, car dans le paragraphe ſuivant il dit expreſſement, comme nous
l'avons remarqué, qu'il n'y a point pour les hommes & pour les animaux de retour vers le premier
age, ni d'antiperiſtaſe & de changement comme
il y en a pour le feu, l'air, l'eau & la terre, mais
ayant achêvé le cercle diviſé en quatre parties par
les quatre âges, & eſſuïé les changements de ces
ages, ils font diſſous & ne font plus engendrés.
Διαλύεται καὶ ἀπογίνεται. cela eſt clair, & n'eſt ſuſ-
ceptible d'aucune objection.

§ II.

δὲ γένεσις ἀπογεγονότων.

§. 3. Ἐν ᾧ δὲ μέρει τοῦ κόσμου Φύσις τε καὶ γένεσις ἔχουσι τὴν δυναςείαν, τρία δεῖ ταῦτα ὑπεῖναι· πρῶτον μὲν τὸ πρὸς ἀΦὴν ὑΦιζόμενον σῶμα πᾶσι τοῖς εἰς γένεσιν ἐς

velle des êtres qui avoient existé autre fois.

§. 3. Il faut necessairement [5] que trois choses soient dans la partie du monde, dans laquelle la nature & la génération exerçent leur pouvoir.

Premierement le corps, se pretant au contract dans toutes les choses qui sont susceptibles de généraχομέ

---

[5] *Il faut necessairement que trois choses soient dans la partie du monde, dans laquelle la nature & la génération exercent leur pouvoir :* Ἐν ᾧ δὲ μέρει τῷ κόσμου Φύσις τε καὶ γένεσις ἔχυσι τὴν δυναςιιαν, τρια δεῖ ταῦτα ὑπεινας Platon & Aristote ont établi les mêmes principes de la génération qu'Ocellus. Il faut, dit Platon, considerer trois diférens genres, l'un qui engendre, l'autre dans lequel il est engendré ; & le troisieme d'où ce qui est engendré tire sa ressemblance. On peut comparer le genre qui reçoit la génération *à la mere*; le genre qui engendre *au pere*. Le troisieme genre est une nature qui tient le milieu entre les deux premiers genres, & qui peut être comparé à la race ou à *la lignée, qui vient de l'union du pere & de la mere.* Mais il est necessaire de considerer que

tion; il faut encore que ce même corps ſoit capable de tout recevoir dans lui, & qu'il ſoit l'image de la génération, même à l'égard des choſes nées de lui. Ainſi qu'il en eſt de l'eau pour la ſaveur, du bruit pour le ſilence, des ténébres pour la lumiere, & de la matiere pour les choſes artificielles; car l'eau

χομένοις. τοῦτο δ' ἂν εἴη πανδεχὲς, καὶ ἐκμαγεῖον αὐτῆς τῆς γενέσεως, οὕτως ἔχον πρὸς τὰ ἐξ αὐτῶν γενόμενα, ὡς ὕδωρ πρὸς χύλον, καὶ ψόφος πρὸς σιγὴν, καὶ σκότος πρὸς φῶς, καὶ ὕλη πρὸς τεχνιλόν. τό τε γὰρ ὕδωρ, ἄχυ-

que comme la figure de toutes les diférentes choſes doit été diſtinéte par la varieté, jamais le germe de cette formation ne ſera bien preparé s'il n'eſt auparavant informe & privé de toutes les diférentes formes qu'il eſt capable de recevoir. *Tria in præſenti genera ſumenda ſunt: unum quod gignitur, aliud in quo gignitur, aliud a quo ſimilitudinem trahit, quod naſcitur: id circo comparere hæc tria decet, quod recipit matri; unde recipit patri: naturam iſtorum mediam, proli. Sed ita intelligendum eſt, quod cum eſſe debeat effigies rerum omni formarum varietate diſtincta, nunquam illud ipſum formationis hujus gremium bene erit præparatum, niſi informe ſit, & ſuapte natura omnibus formis quas recepturum eſt careat, Plato in Tim. pag. 61.*

ἄχυλον καὶ ἄποιον, πρὸς δὲ τὸ γλυκὺ καὶ πικρὸν ἀνάλογον, καὶ πρὸς δριμὺ καὶ ἁλυρόν. καὶ ὁ ἀὴρ ἀδιατύπωτος πρὸς ψόφον, καὶ πρὸς λέξιν, καὶ (πρὸς) μέλος. καὶ τὸ σκότῳ ἄχρσον, καὶ ἄμορφον, πρός τε λαμπρὸν καὶ ξαιθὸν καὶ λευκόν. λευκὸν δὲ πρὸς ἀνδριαντοποιητικὴν καὶ κηροπλασικήν, ἄλλως δὲ ἡ ὕλη πρὸς ἀνδριαντοποιητικήν. δυνάμει

est sans saveur & sans qualités, mais elle est analogue avec le doux, & l'amer, avec l'aigre & le salé : & l'air, qui n'a point de forme, est analogue avec le son, la parole, & le chant; & les ténébres, qui sont sans couleur & sans forme, sont analogues avec la lumiere, les couleurs : & le blanc est lui-même analogue avec l'art statuaire, & avec l'art de travailler en cire; (quant à la matiere, elle est diféremment analogue à l'art statuaire.) Il s'ensuit donc que dans le corps toutes choses

οὖν

6 *Secondement il faut qu'il y ait des qualités contraires & antipatiques afin que les altérations & les changemens soient accomplis.* Δεύτερον δὲ, τας ενχντιοτητας, ινα μεταβολαι και αλλοιωσεις επιτιλωνται *Aristote a dit la même chose, Selon lui, comme les premiers corps sont pris dans la* ma-

font en puiſſance avant la génération, & qu'elles ſont en perfection après avoir été produites, & avoir pris leur eſſence : d'où il eſt évident qu'il faut que le corps ou la *premiere matiere* exiſte pour que la génération ait lieu.

§. 4. Secondement [6] il faut qu'il y ait des qualités contraires & antipatiques, afin que les alterations & les changemens ſoïent accomplis. La matiere recevant l'état *paſſif* & les diſpoſitions : il faut encore que ces puiſſances antipatiques ne ſe vain-

οὖν πάντα ἐν τούτῳ πρὸ τῆς γενέσεως, συντελείᾳ δὲ, γενόμενα καὶ λαβόντα φύσιν. ἐν οὖν δεῖ τοῦτο πρῶτον ὑπεῖναι πρὸς τὸ γίνεσθαι γένεσιν.

§. 4. Δεύτερον δὲ, τὰς ἐναντιότητας, ἵνα μεταβολαὶ καὶ ἀλλοιώσεις ἐπιτελῶνται, πάθος καὶ διαθέσεις ἐπιδεχομένης τῆς ὕλης· καὶ ἵνα αἱ δυνάμεις ἀντιπαθεῖς οὖσαι, μήτε κρατῶσιν εἰς τέλος αὐταὶ

tiere, cette matiere eſt le premier principe des cauſes contraires. *Verum cum primum corpora eſficiantur ex materia, ita agendum eſt, ut materiam eſſe rerum contrariarum principium, & primum ſtatuamus. Ariſt. de corup. & generat. lib. 2. pag. 173.*

7 Car

ται αὐτῶν, μήτε κρα-   quent pas à la fin *en-*
τῶνlαι αὐταὶ ὑπ᾽ αὐ-   *tierement* les unes &
τῶν. τυγχάνουσι δὲ   les autres, ni ne fo-
αὖται τό τε θερμὸν ἢ   ient vaincues les unes
ψυχρὸν, ἢ ξηρὸν ἢ   par les autres. Ces
ὑγρὸν.   qualités contraires font
   le chaud, & le froid,
   le fec, & l'humide.

§. 5. Τρίτον δὲ αἱ   §. 5. Troifieme-
   ment il faut encore
οὐσίαι, ὧν αἱ δυνάμεις   qu'il y ait des fub-
εἰσὶν αὖται, πῦρ καὶ   ftances, fçavoir le
ὕδωρ, ἢ ἀὴρ ἢ γῆ.   feu, l'eau, l'air, &
   la terre dont les fa-
διαφέρουσι δὲ αὖται   cultés ou les puiffan-
τῶν δυνάμεων. αἱ μὲν   ces font les mêmes ;
γὰρ οὐσίαι ἐν τόπῳ   or ces fubftances diférent *en dégres* de puis-
φθείρονlαι ἐξ ἀλλή   fance, car elles fe dé-
λων· αἱ δὲ δυνάμεις   truifent les unes & les
   autres dans leur lieu ;
οὔτε φθείρονlαι οὔτε   mais au contraire les
   puiffances ne font pas
γίνονlαι· λόγοι γὰρ   détruites, & ne font
   pas crées, car les caufes

ἀσώ-

7. *Car les caufes de ces puiffances font incorporel-*
les. Λογοι γαρ ασωματοι τυγχανυσι τυτων. C'eft à

di-

de ces puissances sont
incorporelles. 7

ἀσώμαλοι τυγχάνουσι
τούτων.

§. 6. Le chaud &
le froid sont la cause
efficiente de ces qua-
tre puissances; le sec
& l'humide en sont
comme la matiere &
la chose *passible* : or
la matiere est ce qui
reçoit tout, car elle
est commune à toutes
choses, en sorte que
dès que le corps peut
être touché & sensi-
ble à la puissance il
devient le principe.
Ensuite viennent les
choses contraires, com-
me la chaleur & le
froid, l'humide & le
sec : & troisiemement
viennent le feu, l'eau,
la terre, l'air, qui sont
sujets au change-

§. 6. Τῶν δὲ τεσ-
σάρων, τὸ μὲν θερμὸν
καὶ ψυχρὸν, ὡς αἴτια
καὶ ποιητικά· τὸ δὲ
ξηρὸν καὶ ὑγρὸν, ὡς
ὕλη καὶ παθητικά.
πρῶτον δὲ ὕλη τὸ
πανδεχές· κοινὸν γὰρ
ὑπόκειται πᾶσιν· ὥςε
πρῶτον τὸ δυνάμει σῶ-
μα αἰσθητὸν, ἀρχή·
δεύτερον δὲ ἐναντιώσεις,
οἷον θερμότητος καὶ
ψυχρότητος· καὶ ὑγρό-
τητος καὶ ξηρότητος·
τρίτον δὲ πῦρ ἢ ὕδωρ,
καὶ γῆ καὶ ἀήρ. ταῦ-
τα

re, sont simples, & par-là elles ne sont point
sujettes à la destruction.

τα γὰρ μεΐαβάλλου- ment: [8] car les corps
σιν εἰς ἄλληλα· αἱ δὲ se transforment les uns
ἐναντιώσεις οὐ μεΐα- dans les autres; mais
βάλλουσι· les contraires ne changent pas; (c'est à dire

la chaleur, le froid, le sec, & l'humide, parce que les puissances ne peuvent étre détruites,
ni crées, les causes de ces puissances étant incorporelles.)

§. 7. Αἱ δὲ διαφο- §. 7. Il y a deux
ραὶ τῶν σωμάτων, δύο. diférentes sortes de
αἱ μὲν γὰρ εἰσὶ τῶν corps. Les unes vien-
πρώτων, αἱ δὲ τῶν γε- nent des premiers
νομένων ἐκ τούτων. θερ- corps ou *élémens*. Les
μὸν μὲν γὰρ ἢ ψυ- autres viennent des
χρὸν, ἢ ὑγρὸν ἢ ξη- corps *mixtes*, qui sont
ρὸν, τῶν πρώτων. τὸ faits de l'assemblage
δὲ βαρὺ καὶ κοῦφον, des élémens: le chaud,
καὶ πυκνὸν καὶ μανὸν, le froid, l'humide, le
τῶν γενομένων ἐκ τού- sec apartiennent aux
των. τυγχάνουσι δὲ αἱ premiers corps ou
élémens. La pesan-
teur, la legereté, la
densité, la *porosité* a-
partiennent aux corps
πᾶσαι

---

[8] *Car les corps se transforment &c.* J'ai ajouté
tout le reste de ce paragraphe pour rendre plus
clair ce que dit l'auteur.

mixtes composés par les élemens ; il y a seize de ces diférentes qualités : le chaud, le froid, l'humide le sec, le pesant, le leger, le rare, le danse, le poli, le rude, le dur, le tendre, le mince, l'épais, l'aigu, & l'obtu. Le tact connoit toutes ces diférentes qualités, & en est le juge. Il est donc necessaire que les corps premiers, dans lesquels ces diférences sont en puissance soïent sensibles au tact.

πᾶσαι δέκα ἕξ. θερμὸν ἢ ψυχρὸν, ὑγρὸν καὶ ξηρὸν, βαρὺ καὶ κοῦφον, ἀραιὸν καὶ πυκνὸν, λεῖον καὶ τραχὺ, σκληρὸν καὶ μαλακὸν, λεπτὸν καὶ παχὺ, ὀξὺ καὶ ἀμβλύ. τούτων δὲ γνωςικὴ καὶ κριτικὴ πάντων ἁφή· διὸ καὶ (τὸ) πρῶτον σῶμα, ἐν ᾧ διαφοραὶ αὗται δυνάμει, αἰσθηκικόν ἐςι πρὸς ἁφήν.

§. 8. Le chaud, le sec, le rare, & l'aigu apartiennent au feu. Le froid, l'humide, le danse, & l'obtu apartiennent à l'eau ; le tendre, le poli, le leger, le mince apartiennent à l'air ; & le dur, le ru-

§. 8. Τὸ μὲν οὖν θερμὸν, καὶ τὸ ξηρὸν, καὶ τὸ ἀραιὸν, καὶ τὸ ὀξὺ, πυρός ἐςι· τὸ δὲ ψυχρὸν, καὶ τὸ ὑγρὸν, καὶ τὸ πυκνὸν, καὶ τὸ ἀμβλὺ, ὕδατος. τὸ δὲ μαλακὸν καὶ τὸ λεῖον, καὶ τὸ κοῦφον, καὶ τὸ λεπτὸν,

τὸν, ἀέρος· τὸ δὲ σκλη-
τὸν ἢ τραχὺ ἢ βα-
ρὺ ἢ παχὺ, γῆς.

§. 9. Τῶν δὲ τεσ-
σάρων πῦρ μὲν ἢ γῆ
ὑπερβολαὶ καὶ ἀκρό-
τητες τῶν ἐναντίων. τὸ
μὲν οὖν πῦρ ἐστιν ὑπερ-
βολὴ θερμότητος, ὥσ-
περ ὁ κρύσταλλος ψυ-
χρότητος. ἐὰν οὖν ὁ
κρύσταλλος ἐστὶ πῆξις
ὑγροῦ ἢ ψυχροῦ, ἢ
τὸ πῦρ ἔσται ζέσις ξη-
ροῦ ἢ θερμοῦ. διόπερ
οὐδὲν ἐκ κρυστάλλου γί-
νεται, οὐδὲ ἐκ πυρός.

de, le pesant, & le gros apartiennent à la terre.

§. 9. Dans les quatre élémens le feu & la terre sont les excès & les extremités des contraires : le feu est l'excès de la chaleur, ainsi que la glace est l'excès du froid. Mais si la glace est l'épaississement & la concretion de l'humide & du froid, de même le feu est l'effervescence du sec & du chaud. Ainsi rien ne peut être produit ni par la glace ni par le feu. 9 (*C'est à dire lorsqu'ils sont seuls ; car il faut un mélange pour que le chaud puisse produire, & il faut de même un mélange pour que l'humide produise. Le feu & la glace ne sont que des excès.*)

§. 10.

9 *C'est à dire lorsqu'ils sont seuls &c.* J'ai encore ajouté à ce paragraphe tout ce qui est en lettres

§. 10. Le feu & la terre étant parmi les élémens les extremes ; l'eau & l'air font les moyens, car ils participent aux deux autres élémens. Il n'eſt pas poſſible qu'il n'y ait qu'un extreme. Il faut neceſſairement que ſon contraire ou ſon oppoſé exiſte auſſi. Il n'eſt pas plus poſſible qu'il n'y ait que les deux extremes, il faut qu'il y ait un intervale entre eux ; or les milieux ſont oppoſés aux extremes.

§. 11. Le feu eſt chaud & ſec ; l'air eſt chaud & humide ; l'eau humide & froide ; la terre froide & ſeche ; ainſi donc le chaud eſt commun a l'air & au

§. 10. Τό μὲν οὖν πῦρ καὶ ἡ γῆ ἄκρα, τὸ δὲ ὕδωρ καὶ ὁ ἀὴρ μεσότητες. μικτὴν γὰρ ἔχουσι τὴν σωματοποιίαν. οὔτε δὲ ἐν τῶν ἄκρων οἷόντε εἶναι, δεῖ δὲ τὸ ἐναντίον εἶναι· οὔτε δὲ δύο, δεῖ γὰρ τὸ μεταξὺ εἶναι. ἀνλίθετοι γὰρ ταῖς ἀκρότησιν αἱ μεσότηλες.

§. 11. Τὸ μὲν οὖν πῦρ θερμὸν καὶ ξηρὸν, ὁ δὲ ἀὴρ θερμὸς καὶ ὑγρός, τὸ δὲ ὕδωρ ὑγρὸν καὶ ψυχρὸν, ἡ δὲ γῆ

E 2

ψυχ-

lettres italiques pour mieux exprimer ce que dit Ocellus.

¹⁰ C'eſt

ψυχρὰ καὶ ξηρά. ἀέρι
μὲν οὖν καὶ πυρὶ κοι-
νὸν τὸ θερμόν. ὕδατι
δὲ καὶ γῇ κοινὸν τὸ
ψυχρόν. γῇ δὲ ἡ πυρὶ
κοινὸν τὸ ξηρόν· ὕδατι
δὲ καὶ ἀέρι κοινὸν τὸ
ὑγρόν. ἴδια δὲ ἑκάστου,
πυρὸς μὲν τὸ θερμόν,
γῆς δὲ τὸ ξηρόν, ἀέρος
δὲ τὸ ὑγρον, ὕδατος δὲ
τὸ ψυχρόν. κατὰ μὲν
οὖν τὰ κοινὰ διαμένου-
σιν αἱ οὐσίαι αὐτῶν· κα-
τὰ ἢ τὰ ἴδια μεταβάλ-
λουσιν, ὅτε τὸ ἐναντίον
τοῦ ἐναντίου κατακρα-

feu; le froid est com-
mun à l'eau & à la ter-
re; le sec est commun
à la terre & au feu; &
l'humide est commun
à l'eau & à l'air; mais
le propre de chacun
des élémens c'est la
chaleur au feu, le sec
à la terre, l'humide
à l'air, & le froid à
l'eau. C'est ce [10] qui
fait que les substances,
ou les *élémens* des diférentes puissances *du
chaud, de l'humide* &c.
restent dans ce qu'elles
ont de commun, &
changent dans ce qu'
elles ont de propre,
τήσει.

[10] *C'est ce qui fait que les substances, ou les elemens
des diferentes puissances du chaud, de l'humide &c. restent dans ce qu'elles ont de commun, & changent
dans ce qu'elles ont de propre lorsqu'un contraire surmonte l'autre contraire.* Κατα μεν ουν τα κοινα διαμενουσιν αι ουσιαι αυτων. κατα δε τα ιδια μεταβαλλουσιν, οτι το εναντιον του εναντιου κατακρατησει. mot
à mot dans la construction; μεν ουν αι ουσιαι αυτων διαμενουσιν κατα τα κοινα, δε μεταβαλλουσιν κατα
τα ιδια οτι το εναντιον κατακρατησει του εναντιου. Mot
a mot.

lorfqu'un contraire furmonte l'autre contraire ; comme lorfque l'humide dans l'air furmonte le fec qui eft dans le feu ; ou lorfque le froid qui eft dans l'eau l'emporte fur le chaud qui eft dans l'air ; ou bien quand le fec qui eft dans la terre détruit l'humide qui eft dans l'eau ; ou enfin lorfque l'humide qui eft dans l'eau furmonte le fec qui eft dans la terre ; & le chaud de l'air détruit le froid de l'eau , & le fec du feu fait évanouir

τήσει. Τὸ μὲν οὖν ἐν τῷ ἀέρι ὑγρόν τοῦ ἐν τῶ πυρί ξηροῦ, τὸ δὲ ἐν τῷ ὕδατι ψυχρὸν τοῦ ἐν τῷ ἀέρι θερμοῦ, τὸ δὲ ἐν τῇ γῇ ξηρὸν τοῦ ἐν τῷ ὕδατι ὑγροῦ. καὶ ἀνάπαλιν τὸ μὲν ἐν τῷ ὕδατι ὑγρὸν τοῦ ἐν τῇ γῇ ξηροῦ, τὸ δὲ ἐν τῷ ἀέρι θερμὸν τοῦ ἐν τῷ ὕδατι ψυχροῦ, τὸ δὲ ἐν τῷ πυρὶ ξηρὸν τοῦ ἐν τῷ

E 3 ἀέρι

a mot. *Donc les fubftances de ces puiffances reftent dans ce qu'elles ont de particulier lorfqu'un contraire furmonte l'autre contraire:* j'ai ajouté le mot *d'élement* à celui de fubftance, & ceux de *chaud & d'humide* à celui de *puiffance*, pour expliquer plus clairement le fens d'Ocellus, que la brieveté de la phrafe grecque rend un peu obfcur: c'eft par la même raifon que j'ai joint le paragraphe fuivant avec celui-ci. Je n'ai pas voulu feparer & fufpendre ce que veut dire l'auteur.

ἀέρι ὑγροῦ. καὶ οὕτως αἱ μεταβολαὶ γίνονται, καὶ γενέσεις εἰς ἄλλη-λα ἐξ ἀλλήλων.

§. 12. Τὸ τὸ ὑπο-κείμενον σῶμα, ἢ τὸ

l'humide de l'air ; c'est par-là que les chan-gemens & les généra-tions se font des sub-stances & des élemens *mélés* les uns dans les autres.

§. 12. Le corps paslif destiné à rece-

δε-

---

11 *Les changemens qui se font dans les élémens.* γίνεται δὲ αἱ μεταβαλαι, ητοι &c. Ocellus avoit pris dans la doctrine de Pithagore le sentiment, que toutes les choses sont faites des quatre élé-mens, qui se resolvent ou retournent dans eux, reviennent ou sont reproduits par eux. ,, L'univers ,, qui est éternel, dit Ovide, en parlant de la doctrine ,, de Pithagore, a de tout tems quatre corps élemen-,, taires, qui sont les principes de toutes choses : l'é-,, lément de l'eau & celui de la terre, étant plus pe-,, sans, que le feu & l'air, sont situés au plus bas ,, endroit, & comme ceux-ci sont fort legers ils se ,, sont élevés en haut. Cependant quoique ces élé-,, mens soient séparés, ils entrent dans la géné-,, ration de toutes choses, & tout s'en retourne, & ,, s'abîme en eux. La terre quittant sa condensité ,, se resout en eau : l'eau qui devient spiritueuse se ,, change en air, & l'air depouillé de sa pesanteur va ,, luire dans la region du feu. Ensuite ces élémens re-,, viennent par gradation dans leur état naturel, le ,, feu s'étant épaissi se transmue en air, l'air se con-,, vertit en eau, & l'eau condensée redevient ter-

,, re

voir les changemens, & qui peut les recevoir tous, est le premier en puissance pour le tact.

§. 13. Les changemens [1] qui se font dans les élémens se font ou de la terre en feu,

δεχόμενον τὰς μεταβολὰς, τὸ πανδεχὲς, καὶ τὸ δυνάμει πρῶτον πρὸς τὴν ἁφήν.

§. 13. Γίνονται δὲ αἱ μεταβολαὶ ἤτοι ἐκ γῆς εἰς πῦρ, ἢ ἐκ πυρὸς

E 4

„re. Dans cette vicissitude la nature, qui se plait à
„la nouveauté varie les figures qu'elles a tirées d'ail-
„leurs. Rien ne perit dans ce monde, toutes cho-
„ses passent de l'une à l'autre sous une forme nou-
„velle, & ce qu'on apelle naître n'est qu'un être
„qui est renouvellé sous une figure diférente à cel-
„le qu'il a eue autre fois.”

Quatuor æternus genitalia corpora mundus
Continet: ex illis duo sunt onerosa, suoque
Pondere in inferius, tellus atque unda, feruntur:
Et totidem gravitate carent, nulloque premente
Alta petunt, aër, atque aëre purior ignis.
Quæ quanquam spatio dissent, tamen omnia fiunt
Ex ipsis, & in ipsa cadunt. resolutaque tellus
In liquidas rarescit aquas: tenuatus in auras
Aëraque humor abit; demto quoque pondere rursus
In superos aër tenuissimus emicat ignes.
Inde retro redeunt, idemque retexitur ordo.
Ignis enim densum spissatus in aëra transit;
Hinc in aquas: tellus glomerata cogitur unda.
Nec species sua cuique manet: rerumque novatrix
Ex aliis alias reparat natura figuras.

Ovid. metamorph. lib. XV. fab. 4.

ρὸς εἰς ἀέρα, καὶ ἐξ
ἀέρος εἰς ὕδωρ, καὶ
ὕδατος εἰς γῆν, καὶ
τρίτον ὅταν τὸ ἐν ἑκά-
ςῷ ἐναντίον φθαρῇ, καὶ
καταλειφθῇ τὸ συγγε
νες καὶ τὸ σύμφυλον.
ἡ μὲν οὖν γένεσις ἀπο-
τελεῖται, ὅταν μία ἐναν-
τιότης φθαρῇ. ἐπεὶ
γὰρ τὸ μὲν πῦρ θερ-
μὸν καὶ ξηρόν· ὁ δὲ
ἀὴρ θερμὸς καὶ ὑγρὸς·
κοινὸν ἀμφοτέροις αὐ-
τοῖς (τὸ) θερμὸν, ἴδιον
δὲ πυρὶ μὲν (τὸ) ξηρὸν,
ἀέρι δὲ τὸ ὑγρὸν. ὅτε
οὖν τὸ ἐν τῷ ἀέρι ὑγρὸν
ἐπιτρατήσει τοῦ ἐν τῷ
πυρὶ ξηροῦ, μεταβάλ-
λει τὸ πῦρ εἰς ἀέρα.

ou du feu en air, ou de
l'air en eau, ou de l'eau
dans la terre : *ces chan-*
gements arrivent quand
le contraire, qui eſt
dans chaque élément,
eſt détruit, & que ce
qui eſt homogene, ou
de la même ſorte,
demeure, la généra-
tion s'achevant entié-
rement lorsque les con-
traires ſont détruits :
par exemple, le feu
eſt chaud & ſec, &
l'air eſt chaud & hu-
mide ; le chaud eſt
par conſéquent com-
mun à ces deux *élé-*
mens; mais le ſec eſt
le propre du feu, &
l'humide le propre de
l'air ; donc lorsque
l'humide qui eſt dans
l'air ſurmonte le ſec
qui eſt dans le feu ;
le feu eſt changé en
air.

§. 14.

§. 14. L'eau est humide & froide, & l'air humide & chaud; l'humide est commun à tous les deux; mais le froid est le propre de l'eau & le chaud est le propre de l'air; ainsi donc quand le froid qui est dans l'eau surmonte le chaud qui est dans l'air, le changement se fait de l'air en eau.

§. 14. Πάλιν ἐπεὶ τὸ μὲν ὕδωρ ὑγρὸν καὶ ψυχρὸν, ὁ δὲ ἀὴρ ὑγρὸς καὶ θερμός· κοινὸν ἀμφοτέροις αὐτῶν τὸ ὑγρόν, ἴδιον δὲ τοῦ μὲν ὕδατος, τὸ ψυχρόν, τοῦ δὲ ἀέρος, τὸ θερμόν. ὅτε οὖν τὸ ἐν ὕδατι ψυχρὸν ἐπικρατήσει τοῦ ἐν τῷ ἀέρι θερμοῦ, γίνεται ἐξ ἀέρος εἰς ὕδωρ μεταβολή.

§, 15. De même encore la terre est fraide & seche, & l'eau froide & humide, & le froid est commun à tous les deux, mais le sec est le propre de la terre & l'humide est le propre de l'eau : donc quand le sec qui est dans la terre surmonte l'humide qui

§. 15. Πάλιν ἡ μὲν γῆ ψυχρὰ καὶ ξηρὰ, τὸ δὲ ὕδωρ ψυχρὸν καὶ ὑγρὸν, κοινὸν ἀμφοτέρων αὐτῶν τὸ ψυχρόν. ἴδιον δὲ τῆς γῆς ξηρὸν, ὕδατος δὲ τὸ ὑγρόν. ὅτε οὖν τὸ ἐν τῇ γῇ ξηρὸν ἐπικρατήσει τοῦ ἐν τῷ

 ὕδατι

ὕδατι ὑγροῦ, γίνεται ἐξ ὕδατος εἰς γῆν μεταβολή.

est dans l'eau, le changement se fait de l'eau en terre.

§. 16. Ἀπὸ γῆς δὲ ἄνω κατὰ τὸ ἐναντίον· ἡ δὲ κατ' ἐναλλαγὴν, ὅτε ὅλον ὅλου κρατήσει, καὶ δύο δυνάμεις τὰς ἐναντίας φθείρουσι, μηδενὸς ὄντος αὐτοῖς κοινοῦ. ἐπεὶ γὰρ τὸ μὲν πῦρ ἐςι θερμὸν καὶ ξηρὸν, τὸ δὲ ὕδωρ ψυχρὸν καὶ ὑγρὸν, ὅταν τὸ ἐν τῷ ὕδατι ὑγρὸν ἐπικρατήσῃ τοῦ ἐν τῷ πυρὶ ξηροῦ, τό δὲ ἐν τῷ ὕδατι ψυχρὸν ἐπικρατήσῃ τοῦ ἐν τῷ πυρὶ θερμοῦ, γίνεται ἐκ πυρὸς εἰς ὕδωρ μεταβολή.

§. 16. Le changement, qui se fait depuis la terre jusqu'aux élémens superieurs, se fait d'une maniere contraire, de même que celui qui se fait par alternation ou par *échange* : ces changemens arrivent, lorsque le *tout* surmonte le *tout*, & que deux puissances détruisent les puissances contraires, ensorte que rien ne reste de commun à ces éléments. Par exemple puisque le feu est chaud & sec, & l'eau froide & humide, lorsque l'humide qui est dans l'eau surmonte le sec qui est dans le feu, le changement se fait du feu en eau.

§. 17.

§. 17. Pareillement la terre est froide & seche, & l'air chaud & humide ; donc quand le froid qui est dans la terre surmonte la chaleur qui est dans l'air, le changement se fait de l'air en terre.

§. 17. Πάλιν ἡ μὲν γῆ ἐςι ψυχρὸν ἢ ξηρὸν, ὁ δὲ ἀὴρ θερμὸν καὶ ὑγρόν. ὅταν οὖν τὸ ἐν τῇ γῇ ψυχρὸν ἐπικρατήσῃ τοῦ ἐν τῷ ἀέρι θερμοῦ, τὸ δὲ ἐν τῇ γῇ ξηρὸν, τὸ ἐν τῷ ἀέρι ὑγρὸν, γίνεται ἐξ ἀέρος εἰς γῆν μεταβολή.

§. 18. Mais quand l'humide de l'air est détruit, & que le chaud du feu perit aussi, le feu est cependant engendré de ces deux élémens ; parce qu'alors le chaud de l'air, & le sec du feu font laissés. Or les qualités du feu sont le chaud & le sec.

§. 18. Ὅταν δὲ τοῦ μὲν ἀέρος φθαρῇ τὸ ὑγρὸν, τοῦ δὲ πυρὸς τὸ θερμὸν, γεννηθήσεται ἐξ ἀμφοτέρων αὐτῶν πῦρ. καταλείπεται γὰρ τοῦ μὲν ἀέρος τὸ θερμὸν, τοῦ δὲ πυρὸς τὸ ξηρὸν· τὸ δέ γε πῦρ ἐςι θερμὸν καὶ ξηρόν.

§. 19. De même lorsque le froid de la terre & l'humide de l'eau périssent, la terre sera pourtant produite de ces deux élémens ; parceque le sec

§. 19. Ὅταν δὲ τῆς μὲν γῆς φθαρῇ τὸ ψυχρὸν, τοῦ δὲ ὕδατος τὸ ὑγρὸν, γεννηθήσεται ἐξ ἀμφοτέρων αὐτῶν (ἡ) γῆ. καταλείπεται γὰρ τῆς μὲν γῆς τὸ τὸ ξηρὸν, τοῦ δὲ ὕδα-τος τὸ ψυχρόν. ἡ δὲ γῆ ἐςὶ ψυχρὰ καὶ ξηρά.

§. 20. Ὅταν ᾖ τῦ ἀέρος φθαρῇ τὸ θερ-μὸν, καὶ τῦ πυρὸς τὸ θερμόν, γένεσις ὅκ ἔςαι. τὰ γὰρ ἐναν-τία καταλείπεται ἐπ᾽ ἀμφοτέρων, τοῦ μὲν ἀέρος τὸ ὑγρὸν, τοῦ δὲ πυρὸς τό ξηρὸν. τὸ δὲ ὑγρὸν τῷ ξηρῷ ἐναν-τίον.

§. 21. Καὶ πάλιν ὅταν τῆς γῆς μὲν φθα-

de la terre & le froid de l'eau sont laissés. Or la terre est froide & seche.

§. 20. Mais lors-que le chaud de l'air & le chaud du feu pe-rissent, il n'y aura point de génération, car les contraires, *c'est à dire* l'humide de l'air & le sec du feu sont laissés dans tous les deux, & l'humide est le con-traire du sec.

§. 21. Et encore quand le froid de la

ρῆ

12 Nous n'étendrons pas plus loin ces courtes re-flections sur ce qui regarde la generation des premiers corps. Καὶ περὶ μὲν γενέσεως τῶν πρώτων σωμάτων τε καὶ τινων ὑποκειμένων γίνεται, ἱκανῶς εἴρηται διὰ βραχέων. Mot à mot, *mais a été dit suffisamment en peu de mots.* βραχέων sub. λόγων. *touchant la generation des premiers corps comment & par quelles choses suposées elle est produite;* τινων ὑποκειμένων γίνεται, *par quelles choses couchées dessous elle est produite.*

Nous avons deja remarqué qu'Aristote avoit a-dopté le sisteme qu'Ocellus établit ici sur la manie-re & les moïens, par lesquels la generation des êtres est produite par les premiers corps, c'est à dire par les élémens & par leur diférentes transmutations.

Voici

terre & le froid de
l'eau periſſent il n'y a
point de génération,
le ſec de la terre &
l'humide de l'eau ſont
laiſſés, & le ſec eſt le
contraire de l'humide.
Nous n'étendrons pas
plus loin ces courtes
réflections [12] ſur ce
qui regarde la géné-
ration des premiers
corps, & ſur la ma-
niere & les moyens
par les quels elle eſt
produite.

ρῇ τὸ ψυχρὸν, ὕδατος
δὲ ὅμοιον, οὐδὲ οὕτως
ἔσαι γένεσις. καταλεί-
πεται γὰρ τῆς μὲν γῆς
τὸ ξηρὸν, τῦ δὲ ὕδατος
τὸ ὑγρόν. τὸ δὲ ξηρὸν
τῷ ὑγρῷ ἐναντίον. καὶ
περὶ μὲν γενέσεως τῶν
πρώτων σωμάτων πῶς
τε καὶ τίνων ὑποκειμέ-
νων γίνεται, ἱκανῶς εἴ-
ρηται διὰ βραχέων.

§. 22.

Voici la preuve de ce que nous avons dit. *Mox etiam*
ex igne aqua, & terra ex aëre; ac rurſus ex aqua &
terra aër & ignis oriri poſſunt; quamvis id difficilius
accidat nam plurimum requiritur mutatio. Si enim
ignis ex aqua fieri debeat, ut humor & frigus corrum-
pantur neceſſitas cogit : item ſi aër ex terra frigus &
ſiccitas interimendæ ſunt. Eadem ratione ſi ex igne
& aëre terra & aqua gignantur, ambæ qualitates
mutentur neceſſe eſt; atque hæc quidem longior &
diuturnior habetur generatio. Ariſt. de ortu & in-
teritu. Lib. cap. 26.

Après avoir expliqué la doctrine des Pythagoriciens & des Peripateticiens ſur la nature des élémens, il eſt eſſentiel que nous remarquions ici, que
ce

cette opinion a trouvé de grands adversaires parmi les philosophes anciens, & quoiqu'elle soit soutenue aujourdhui par les Peripateticiens modernes & sur tout par les Scholastiques, plusieurs grands Physiciens & les plus célébres Chimistes l'ont combattue avec beaucoup de force. Voyons d'abord ce qu'ont dit contre ce sentiment les philosophes anciens, nous viendrons ensuite aux modernes. ,, Si les choses, dit ,, Lucrece, étoient composées de principes périssa-,, bles, la nature seroit détruite il y à longtems, mais ,, comme depuis des siecles infinis ses dissipations ,, sont toujours reparées, il faut qu'elle soit redeva-,, ble de sa conservation à l'immortalité de ses prin-,, cipes, & leur anéantissement doit être banni de ,, l'opinion des hommes. Si les composés n'étoient ,, pas d'une matiere éternelle, qui fit plus ou moins ,, la liaison de leurs parties, la même force & la mê-,, me cause feroient leur desunion : & si leurs princi-,, pes n'étoient point éternels, la moindre attaque ,, troubleroit l'economie de leur assemblage, & la ,, premiere violence seroit cause de leur destruction ; ,, mais parceque les principes s'acrochent diverse-,, ment entre eux, & que la matiere ne perit jamais, ,, le composé ne souffre point d'ateinte, jusqu'à ce ,, qu'il arrive une secousse assés forte, pour déranger ,, l'harmonie de ses parties ; rien par conséquent n'est ,, anéanti par la dissolution.... Enfin il y a dans cha-,, que composé des limites pour la génération, l'aug-,, mentation & la conservation de son être : dans les ,, alliances des choses, la nature leur a donné des loix ,, proportionnées à leur force, ou à leur impuissan-,, ce, sans que cet ordre puisse être changé.... Il est ,, évident que l'essence des principes est immuable ; ,, car si elle étoit sujette au changement, de quelque ,, maniere que ce fut, on seroit toujours incertain de

,, ce

„ ce qui pourroit être produit ou ne l'être pas… Les
„ premiers corps font donc folides dans leur fimplici-
„ té , & ont de petites parties , dont l'union compa-
„ cte n'eſt point faite par aucun aſſemblage , c'eſt le
„ propre de leur éternelle fimplicité ; de forte que
„ la nature , pour conſerver aux êtres l'integrité des
„ femences , ne permet point qu'ils ſoient feparés ou
„ alterés. "

Omnia enim debet, mortali corpore quæ funt,
Infinita ætas confumfe anteacta , diesque ,
Quod fi in eo ſpatio , atque anteacta ætate fuere,
'E quibus hæc rerum confiftit fumma refecta :
Immortali funt natura prædita certe.
Haud igitur poffunt ad nilum quæque reverti.
Denique res omneis eadem vis cauſaque vulgo
Conficeret , nifi materies æterna teneret
Inter fe nexus , minus aut magis endopedite.
Tactus enim leti fatis effet caufa profecto :
Quippe , ubi nulla forent æterno corpore ; eorum
Contextum vis deberet diffolvere quæque.
At nunc , inter fe quia nexus principiorum
Diffimiles conftant , æternaque materies eſt :
Incolumi remanent res corpore , dum fatis acris
Vis obeat pro textura cujusque reperta.
Haud igitur redit ad nihilum res ulla.
Lucret. de rer. nat. lib. I. v. 2 3 3.

Denique jam quoniam generatim reddita finis
Creſcendi rebus conftat ; vitamque tuendi ,
Et quid quæque queant per fœdera naturaï ,
Quid porro nequeant , fancitum quandoquidem
  exſtat.
Nec commutatur quicquam quin omnia conftant,
Id. ibid. v. 577.

- - - Nam fi primordia rerum

Com-

Commutari aliqua poſſent ratione revicta,
Incertum quoque jam conſtet, quid poſſit oriri,
Quid nequeat,   *Lucret. ibid. v.* 584.

Sunt igitur ſolida primordia ſimplicitate :
Quæ minimis ſtipata cohærent partibus arcte,
Non ex ullorum conventu conciliate :
Sed magis æterna pollentia ſimplicitate :
Unde neque avelli quicquam, neque diminui jam
Concedit natura, reſervans ſemina rebus.
    id. ibid. v. 602.

Les grands Chimiſtes modernes ſont du même ſentiment que les anciens Epicuriens, ils prétendent que les parties des premiers corps, qu'ils apellent élémens ſont ſi adherentes les unes aux autres qu'on ne ſauroit jamais les ſeparer. Toutes les recherches faites par le plus habile Chimiſte de ce ſiècle, (je parle du grand Boerhave) ſur le feu, ſur l'air, ſur l'eau, ſur la terre & ſur les diſſolvans, que la chimie emploïe, l'ont conduit par des experiences ſans nombre à decouvrir, qu'il y a pluſieurs corps élémentaires d'une ſimplicité parfaite, ou d'une telle ſimplicité qu'on ne peut les déſunir.

Outre les quatre élémens connus, le ſel eſt encore de la même ſimplicité dans ſa nature primitive, & ne varie ſes effets, toujours ſurprenens, que par des aſſociations à d'autres diférentes natures.

Les metaux, le vif argent, ſont encore d'une égale ſimplicité, cependant entierément diférents entre eux, & abſolument diférents des autres corps.

On ne ſauroit jamais, par la transmutation des parties, former un metal avec une matiere qui n'eſt point metallique.

Ceux d'entre les corps élémentaires, qui ont le plus d'action & de force, comme l'air, le ſel, & le feu le
plus

plus ardent, n'agiſſent que ſur la ſurface des autres élémens, & ne peuvent que les dèsunir, ou les aſſembler, mais non les entamer & les changer.

Toutes les impulſions (ſi on admet l'impulſion) & toutes les attractions (ſi on admet l'atraction) peuvent mêlanger les principes élémentaires, les varier par ces mêlanges, les amalgamer, les diviſer, les amoindrir jusqu'à les rendre inſenſibles ; mais toutes les natures ſimples, comme les chaux d'or, d'etain, & des autres metaux, l'eau, la terre &c. demeurent indeſtructibles, inebranlables à quelque action que ce ſoit d'un autre agent, de quelque eſpece qu'il ſoit. Or la chimie n'emploïant que des agens naturels, & ne pouvant aller plus loin que la force de ces agens, ne peut créer de principes élémentaires, mais elle eſt bornée à unir ou à décompoſer des natures faites, elle ne peut détruire ce qui eſt, ni le changer en ce qu'il n'eſt point, ni produire un ſeul grain d'une nature nouvelle. Il faut donc convenir qu'il y a des élémens pour chaque eſpece de corps, & ces élémens ſont indeſtructibles.

Voila quel eſt aujourdhui le ſentiment des plus ſavans Chimiſtes en général, je dis en général, car il y en a encore pluſieurs qui ſont perſuadés, que les élémens peuvent être ſuſceptibles de transmutation, & parmi ces Chimiſtes l'on doit placer tous ceux, qui cherchent la pierre philoſophale, & qui penſent pouvoir créer de l'or. Ces philoſophes ſont également la dupe de leur ſiſteme & de leurs travaux. Je leur conſeille, pour leur bonheur, d'avoir toujours prèſent à leur eſprit ce bel axiome de Boerhave : *Naſci ergo de novo nihil, renaſci omnia, mutari compoſita, neque interim elementa diſſolvi.* Aucune nouvelle creature n'eſt crée, mais

F

elle

§. 22. Ἐπεὶ δὲ ἀνώλεθρος ὁ κόσμος καὶ
ἀγένητος, καὶ οὔτε ἀρχὴν γενέσεως εἴληφεν,

§. 23. Puisque le Monde eſt impériſſable & improduit, & qu'il n'a pas eu un commencement de

οὔτε

elle eſt reproduite, les ſubſtances compoſées ſont détruites, mais les élémens ne ſont pas diſſous & n'eſſuïent aucune transmutation.

Avant de finir cette note je ferai ici deux reflections. La premiere ſera ſur la modeſtie de Boerhave, qui ayant fait de ſi grandes découvertes dans la chimie, avouoit qu'il n'avoit cependant qu'une très-legere connoiſſance des premieres parties actives de la matiere, & que tout ce qu'il en ſavoit conſiſtoit dans quelques foibles notions, dont il étoit redevable à certains effets, produits par les premiers principes. Mais après avoir voulu éclaircir quelle étoit la cauſe, par laquelle les premiers principes produiſoient ces effets, il avoit été auſſi peu éclairé qu'avant de les avoir connus par les experiences, qui les avoient operés. Ecoutons parler ce grand homme : *Utcunque tamen doctrinam hanc colueris, intelliges nihil de indole horum principiorum, niſi quatenus tecta eorum natura reveletur per efectus, qui lumine experientiæ in ſenſus refulgent, atque docent, eſſe revera aliquid incogniti, cujus id ingenium, ut tales inde mutationes prodire queant, id ipſum vero quale ſit, qua vi eventa hæc efficiat, jam ut ante ignorabis : ita plane eſt, ut in cauſa, quam hic indagas, reperias nihil præter id quod ſenſu attingis ; ideoque non ex cauſa efectum, ſed ex hoc aliquid illius ſubintelligis. Boerh. de comparando certo in phyſicis, pag. 12.*

Ma

génération, il n'au-ra jamais de fin. Il faut encore *admet-tre*, qu'une chose qui opere la génération

οὔτε τελευτήν ποτε λή-ψεται, δεῖ κỳ τὸ ποι-ῦν ἐν ἑτέρῳ τlὺ γένεσιν, κỳ τὸ γεννῶν ἐν ἑαυτῷ

F 2 συν-

Ma seconde reflection fera fur les avantages, dont certaines gens prétendent être doués. Voila Boerha-ve qui avoue, qu'il ne connoit que très peu de chofes de l'effence, & de la nature des premiers principes de la matiere, & les perfonnes, dont je parle, favent parfaitement toutes les qualités qui font dans cette matiere. Non feulement elles en connoiffent toutes les proprietés; mais elles favent encore celles de l'a-me. Heureux mortels, cheris du ciel, vos yeux per-cent également & dans les profondes tenebres de la matiere, & dans les incomprehenfibles effences fpi-rituelles. Impartials journaliftes de Trevoux, illuf-tres auteurs d'un journal, non *chretien*, mais très de-vot, dans lequel le fiel, le menfonge, l'ignorance, la mauvaife foi & l'impudence fe difputent le premier rang: vertueux & difcrets Ecrivains de la Gazette ecclefiaftique, qui d'un ftile tantôt fanatique, tantôt bas & rampant, repandés vôtre venin également fur les grands hommes de vôtre nation, fur vôtre Roi, fur fes miniftres, & qui loués avec tant de raifon & de modeftie un tas de Seditieux & de miferables Convulfionaires, dignes ou des prifons de Bicêtre ou des petites maifons: vous tous vous êtes des Dieux fur la terre, *vos eftis Dii*, vous favez tout; & l'on fe-roit tenté de croire qu'à tant de belles connoiffances vous joignés celle du bien & du mal, fi l'on ne vous voïoit pas taire toujours le dernier, & ne jamais don-ner des marques que vous connoiffiés le premier.

συνυπεῖναι ἀλλήλοις. τὸ μὲν ποιοῦν (ἐν ἑτέ-ρῳ) τὴν γένεσιν, τὸ ὑπεράνω σελήνης ἐσὶ πᾶν. σύνεγγυς δὲ μᾶλ-λον ὁ ἥλιος κατά γε τὰς προσόδους ἢ τὰς ἀφόδους, μεταβάλλων τὸν ἀέρα συνεχῶς πρὸς λόγον ψύχους (τε) ἢ θερμασίας, ᾧ συν-επακολουθεῖ καὶ τὴν γῆν μεταβάλλειν, ἢ πάντα τὰ ὀπὶ γῆς.

§. 23. Εὖ δὲ ἔχει ἢ ἡ λόξις ͞τ ζωδίων τοῦ πόλου πρὸς ͞τ τοῦ

dans une autre cho-se, & une chose qui engendre en soi, font deux substances di-férentes qui se prê-tent mutuellement l'ex-istence. Or ce qui opere la génération dans une autre chose, c'est toute la partie du monde, qui est au dessus de la Lune: le So-leil, qui est dans cette partie, tantôt en s'ap-prochant, tantôt en s'éloignant, fait le chan-gement continuel de l'air selon la force du froid & du chaud; d'où il s'ensuit que la terre, & toutes les cho-ses qui font sur la terre, changent à leur tour.

§. 23. L'obliquité des signes du Ciel s'accorde bien avec le cours du soleil, & cette obliquité est la

ἡλίου

cause en général de la génération, & de l'arrangement de l'Univers, qui a en lui la puissance *active* & la *passive. Il faut donc établir comme un principe certain ; que la chose qui engendre dans une autre, est ce qui est au dessus de la Lune; & que la chose qui engendre dans soi, est ce qui est au dessous de la Lune. Or ce qui est composé de ces deux choses, ou de ces deux substances, sçavoir de la partie divine du monde, qui est toûjours dans un grand mouvement & reside au dessus de la Lune, & de la partie qui est produite, sujette aux changements, & placée au dessous de la lune, c'est l'Univers.*

ἡλίου φοράν· αἰτία γὰρ καὶ αὐτὴ τῆς γενέσεως ἐςί. καθόλου δὲ ἡ τοῦ παντὸς διακόσμησις, ὥςτε εἶναι ἐν αὐτῇ τὸ μὲν ποιοῦν, τὸ δὲ πάσχον. τὸ μὲν οὖν ἐν ἑτέρῳ γεννῶν, τὸ ὑπεράνω (τῆς) σελήνης ἐςί· τὸ δὲ ἐν ἑαυτῷ, τὸ ὑποκάτω σελήνης. τὸ δὲ ἐξ ἀμφοτέρων αὐτῶν, τοῦ μὲν ἀεὶ θέοντος θείου, τοῦ δὲ ἀεὶ μεταβάλλοντος γεννητοῦ, κόσμος ἄρα ἐςίν.

Κεφά-

Κεφάλαιον γ΄.   Chapitre III.

§. I.   §. I.

Ανθρώπω δ' αρχὴ γενέσεως πρώτη ὅ γέγονεν ἐκ γῆς ὅδὲ τῷ ἄλλων ζώων, οὔτε φυτῶν, ἀλλ' ἀεὶ τῆς διακοσμήσεως οὔσης ἀναγκη ἡ τὰ ἐνυπάρχοντα ἡ τὰ ἐν διακεκοσμημένα συνεπεῖναι. πρῶτον μὲν γὰρ ἀεὶ ὄντος τοῦ κόσμου, ἀναγκαῖον ἡ τὰ

Le premier commencement de la génération des hommes, des autres animaux, & des plantes n'a pas été produit par la terre, [1] mais l'arrangement & la durée en a été de tout tems. Car il est necessaire que les choses, qui font dans le μέρη

---

[1] Αλλα αει της διακοσμησεως ουσης, *mais l'arrangement & la durée en a été de tout tems.* L'éternité de la génération des hommes, des plantes, & des animaux est une suite necessaire de l'éternité du monde, & dès que l'on admet l'un de ces sentimens il faut admettre l'autre. Aristote, & ses disciples les Peripateticiens, tiroient même de la necessité de l'éternité de la génération des animaux, un de leurs plus forts arguments pour prouver celle du monde. Ils demandoient lequel, lors de l'arrangement de la matière, avoit été formé le premier, de l'œuf ou de l'oiseau; car il ne peut y avoir d'œuf sans oiseaux ni d'oiseaux sans œuf; ainsi ils soutenoient, qu'il devoit y avoir une espece de cercle dans les semences, & que les œufs & les oiseaux avoient toujours été engendrés, & pro-

monde & qui font ar-
rangées dans lui, co-
exiftent avec lui. Le
monde ayant toujours
été, il faut donc que
fes parties aïent tou-
jours coexiftées avec
lui.

§. 2. J'appelle par-
ties *du monde* le ciel,
la terre, & l'intervale
qui eft entre eux, apel-
lé la moyenne re-
gion , 2 *qui ont dû*

μέρη αὐτοῦ συνυπάρ-
χειν· λέγω δὲ μέρη, οὐ-
ρανὸν, γῆν, τὸ μεταξὺ
τύτων. ὁ δὲ μετάρσιον
ἢ ἀέριον ὀνομάζεται·
οὐ γὰρ ἄνευ τούτων
ἀλλὰ σὺν τούτοις, ἢ
ἐκ τούτων ὁ κόσμος.

§. 2. Τῶν δὲ με-
ρῶν συνυπαρχόντων,
ἀνάγκη ἢ τὰ ἐμπε-
ριεχόμενα συνυπάρχειν
αὐτοῖς. οὐρανῷ μὲν ἥλι-
F 4   ον,

produits alternativement l'un par l'autre, fans que
leur efpece eut jamais eu ni origine ni commencement. Par conféquent le monde, dans lequel
s'étoit fait cette génération éternelle, devoit lui-
même être éternel.

2 Ο δη μεταρσιον και αεριον ονομαζεται, apellé
la moyenne region; mot à mot, δη ο ονομαζεται μεταρσιον και αεριον, *qui eft nommé fublime & l'air.*
Ariftote ne s'eft point fervi du mot μεταρσιον pour
fignifier l'intervale qui eft entre le ciel & la terre, il l'a emploié pour exprimer les chofes qui
naiffent, qui font engendrées, & qui paroiffent
dans cet intervale. Mais Philon le Juif l'a emploié dans le même fens qu'Ocellus, dans l'ouvrage qu'il a ecrit fur la durée du monde, περι
αφθαρσιας κοσμυ.

3 Μιτα-

ον, σελήνην, ἀπλανεῖς τε ἀστέρας καὶ πλανή-τας. τῇ δὲ γῇ ζῶα, φυτὰ, χρυσὸν, ἄργυ-ρον· μετεωρίῳ δὲ καὶ ἀερίῳ πνεύματα, ἄνε-μον, μεταβολὴν ὑπὶ τὸ θερμότερον, μετα-βολὴν ὑπὶ τὸ ψυχρό-τερον· σὺν τούτῳ γὰρ οὐρανὸς σὺν τῷ τὰ πε-ριεχόμενα ἔχειν, καὶ σὺν τούτῳ γῆ σὺν τῷ τὰ ἐπ' αὐτῆς φυόμενα ᴎ βοσκόμενα ὑπεῖναι, ᴎ σὺν τούτῳ μεταξ

toujours exister. Le monde ne pouvant subsister sans ses parties, mais subsistant par elles, & avec elles ; donc toutes les parties du monde existent nécessairement avec lui ; & il s'ensuit absolument que les choses, qui sont contenues dans ces parties, coexistent avec elles : *par exemple* le soleil , la lune, les étoiles, les planetes coexistent a-

σιον

3 Μετεωρίω δε και αεριω πνευματα, ανεμον, μεταβολην επι το θερμοτερον, μεταβολην επι το ψυχροτερον. *Les vents, les changemens du chaud au froid, & du froid au chaud, sont dans la moyenne region. Mot à mot: Et dans le sublime & l'air (sont) les soufles, les vents, le changement en plus froid.*

4 Τι γενος υπερεχον των αλλων. *Une certaine sorte d'êtres animés,* mot à mot, *une certaine race (d'e-tres) superieurs aux autres.*

5 Εν μεν ουρανω το των θεων. *Savoir les Dieux dans le ciel,* ou bien, *la race des Dieux dans le ciel.* Lorsqu'Ocellus dit, que les Dieux ont été placés dans le ciel, il ne faut pas penser qu'il ait entendu, par le mot εντεπακται, *a été placé en dedans;* qu'il y

ait

vec la terre & les σιον ἢ ἀέριον, σὺν τῷ vents, 3 les change- τὰ ἐν αὐτῷ πάντα τὰ mens du chaud au γινόμενα γίνεσθαι. froid, & du froid au

chaud dans la moyenne region. Ainsi donc le ciel existe & *a toujours existé* avec les choses qu'il contient & de même la terre avec les choses qui naissent d'elle & qu'elle nourrit, & la moyenne region avec les choses qu'elle renferme.

§. 3. Une certaine 4 sorte d'êtres animés ayant été placée, de tout tems, dans chaque intervale : sçavoir les Dieux 5 dans le ciel, sur

§ 3. Ἐπεὶ οὖν καθ' ἑκάστην ἀποτομὴν ὑπερ- έχον τὶ γένος ἐντέτακ- ται τῶν ἄλλων, ἐν μὲν

F 5   οὐρα-

ait eu un tems où les Dieux n'étoient pas dans le ciel, mais au contraire ils ont été toujours co-éter-nels avec lui & avec l'univers; cette co-éternité des Dieux & du monde n'étoit point un sentiment absurde. Car un grand Saint, dont le genie étoit très-profond, a soutenu que le monde pouvoit être éternel, & Dieu être la cause premiere du monde; tous ses disciples, qui composent aujourdhui un des plus respectables ordres de l'eglise romaine, soutiennent cette opinion.

Dès que l'on admet une cause suffisante, il est necessaire d'admettre un effet. Dieu est la cause suffisante de la production des creatures: or cette cause suffisante des creatures étant éternelle, il faut que

les

les créatures, qui sont l'effet de cette cause, soient éternelles. Un être qui agit par sa volonté ne retarde jamais l'action de cette volonté, si ce n'est parcequ'il attend encore quelque chose, qui n'est point dans le moment present, & dont le défaut arrête sa puissance : ou bien qu'il manque de pouvoir, ou qu'il est obligé d'attendre un autre tems, & de diférer ce qu'il veut faire; mais si cet agent ne trouve aucun de ces obstacles, d'abord l'effet suit sa volonté, comme lorsqu'un homme veut mouvoir un membre, il le meut dans le moment, s'il n'y a aucune cause, exterieure ou interieure, qui s'opose à l'execution de sa volonté, & s'il persiste toujours dans cette même volonté : or il est constant que tout ce que Dieu veut à present, il l'a voulu dans toute l'éternité, car Dieu ne peut être vacillant dans ses resolutions; il est aussi certain que rien ne peut ni arrêter, ni s'oposer à sa volonté toute puissante; il est donc necessaire que Dieu ait crée le monde de tout tems, Dieu étant l'agent de la création de l'univers, & un agent qui agit par sa volonté produisant toujours son effet. *Agens per voluntatem non retardat suum propositum exequi de aliquo faciendo, nisi propter aliquid in futurum expectatum quod nondum adest : & hoc quandoque est in ipso agente, sicut cum expectatur perfectio virtutis ad agendum, aut sublatio alicujus impedientis virtutem. Quandoque vero extra agentem, sicut cum expectatur præsentia alicujus coram quo actio fiat : vel saltem cum expectatur præsentia alicujus temporis oportuni quod nondum adest. Si enim voluntas sit completa, statim potentia exequitur, nisi sit defectus in ipso : sicut ad imperium voluntatis statim sequitur motus membri, nisi sit defectus potentiæ motivæ exequentis motum : & per hoc patet quod cum aliquis vult aliquid facere, & non statim fiat, quod*
vel

*vel hoc sit propter defectum potentiæ qui expectatur re-
movendus, vel quia voluntas non est completa ad hoc
faciendum. Dico autem complementum voluntatis esse,
quando vult hoc absolute facere omnibus modis. Voluntas autem incompleta est, quando aliquis non vult
facere hoc absolute, sed existente aliqua conaitione quæ
nondum adest, vel nisi subtracto impedimento quod adest. Constat autem, quod quicquid Deus nunc vult
quod sit, ab æterno voluit quod sit: non enim novus
motus voluntatis ei advenire potest, nec aliquis defectus vel impedimentum potentiæ ejus adesse potuit, vel
aliquid aliud expectari potuit ad universalis creaturæ
productionem, cum nihil aliud sit increatum nisi
ipse solus, ut supra ostensum est. Necessarium igitur
videtur, quod ab æterno creaturam in esse produxerit.
S. Thomæ Aquinat. Summa catholicæ fidei. Lib. II.
cap. 32. pag. 387.*

Dieu a eu la volonté, pendant toute l'éternité, ou
de produire l'univers ou de ne le pas produire; or il
est manifeste qu'il a eu la volonté de le produire;
donc il l'a produit de toute éternité, l'effet suivant
toujours la puissance d'un agent qui agit par volonté.
*Aut igitur voluntas sua est de hoc, quod nunquam
creatura sub æternitate ejus constituatur, aut quod
semper constat. Non autem voluntas eius de hoc,
quod nunquam creatura eius esse æterno constituatur:
cum pateat creaturas voluntate eius esse institutas.
Relinquitur igitur de necessitate (ut videtur) quod
creatura semper fuit. id. ibid.*

La bonté de Dieu étant infinie, & le bonheur des
créatures dépendant de cette bonté, que Dieu leur
communique, elle a dû leur être communiquée dans
toute l'éternité, & non pas dans un certain tems determiné; car c'est l'essence de la bonté divine de faire toujours ce qui est le meilleur & le plus utile aux
crea-

creatures, *quia finis creaturarum est divina bonitas quæ in tota æternitate eodem modo se habet, in se;* c'est la reflection d'un habile Commentateur de St. Thomas. Mais écoutons ce grand Saint parler lui même. *Cum bonitas divina perfectissima sit, non hoc modo dicitur, quod omnia à Deo processerunt propter bonitatem ejus, ut ei aliquid ex creaturis accresceret: sed quia bonitatis est ut seipsam communicet prout possibile est, in quo bonitas manifestatur. Cum autem omnia bonitatem Dei participent in quantum habent esse secundum quod diuturniora sunt, magis bonitatem Dei participant, unde & esse perpetuum speciei dicitur divinum esse: bonitas autem divina infinita est; ejus igitur est, ut se in infinitum communicet, non aliquo determinato tempore tantum; hoc igitur videtur ad divinam bonitatem pertinere, ut creaturæ aliquæ ab æterno fuerint.* id. 61. p. 389

Les philosophes qui veulent, qu'il soit impossible que le monde puisse être éternel par la volonté de Dieu, aportent plusieurs raisons pour soutenir leur sentiment, je placerai ici les plus essentielles, & je n'emploierai pour les combattre que les reponses qu'y a fait S. Thomas.

I°. Il est demontré que Dieu est la cause de tous les êtres: or il faut que la cause soit premierement avant l'effet, car il ne peut point y avoir d'effet sans qu'une cause ait préexisté.

II°. L'on ne peut rien ajoûter à l'infini. Si le monde est éternel, il faut necessairement qu'on puisse ajouter à l'infini, ce qui est impossible. Il s'est écoulé dans l'éternité anterieure une infinité de jours & de revolutions du soleil, aux quels on doit ajoûter les revolutions, & les jours qui viendront à l'avenir, or rien ne peut être ajouté à l'infini, donc le monde ne peut être éternel.

Ces

Ces raisons, dit St. Thomas, quoiqu'elles ne soient point destituées de toute probabilité, n'ont rien de concluant, encore moins d'évident, & doivent être refutées en deux mots : *Has autem rationes, quia usque quaque non de necessitate concludunt, licet probabilitatem habeant, sufficit tangere.* Au premier argument S. Thomas repond, qu'il faut distinguer entre une cause, ou un agent qui agit, & produit son effet par le mouvement, & entre une cause qui agit dans l'instant & sans mouvement. Car dans le premier cas, il est vrai que l'effet n'arrive, que lorsque la cause a agi par le secours de ce mouvement : mais cela n'est pas ainsi dans le second cas, où l'agent produit son effet avec lui, & sans le secours de la primauté du tems, comme lorsque le soleil paroit il porte avec lui la lumiere dans le même instant. Le soleil est la cause, & la lumiere est l'effet, produit par lui, mais la lumiere quoique l'effet a toujours co-existé avec le soleil, & l'un n'a jamais été sans l'autre ; ainsi le soleil est bien la cause premiere de la lumiere, mais la lumiere a cependant toujours existée avec lui. *Quod enim primo dicitur, agens de necessitate præcedere effectum qui per suam operationem fit, verum est in his quæ agunt aliquid per motum, quia effectus non est nisi in termino motus, agens autem necesse est esse etiam cum motus incipit. In his autem quæ in instanti agunt, hoc non est necesse : sicut simul dum sol est in puncto orientis, illuminat nostrum hemisphærium.* id. ib. cap. 38. p. 498.

Quant au second argument S. Thomas paroit n'en pas faire plus de cas que du premier. Rien n'empêche, dit-il, que l'on ne puisse ajoûter au tems du côté où il est fini, car le tems est veritablement infini, si on le considere dans l'éternité anterieure ; mais il ne l'est pas, si on le considere dans le mo-

ment

ment prefent, car le moment prefent eft le terme
du paffé : or toute chofe qui a un terme n'eft pas
infini du côté de ce terme, donc l'on peut ajoûter
de nouveaux jours à ceux qui fe font écoulés dans
l'éternité anterieure. J'ai un peu étendu la folution
de S. Thomas, la voici en original. *Quod etiam
quarto proponitur , debile eft : nam nihil prohibet infinito ex ea parte additionem fieri , qua eft finitum.
Ex hoc autem quod ponitur tempus æternum , fequi-
tur quod fit infinitum ex parte ante , fed finitum ex
parte poft : nam præfens eft terminus præteriti.*

L'opinion de la poffibilité de l'éternité du monde,
fi telle avoit été la volonté de Dieu, a été defendue
par de très-grands hommes. Le célébre Durand
s'eft conformé à l'opinion de S. Thomas, & le Cardinal Toleta, Jefuite, remarque que cette queftion
eft très-importante, par le merite de ceux qui l'ont
foutenue & de ceux qui l'ont attaquée, *eft autem
quæftio*, dit-il, *nimis gravis propter placita diverfa
infignium doctorum. & propter rationes validas ex
utraque parte & propter rei ipfius magnitudinem.*
Enfuite le même Cardinal recapitule les argumens
de ceux, qui ont admis que le monde pouvoit être
éternel par la volonté de Dieu ; & il dit ; Dieu a
été de tout tems, & toujours également puiffant,
il a donc pû produire le monde de toute éternité, la
confequence eft certaine, & l'antecedent eft très-
vrai. Or Dieu a connu & voulu le monde de tout
tems, il a donc pu le produire, parcequ'il avoit autant de facilité à le produire qu'à le connoître & à
le vouloir, & que la fimple connoiffance & la fimple volonté de Dieu produifent tous les Etres.

Si Dieu n'avoit pas pu produire le monde de
tout tems, il s'enfuivroit qu'il ne l'auroit pas pû
produire dans toute l'éternité anterieure à fa création,

tion ; or l'éternité eſt un eſpace infini de tems, dans lequel Dieu n'auroit pas eu le même pouvoir, qu'il a eu lors de la création, ce qui eſt abſurde, donc Dieu a pû créer le monde de toute éternité.

Si le monde n'avoir pû être crée dans toute l'éternité, cela viendroit parceque la cauſe & l'effet ne peuvent être dans le même inſtant, mais il eſt faux que la cauſe & l'effet ne puiſſent être dans le même inſtant : car ſi le ſoleil étoit éternel, la lumiere ſeroit neceſſairement éternelle, & ſi le pied, qui imprime ſa marque, avoit toujours porté ſur le ſable, la marque auroit toujours coexiſté avec lui. Cependant la lumiere eſt l'effet du ſoleil, & la marque ou le veſtige l'effet du pied. Donc, lorsqu'une cauſe eſt éternelle, l'effet eſt coéternel avec elle, S. Thomas, le premier des Theologiens, a été de ce ſentiment, ſes Diſciples Durand, Gregoire & pluſieurs autres l'ont ſuivi. *Eſt autem quæſtio nimis gravis propter placita diverſa inſignium Doctorum, & propter rationes validas ex utraque parte, & propter rei ipſius magnitudinem. Imprimis eſt argumentum primum, quo probatur Mundum potuiſſe ab æterno eſſe. Deus ab æterno fuit jam omnipotens, ſicut cum produxit mundum ; ab æterno potuit producere mundum. Conſequentia certiſſima eſt, & antecedens veriſſimum. Et hoc argumentum eſt præcipuum pro hac ſententia.*

Secundo. Deus ab æterno cognovit mundum, & voluit : ergo potuit mundum producere. Probatur conſequentia : Quia tantæ facultatis eſt ipſi mundum producere, quantæ cognoſcere & velle ; immo ſola cognitione & voluntate producit res has.

Tertio. Si ab æterno non potuiſſet mundum producere, ſequitur quod debuit exſpectare per æternitatem, ut mundum poſſet producere. Aeternitas autem, major

οὐρανῷ τὸ τῶν θεῶν, ἐν   la terre les hommes, &

δὲ γῆ ἄνθρωπος· ἐν δὲ   dans [6] la moyenne
region les demons, si
τῷ

major est quocunque tempore, & sic exspectaret per multum temporis ; quod absurdum est & impossibile.

Quarto. Si mundus non potuisset ab æterno esse, ex eo foret, quia non possunt esse in unico instanti simul causa & effectus, producens & productum, sed hoc falsum est, ut colligitur ex his sensibilibus. Si enim sol ab æterno esset, lumen ab æterno esset, & si pes, similiter vestigium. At lumen, & vestigium effectus sunt efficientis solis, & pedis ; potuit ergo cum causa æterna effectus coæternus esse. Cujus sententiæ est S. Thomas Theologorum primus, I. p. 9. 46. art. 2. & cum eo ipsius discipuli. Similiter Durand. 2. d I. q. 2. & Gregor. 2. Sen. d. 2. q. 3. Francis. Toletæ &c ; Commentaria, &c. in Lib. VIII. Physic. Arist. Cap. 2. quæst. 2. fol. 214. Col. I.

En voila je crois assés pour justifier un philosophe, privé des lumieres de la revelation, d'avoir cru que les Dieux avoient toujours coexisté avec le monde, & étoient coéternels avec lui : l'on voit qu'il n'y a aucune absurdité dans ce sentiment ; & que même étant éclairés par la foi, les plus grands Saints, & les plus illustres Philosophes ont soutenu, que l'univers pourroit être éternel, avoir toujours coexisté avec Dieu, s'il l'avoit voulu de toute éternité ; l'effet subit suivant toujours sa volonté.

[6] Ἐν δὶ τῳ μεταρσίῳ τόπῳ δαίμονες *& dans la moyenne region les Demons*, mot à mot ; *& dans le lieu sublime les Demons*. Il est étonnant que les anciens phi-

l'on veut raisonner
conséquemment, il
faut convenir que la
τῷ μεταρσίῳ τόπῳ δαί-
μονες, ἀνάγκη τὸ γέ-
νος

philosophes aïent connu l'espece d'êtres qui se trouvent entre Dieu & les hommes, & qui forment, pour ainsi dire, une chaine entre la divinité & l'humanité. La race de ces demi-Dieux, ou demons τι γίνος δαιμόνων, ressemble parfaitement à ce que les premiers Peres de l'Eglise ont dit de la nature des anges, jusqu'au siècle de S. Augustin & même après ; ils ont tous prétendu, que les anges étoient formés d'une matiere plus subtile & moins crasse, que celle dont les hommes sont composés, mais plus grossiere que celle qui faisoit la nature divine. Ainsi ils étoient spirituels eu égard aux hommes, & corporeis eu égard à Dieu, qui cependant étoit lui-même corporel mais composé d'une matiere ignée, d'un feu epuré & subtil. Origene établit cette distinction de la nature de Dieu, de celle des anges, & de celle des hommes ; c'est ce que montre élégamment le célébre Mr. Huet dans son Commentaire sur les ouvrages d'Origene. *Deus igitur, cui anima similis est, juxta Originem reapse corporalis est, sed graviorum tantum ratione corporum incorporeus.* Voila la diférence de la subtilité de la matiere qui compose Dieu & l'ame humaine : & voici celle qui se trouve entre les anges & les hommes. *Angelos porro propter eximiam corporum subtilitatem spirituales dixerit, habita corporum nostrorum ratione quæ crassa sunt. Huet. Origenian. lib. 2. quæst. V. de Angel. art.* 5. Les philosophes payens, qui admettoient les Demons, en faisoient des intelligences, qui participoient tout à la fois à la nature divine & à l'humaine, ils étoient coéternels avec l'univers,

G   nivers,

νος τῶν ἀνθρώπων ἀΐ- race des hommes est
διον εἶναι· εἴπερ ἀλη- éternelle, *puisque nous avons prouvé* que non
θῶς

nivers, exempts de la mort, mais ils étoient sujets aux passions humaines, & pouvoient même contenter l'amour, qu'ils avoient quelquefois pour de simples mortelles.

Quelque fausse que fut cette opinion, les Peres de l'Eglise, loin de la rejetter, la rendirent d'un plus grand poids, en soutenant que les Demons n'étoient que des anges qui avoient été punis, pour avoir connu charnellement des femmes. Il falloit donc que ces anges fussent des substances corporelles, car les actes amoureux, que leur faisoient faire les Peres de l'Eglise, ne se font point par des êtres immateriels : le contact corporel est absolument necessaire à la génération. *In coitu*, disent tous les medecins, *nisi fiat ejaculatio, nulla sequitur generatio ab actu veneris*. Tous les Peres de l'Eglise crurent donc jusqu'à S. Augustin, qui fut lui-même de ce sentiment, que tous les anges, les bons ainsi que les mauvais, étoient corporels : Origene, Tertulien, S. Justin, Athenagore, Tatien, Lactance, S. Augustin, S. Basile & plusieurs autres. Je me contenterai d'exposer ici aux Lecteurs, les sentimens de ceux que je viens de nommer, & je montrerai ensuite, que le dogme de l'ange gardien a une grande ressemblance avec celui des Demons anciens. Voïons d'abord la preuve, que presque tous les Peres de l'Eglise ont fait les anges corporels.

„ Les anges, *dit S. Justin*, aïant desobéi aux or-
„ dres, qui leur avoient été donnés, & ayant été
„ vaincus par les femmes, ils habiterent avec elles &
en-

seulement les parties ϑῶς ὁ λόγος συμβιβά-
du monde exiſtent, & ζει, μὴ μόνον τὰ μέ-
ont toujours exiſté avec

G 2

ςη

,, engendrerent des enfans, qui furent les Demons, &
,, qui reduiſirent le genre humain dans la ſervirude. ''
Οἱ δὲ ἄγγελοι, παραβάντες τήνδε τήν τάξιν, γυναικῶν μίξε-
σιν ἡττήθησαν, καὶ παῖδας ἐτέκνωσαν, ὃι εἰσίν οἱ λεγόμενοι
δαίμονες. καὶ προσέτι λοιπὸν τὸ ἀνθρώπειον γένος ἑαυταῖς
ἐδούλωσαν. *Angeli autem ordinationem ſive diſpoſitiu-
nem eam transgreſſi, cum mulieribus, concubitus cauſa, & amoribus viĉti, tum filios procreaverunt eos,
qui demones ſunt diĉti, atque inſuper reliquum genus
humanum in ſervitutem ſuam redegerunt.* St. Juſtini
philoſoph. mart. Oper. Apol. 1. pag. 44.

Athenagore eſt encore plus précis ſur l'amour des
anges avec les femmes, ,, ils déchurent, *dit-il*, de
,, leur état, les uns par la paſſion dont ils furent épris
,, pour les femmes, & leur prince par la negligence
;, & ſon peu de probité, dans les choſes dont il avoit
,, été chargé. Or des amours de ces anges naquirent
,, les géans. `` ἐκεῖνοι (ἄγγελοι) μὲν, εἰς ἐπιθυμίαν πεσόν-
τες παρθένων, καὶ ἥτλης σαρκὸς εὑρεθέντες, οὗτος δὲ, ἀμελή-
σας, καὶ πονηρὸς περὶ τὴν τῶν πεπιστευμένων γενόμενος διοί-
κησιν, ἐκ μὲν οὖν τῶν περὶ τὰς παρθένας ἐχόντων, οἱ καλού-
μενοι ἐγεννήθησαν γίγαντες. *Itaque a ſtatu ſuo defecerunt
angeli, amoribus capti virginum, & libidine carnis ac-
cenſi: ipſe vero princeps, tum negligentia, tum impro-
bitate circa procurationem ſibi concreditam; ex ama-
toribus igitur virginum gigantes, ut vocant, nati ſunt.*
Athenag. legat. pro Chriſtian. pag. 27.

Selon Tatien ,, les Demons ne ſont pas compoſés
,, d'une chair humaine, mais d'une matiere legere,
,, telle que le feu & l'air, qui ne peut être aperçue
,, que

ξη συνυπάρχειν τῷ *lui;* mais que les cho-
κίσμῳ, ἀλλὰ καὶ ses, qui sont contenues dans ses parties,
τὰ

,, que par ceux à qui Dieu donne son Esprit, & non
,, point par les autres hommes, qui n'ont qu'a sim-
,, ple connoissance acquise par leur ame." δαίμονες
δὲ πάντες σαρκίον μὲν ἐ κέκτηνται, πνευματικὴ δὲ ἐςιν αὐτοῖς ἡ σύμπηξις ὡς πυρὸς, ὡς ἀέρος, μόνις δὲ τοῖς πνεύμα-
τι Θεῦ φρυρυμένοις εὐσύνοπτα καὶ τὰ τῶν δαιμόνω ἰςὶ σώματος. τοῖς λοιποῖς δὲ ἐδαμοῦ, λέγω δὲ τοῖς ψυχικοῖς.
Porro Dæmones omnes non carnea, sed spirituali con-
cretione constant, qualis est ignis & aër quæ corporum
constitutio a solis illis perspici potest, qui spiritu Dei mu-
niuntur, non item a ceteris hominum quos anima re-
git. Tatiani Assirii Oratio contra Græcos pag. 154.

Nous venons de raporter, ce qu'Origene a dit de
la nature des anges, ainsi nous ne le repeterons point
ici. ,, On peut aprendre dans les Saintes Ecritures,
,, *dit Tertulien,* comment du péché de certains an-
,, ges, qui par le déreglement de leur propre volonté
,, ont laissé corrompre leur innocence, est sortie la
,, race des Demons, race encore plus corrompue,
,, que ces malheureux anges dont elle tire son origi-
,, ne, & que Dieu a condamnée avec eux " *Quo-*
modo de angelis quibusdam sua sponte corruptis, cor-
ruptior gens dæmonum evaserit damnata a Deo gene-
ris auctoribus apud literas sanctas ordine cognoscitur.
Tert. Apolog. Cap. 22.

,, Dieu, *dit Lactance,* envoia ses anges pour avoir
,, soin de la vie des hommes, & pour les garantir de
,, tout mal, il ordonna en même tems aux anges de
,, prendre garde de ne souiller d'aucune tâche leur
,, nature angelique, mais ils furent trompés par le
,, Dia-

ont de même toujours τὰ περιεχόμενα τοῖς
exifté avec ces mêmes
parties.   μέρεσι.

G 3   §. 4.

„Diable, qui les porta à la volupté, & les pouffa à
„fe fouiller avec les femmes. Ils furent condamnés
„& rejettés de Dieu à caufe de ce pêché, ils perdi-
„rent le nom & la nature d'ange, & devinrent des
„fatellites du Diable : " *Deus angelos fuos mifit, ut
vitam hominum excolerent, eosque ab omni malo tue-
rentur, his mandatum dedit ut fe terrenis abftinerent;
neque lato maculati, honore angelico mulctarentur.
Sed eos quoque idem ille fubdolus criminator, dum inter homines commorantur illexit ad voluptates, ut fe
cum mulieribus inquinarent : tum damnati fententia
Dei, & ob peccata projecti & nomen angelorum &
fubftantiam perdiderunt ; ita diaboli fatellites facti.
Lact. Inft. div. cap. XXVII. p. 50. edit. Cantabrig.*
St. Ambroife établit, comme une verité autenti-
que, l'opinion de la chûte des anges caufée par les
femmes. „Lorsque l'Ecriture, *dit-il*, parle ainfi :
„*Il y avoit des Géans dans ces jours fur la terre*, il
„ne faut pas croire qu'elle veuille, felon la maniere
„des poëtes, faire mention de ces géans, qu'ils di-
„fent fils de la terre. L'Ecriture affure, que ces
„géans avoient été procrées par les anges & par les
„femmes; & elle les apelle des géans parcequ'elle
„veut exprimer la grandeur dont étoit leur corps. "
*Gigantes autem erant in terra in diebus illis : non
poetarum more gigantes illos terræ filios, vult videri divinæ fcripturæ conditor : fed ex angelis & mulieribus generatos adferit, quos appellat vocabulo,
volens eorum exprimere corporis magnitudinem. Am-
brofius de Noe & arca Lib. un. cap. 4.*

„Dans

§. 4. Φθοραὶ δὲ κ̀   §. 4. *Si l'on objecte,*
μεταβολαὶ βίαιοι γί- qu'il arrive des des-
νονται κατά τὰ μέρη   tructions & des chan-
τῆς

„Dans un autre ouvrage St. Ambroise compare
„David aux anges, & dit qu'on doit lui pardonner
„d'avoir cedé une fois à la tentation, aïant été nour-
„ri dès l'enfance au milieu des honneurs, des ri-
„chesses & du pouvoir, puisque les anges du ciel,
„ainsi que l'Ecriture nous l'aprend, se sont souillés
„du même crime que lui." *Non miraris hominem,*
& angelis adæquandum judicas, plurimum vitæ suæ,
immo a pueritia, in divitiis, honoribus, imperiis de-
morantem, in multis tentationibus positum, semel
tantum locum errori dedisse, & ei errori quo etiam
angeli cælorum, ut scriptura commemorat, de sua
virtute & gratia dejecti sunt. Ambros. Apolog.
David. cap. I.

Voila une belle apologie pour les Rois, qui n'auront enlevé & seduit qu'une fois la femme d'un de
leurs Sujets. On pourra les comparer aux anges, &
se fonder sur l'autorité d'un Pere de l'Eglise. Il est
vrai que ce Pere n'a pas pensé, que les anges furent
changés en demons, pour avoir seduit des filles. Or
la simple fornication est un pêché bien moins grand,
que l'adultere qu'avoit commis David, & qu'il ac-
compagna du meurtre du mari, dont il enlevoit la
femme. Je demande donc à S. Ambroise, quelle
punition n'auroit pas du essuïer David, si Dieu l'a-
voit puni aussi severement, qu'il punit les anges
changés en diables? *& nunc Reges intelligite.*

S'il faut en croire le même S. Ambroise, les anges
n'ont jamais vû Dieu le Pere, ainsi qu'aucun homme; lorsque Dieu a aparu à quelque creature, c'est
le

gemens dans les parties τῆς γῆς· ὁτὲ μὲν ἀνά·
de la terre, la mer χυτιν λαμβανούσης
prenant quelquefois (τῆς) θαλάσσης εἰς ἔτε-
ρον

le Fils & non pas le Pere qui s'eſt montré. *Et
quid de hominibus loquimur, cum etiam de ipſis cœle-
leſtibus virtutibus & poteſtatibus legerimus, quia
Deum nemo vidit unquam, & addidit quod ultra cœ-
leſtes eſt poteſtates. Unigenitus filius, qui eſt in ſinu
patris, ipſe enarravit. Aut adquieſcatur igitur neceſſe eſt, ſi Deum patrem nemo vidit unquam, filium
viſum eſſe in veteri teſtamento. Ambroſ. expoſitio
Evargel. ſec. Luc. Lib. I. §. 25.*

St. Macaire ne parle pas des amours des anges,
mais ils les fait corporels, ainſi que tous les Peres qui
les ont fait engendrer les géans, & il donne également
ment un corps aux demons. ,, Les anges, dit ce Pe-
,, re, l'ame humaine & les demons ont des corps
,, qui, quoique ſubtils, ont cependant une forme,
,, une figure, & une ſubſtance ſelon la legereté de
,, leur nature, de la même maniere que le corps des
,, hommes a une forme, une figure & une ſubſtan-
,, ce dans une nature plus craſſe & ſolide.'' Ἕκαϛος
γὰρ κατὰ τὴν ἰδίαν φύσιν σῶμά ἐϛιν, ὁ ἄγγελος ἡ ψυχή,
ὁ δαίμων. ὅτι κἂν λεπτὰ ἆσιν, ὅμως ἐν ὑποϛάϛει, καὶ χα-
ρακτῆρι, καὶ εἰκονί κατὰ τὴν λεπτότητα τῆς φύσεως αὐτῶν,
σώμαϊα τυγχάϊι λεπϊὰ, ὥσπερ ἐν ὑποϛάϛει τοῦτο τὸ σῶμα παχύ ἐϛιν. *Quamvis enim ſubtilia ſint, tamen in
ſubſtantia forma, & figura ſecundum tenuitatem naturæ eorum corpora ſunt tenuia, quemadmodum &
hoc corpus in ſubſtantia ſua craſſum, & ſolidum eſt.
Sancti Patris Macarii Egyptii homeliæ. Homel. IV.
cap. 9. pag. 48. Edit. Lipſ.* ,, La ſubſtance des an-
,, ges, dit St. Baſile, conſiſte dans un air leger, dans
,, un

ρον μέρος· ὁτὲ δὲ καὶ   son cours dans un au-
αὐτῆς τῆς γῆς εὐρυνο-   tre lit, la terre étant
μένης καὶ διϊσαμένης   elle-même tantôt élar-
ὑπὸ

,, un feu subtil, selon ce qui est dans les Ecritures,
,, *il a fait les anges ses ministres, un feu brulant, c'est*
,, *pour cela qu'ils sont dans un lieu, qu'ils peuvent étre*
,, *visibles lorsqu'ils veulent bien se montrer, dans la*
,, *forme de leur corps, à ceux qui sont dignes de les*
,, *voir.* Itidem & in cœlestibus virtutibus, sub-
stantia quidem earum, puta spiritus est aërius, aut
ignis, juxta id quod scriptum est : qui facit angelos
suos spiritus, & ministros suos ignem urentem : ea
propter & in loco sunt, & fiunt visibiles, dum iis
qui digni sunt aparent in specie propriorum corporum. *St. Basilii oper. tom. 2. de Spirit. sanct. cap.* 14.
pag. 181.

Selon St. Augustin l'homme est quelque chose de
moïen entre les bêtes & les anges. ,, Car, *dit ce Pe-*
,, *re*, comme la bête est un animal sans raison &
,, mortel, & l'ange un animal raisonnable & im-
,, mortel ; l'homme est entre les deux, au dessous des
,, anges & au dessus des bêtes ; mortel avec les bê-
,, tes, & raisonnable avec les anges, en un mot ani-
,, mal raisonnable & mortel.'' *Sic ut homo medium*
quiddam inter pecora & angelos : ut quia pecus est ani-
mal irrationale atque mortale, angelus autem animal
rationale & immortale, medius homo esset inferior an-
gelis, superior pecoribus ; habens cum pecoribus morta-
litatem, rationem vero cum angelis : animal rationale
mortale. Sanct. Aug. de civ. Dei lib. IX. cap. 13.
Le même Pere de l'Eglise, après avoir fait trois diférentes classes d'animaux, celle des anges, des
hommes, & des brutes, dit dans un autre endroit du
mê-

gie, & tantôt féparée ὑπὸ πνευμάτων ἢ ὑδά-
par les vents, & par των, κρύβδην ἐπιφε-
les eaux qui la mi- ρομένων. παντελὴς δὲ
G 5 φθορὰ

même ouvrage, qu'il y a de l'impudence à nier, que
les demons ne puiſſent avoir un commerce charnel
avec les femmes. Ecoutons-le parler lui-même.
„ C'eſt une choſe publique, & que pluſieurs ont ex-
„ perimentée, ou apris de ceux dont la foi ne peut
„ être ſuſpecte, que les ſylvains, les ſatires & les fau-
„ nes, qu'on apelle ordinairement incubes, ont ſou-
„ vent tourmenté les femmes, & contenté leurs paſ-
„ ſions avec elles : & beaucoup de gens d'honneur
„ aſſurent, que quelques demons, que les Gaulois
„ apellent *Duſcins* tentent, & executent tous les
„ jours ces impuretés, enſorte qu'il y auroit de l'im-
„ pudence à le nier." *Creberrima fama eſt, multique*
ſe expertos, vel ab eis qui experti eſſent, de quorum
fide dubitandum non eſt, audiviſſe confirmant ſilvanos
& faunos, quos vulgo incubos vocant, improbos ſæpe
extitiſſe mulieribus, & earum apetiſſe ac peregiſſe con-
cubitum : & quosdam dæmones, quos duſios galli nun-
cupant, hanc aſſidue immunditiam & tentare, & ef-
ficere plures talesque aſſeverant, ut hoc negare impu-
dentiæ videatur. Auguſt. de civit. Dei. Lib. XV.
cap. 23.

Nous venons de voir, qu'en général les plus illuſtres Peres de l'egliſe, & les plus ſavans ecrivains
chretiens admirent, comme une verité conſtante,
juſqu'au cinquieme ſiècle de l'egliſe, que les anges
& les demons étoient corporels & capables de connoître les femmes charnellement. Les lecteurs ſeront peut être curieux de ſavoir, de quelle maniere
les Peres de l'egliſe entendoient, que pouvoit ſe faire
un

un coït auſſi extraordinaire. Louis de Vives, dans ſon excellent commentáire ſur la Cité de Dieu de S. Auguſtin, nous explique cela fort au long : il remarque que Pſellus dit, que les demons repandent une ſemence, d'où ſort une eſpece d'animal fort petit. Ils ont des parties genitales diférentes de celles des hommes. Mais ces parties genitales ne ſont pas le partage de tous les demons, il y en a qui en ſont privés. Seroit ce par hazard les demons chanteurs, deſtinés à la muſique du prince des tenebres ? Si cela étoit, il ſeroit bien facheux que l'on imitat une pareille conduite à Rome, & que les hommes ſe traitaſſent dans la ville ſainte auſſi mal, que les diables ſe traitent entre eux. *Pſellus refert dæmones ſemen jacere, ex quo perpuſilla quædam oriuntur animalia, habereque membra genitalia, ſed non qualia homines ; excrementum ex illis manare, quod tamen non omnibus dæmonum generibus contingat.* Lud. Viv. commentar. in civit. Dei. Aug. lib. XV. cap. 23.

Avant de finir ce qui regarde la nature des demons, il faut obſerver qu'il y en a de males & de femelles. On apelle les males des *incubes* & les femelles des *ſuccubes.* „ Il y a, *dit Louis de Vives*, encore aujourdhui „ des nations, qui font gloire de tirer leur origine „ des demons, qui ont connu des femmes ſous des „ formes humaines, ou qui ſe ſont accouplés avec „ des hommes ſous la figure des femmes. Cette ori- „ gine me paroit plus honteuſe, que celle qui vient „ par les pirates, par les voleurs, & par les aſſaſſins „ les plus indignes." Je ne ſuis pas ici tout à fait du ſentiment de Louis de Vives, & je ne ſais pas ſi je n'aimerois pas mieux, qu'on me reprochat d'être deſcendu d'Aſtarot, ou de Belſebut, que de Guignard, de Malagrida, du Dominicain qui empoiſonna un Empereur en lui donnant la communion & de celui

qui

qui affaffina Henri trois. Quoi qu'il en foit, voici ce
que dit Louis de Vives: *Ab incubando demones qui
mulieribus commifcentur, a fuperventu incubi dicuntur: qui viris, & patiuntur muliebria fuccubi: extant
hodie nonnullæ gentes, quæ originem fuam habere glo-
riantur a dæmonibus, qui coierint cum fœminis virili
forma, aut cum viris fœminea: quod turpius effe mihi
videtur quam referre nobilitatis fuæ initia in piratas,
aut latrones, aut ficarios infignes, quod multi faciunt.*
Lud. Viv. in civ. Dei. Aug. lib. XV. cap. 23. Les
lecteurs s'aperceveront que j'ai traduit ce paffage le
plus modeftement qu'il m'a été poffible, je fuis très-
mortifié que la dècence m'y contraigne, car il n'y a
peut-être rien de fi plaifant que des demons, *qui patiuntur muliebria*, quelle fource de plaifanterie.

On ne doit pas être étonné de voir, que tant de
Peres fe foient trompés fur la nature des anges & des
demons, jufqu'à ce que l'Eglife ait decidé que les uns
& les autres étoient des êtres purement fpirituels, &
incapables d'aucun commerce charnel avec les femmes; car il y a un endroit dans l'Ecriture qui paroi-
troit encore établir le fentiment de ces anciens Docteurs, fi l'Efprit de Dieu, qui nous inftruit toujours
par les décifions infaillibles des faints Conciles, ne
nous avoit apris comment il faut expliquer cet endroit des Ecritures, qui avoit trompé les premiers
Peres. Voici cet endroit de la Genefe. ,,Comme
,, les hommes fe furent multipliés fur la terre, & qu'-
,, ils eurent engendré des filles, les anges de Dieu,
,, voïant que les filles des hommes étoient bonnes,
,, choifirent pour femmes celles qui leur plaifoient.
, Alors Dieu dit, mon Efprit ne demeurera plus dans
,, ces hommes, car ils ne font que chair, & ils ne
,, vivront plus que fix vingt ans. Or en ce tems-là
,, il y avoit des géans fur la terre, & depuis les enfans
,,de

,, de Dieu aïant commercé avec les filles des hom-
,, mes, ils engendroient pour eux mêmes, & ceux
,, qu'ils engendroient étoient ces Géans, qui étoient
,, si renommés dans le monde " *Et factum est, post-
quam cæperunt homines multi fieri super terram, &
filiæ natæ sunt illis : videntes angeli Dei filias hominum quia bonæ sunt, sumpserunt sibi uxores ex omnibus quas elegerant. Et dixit Dominus Deus : non per-
manebit spiritus meus cum hominibus his in æternum,
propter quod caro sunt, erunt autem dies eorum centum
viginti anni : gigantes autem erant super terram his
diebus illis. Et post illud cum intrarent filii Dei ad
filias hominum, & generarent sibi, illi erant gigantes a sæculo homines nominati.* Genes. cap. VI. vers.
I. 2. 3. 4.

Il faut convenir de bonne foi, qu'il n'y a rien qui
paroisse si clair que cet endroit, & qu'il étoit presque
impossible que les Peres ne l'expliquassent pas à la
lettre : mais ce qui sans doute les jetta encore plus
dans l'erreur, c'est un passage de St. Paul qui paroit
précisément apuïer celui, que nous venons de citer
de la Genese. *L'homme*, dit cet Apotre, *n'a pas été
crée à cause de la femme, mais la femme à cause de lui,
la femme doit donc avoir une puissance sur sa tête à
cause des anges.* ,, Etenim non creatus est vir propter
,, mulierem, sed mulier propter virum, propter hoc
,, debet mulier potestatem habere supra caput pro-
,, pter angelos." Le grec est tout aussi précis & peut
être plus expressif. Καὶ γὰρ οὐκ ἐκτίσθη ἀνὴρ διὰ τὴν γυ-
ναῖκα, ἀλλὰ γυνὴ διὰ τὸν ἄνδρα. Διὰ τοῦτο ὀφείλει ἡ γυνὴ ἐξουσίαν ἔχειν ἐπὶ τῆς κεφαλῆς διὰ τοὺς ἀγγέλους. *D.
Pauli Epist. ad Corinth. XI. v.* 9. *&* 10.

Il parut évident aux Ecrivains des quatre premiers
siecles de l'Eglise, que S. Paul, parlant de la necessité
que la *femme fut soumise à son mari, & qu'il étendit*

sa

fa puiffance fur la tête de fon époufe à *caufe des anges*, vouloit rappeller la chûte des premieres femmes avec ces mêmes anges, & faire fentir que, puisqu'elles avoient pû être feduites par des fubftances angeliques, elles pouvoient l'être bien aifément par des hommes. Cet endroit à exercé la critique de tous les interprêtes de l'Ecriture, mais tous ceux qui ne l'ont pas expliqué comme les anciens Peres, n'ont rien dit de convainquant, & qui donne aucun jour à ce paffage, qui eft clair dés que l'on convient que S. Paul a cru une tradition, qui dura plus de quatre cens ans après lui; c'eft le fentiment de Jean Davifius, Docteur en Droit & en Theologie, & un des plus favans écrivains de ces dernier tems ; *hunc certe locum,* dit-il, *mifere vexarunt interpretes ; at is clarus eft & apertus, fi Paulus eam traditionem in animo habuiffe cenfeatur.* Jo. Davifius commentar. in Epift. divin. inftit. Lactant. cap. XXVIII. pag. 50.

Je viens actuellement à la feconde chofe que je me fuis engagé de prouver, c'eft la reffemblance du dogme des demons des philofophes, avec celui des anges établi par les théologiens anciens & modernes.

Les demons étoient felon les payens, des intelligences celeftes, qui tenoient un milieu entre les hommes & les Dieux, & qui fervoient de mediateurs aux premiers envers les derniers. Plutarque dit, que felon Platon les bons demons font comme les interprêtes, & les meffagers entre les Dieux & les hommes, portant les prieres des hommes aux Dieux dans le ciel ; & de là raportant fur la terre les oracles & les revelations des chofes cachées & des futures, & les biens que les hommes reçoivent Ὅ τι Πλάτων ἑρμηνευτικὸν τὸ τοιοῦτον ὀνομάζει γένος καὶ διακονικὸν, ἐν μέσῳ θεῶν καὶ ἀνθρώπων, εὐχὰς μὲν ἐκεῖ καὶ δεήσεις ἀνθρώπων ἀναπέμποντας, ἐκεῖθεν δὲ μαντεῖα δεῦρο καὶ δό-σεις

σεις ἀγαθῶν φέροντας. *Plato hoc genus inter homines ac Deos interpretum administrorumque fungi muneribus ait : qui ab hominibus vota precesque ad Deos perferant, a Diis ad homines oracula & dona bonarum rerum.* Plut. de Isid. & Osi pag. 36.

St. Bernard s'explique de la même maniere sur les anges gardiens, que Plutarque sur les bons Demons: afin, dit ce Pere, qu'il n'y ait rien dans les cieux qui ne soit employé à nôtre bien, Dieu nous envoie ses anges, il les charge du soin de nôtre conduite, & leur ordonne de nous servir de gouverneur, *& ne quid in cœlestibus vacet ab opera sollicitudinis nostræ, beatos illos spiritus propter nos mittit in ministerium custodiæ nostræ, deputat, jubet nostros fieri pædagogos.* St. Bernard. serm. XII. in Psalm. *qui habitat.*

Plusieurs philosophes crurent, que les Demons étoient punis, lorsqu'ils ne remplissoient pas bien l'emploi dont ils étoient chargés, & qu'ils commettoient quelques fautes. „Empedocle, *dit Plu-* „*tarque,* prétend que les demons sont chatiés des „fautes & des offenses qu'ils font ; alors l'air les „précipite dans le fond de la mer, qui les rejette „sur la terre, la terre les renvoie dans le Ciel, „d'où le soleil les repousse dans la moïenne re- „gion. Ainsi ils sont chassés & punis par tous les „élémens, jusqu'à ce que leur faute étant expiée, „& ayant repris leur premier état, ils retournent „dans leur premiere demeure. Ἐμπεδοκλῆς δὲ καὶ δίκας φησὶ διδόναι τοὺς δαίμονας ὧν ἐξαμάρτωσι καὶ πλημμελήσωσιν,

Αἰθέριον μὲν γάρ σφε μένος πόντονδε διώκει,
Πόντος δ' ἐς χθονός οὖδας ἀπέπλυσε, γαῖα δ' ἐς αὖθις
Ἡελίυ ἀκάμαντος, ὁ δ' αἰθέρος ἔμβαλε δίναις·
Ἄλλος δ' ἐξ ἄλλου δέχεται, στυγέουσι δὲ πάντες·

ἄχρις

Ἄχρις οὗ κολασθέντες οὕτω κỳ καθαρθέντες, αὖθις τὴν κατὰ φύσιν χώραν κỳ τάξιν ἀπολάβωσι.

Empedocles genios etiam pœnas peccatorum delictorumque luere affirmat.

> *In mare namque illos adigit vis ætheris urgens*
> *Expuit in terræ pontus sola : terraque in almi*
> *Lampada propellit solis : sol ætheris illos*
> *Vorticibus celer immittit Sic ordine longo*
> *Unus post alium exosos scelerum excipit ultor.*

donec supliciis expiati ac lustrati pristinæ naturæ locoque suo restituantur. Plutar. de iside & osiride Tom. I. pag. 361.

Origene prétendoit, ainsi qu'Empedocle, que les anges étoient punis lorsqu'ils commettoient quelques fautes, comme cela étoit arrivé, & atesté par les saintes Ecritures, mais il croioit qu'après avoir été chatiés, ils reprenoient leur premier état. „Orige-„ne, *dit S. Augustin*, pense que le Diable même & „ses anges, aprés avoir longtems soufert, seront à „la fin delivrés de leurs tourmens, pour être associés „aux saints anges.“ *Misericordior profecto fuit Origenes, qui & ipsum diabolum atque angelos ejus graviora pro meritis, & diuturniora suplicia ex illis cruciatibus eruendos atque sociandos sanctos angelis credidit. Aug. de Civit. Dei Lib. XXI. Cap. XVII.*

Beaucoup de personnes suivirent anciennement le sentiment d'Origene, & il a encore aujourdhui bien des partisans, on a, pour en être persuadé, qu'à considérer ce qui se passe en Suisse, & surtout à Neufchatel. S. Augustin convient que le sentiment d'Origene a été condamné, mais il semble qu'il ne lui paroissoit pas extraordinaire „L'erreur de ceux, *dit* „*il*, qui veulent, qu'il n'y ait que les damnés dont „les suplices finissent; pour jouir ensuite d'une feli-„cité éternelle, est bien diférente de celle d'Origene. „Ce-

,, Cependant si leur opinion est bonne & vraie, par-
,, cequ'elle est indulgente, elle sera d'autant meil-
,, leure & plus vraie qu'elle sera indulgente ; que cet-
,, te source de misericorde s'étende donc jusqu'aux
,, anges reprouvés, au moins après plusieurs siecles
,, de torture. Pourquoi se repand elle sur toute la na-
,, ture humaine, & vient elle se tarir pour les an-
,, ges ? " *Quæ sententia si propterea bona & vera,
quia misericors est tanto erit melior & verior quanto misericordior fuerit, extendatur ergo ac profunda-
tur fons hujus misericordiæ usque ad damnatos angelos saltem post multa atque prolixa secula liberandos :
cur usque ad universam naturam manat humanum, &
quum ad angelicam ventum fuerit, mox arescit ?* id. ib.

Le même S. Augustin examine ensuite dans un
autre chapitre les raisons, sur les quelles se fondent
ceux, qui ne faisoient point les peines éternelles, il
raporte tous les passages de l'Ecriture qui les favori-
sent, entre autres celui-ci : *Dieu oubliera-t-il sa clemence : & sa colere arretera-t elle le cours de ses mi-
sericordes ?* ,, Si l'on objecte, *dit S. Augustin*, que
,, les menaces de Dieu sont donc fausses, puisqu'il
,, ne condamnera personne ; on explique qu'elles ne
,, sont pas plus fausses, que celles qu'il fit à Ninive
,, de la détruire, ce qui n'arriva pourtant pas quoi-
,, qu'il l'eut menacée sans condition : car le Prophe-
,, te ne dit pas : Ninive sera détruite, si elle ne se
,, corrige & ne fait penitence ; mais *encore quarante
,, jours & Ninive sera détruite.* Cette menace étoit
,, donc vraie, parceque les habitans de Ninive me-
,, ritoient ce chatiment, mais Dieu ne l'executa
,, point, parceque *sa colere n'arrêta pas le cours de
,, sa misericorde*, & qu'il se laissa fléchir à leurs lar-
,, mes. Si donc il pardonne alors, quoique cela dût
,, affliger son Prophete, combien se rendra-t-il plus
,, favo-

„ favorable, quand tous ſes Saints intercéderont pour
„ des ſuplians. Ceux qui ſoutiennent, que les peines
„ ne ſeront pas éternelles, ajoutent que l'Ecriture n'a
„ point parlé clairement de ce pardon, afin d'en ef-
„ frayer pluſieurs par la crainte des ſuplices, & les
„ obliger à ſe convertir, & afin qu'il y en ait qui
„ puiſſent prier pour ceux qui ne ſe convertiront pas.
„ Cependant ils prétendent, que l'Ecriture n'a pas
„ gardé abſolument le ſilence ſur cet article, car à
„ quoi bon diſent-ils cette parole du Pſeaume: *Sei-*
„ *gneur que la douceur, que vous avez cachée à ceux*
„ *qui vous craignent, eſt grande & abondante*, ſi non
„ pour nous faire entendre, que cette douceur de la
„ miſericorde de Dieu eſt cachée aux hommes, pour
„ les retenir dans la crainte? Ils ajoutent, que c'eſt
„ pour cela que l'Apotre a dit. *Dieu a permis que tous*
„ *tombaſſent dans l'infidélité afin de faire grace à tous*,
„ pour montrer qu'il ne damnera éternellement per-
„ ſonne. Toutefois ceux qui ſont de cette opinion
„ n'étendent pas la miſericorde de Dieu juſqu'à Satan
„ & à ſes anges. Mais ceux qui l'accordent même
„ au prince des Demons & à ſes anges, portent en-
„ core plus haut qu'eux la miſericorde de Dieu.“ *Sic*
ergo iſti volunt judicii Dei comminationem non eſſe
mendacem, quamvis ſit neminem damnaturus; quem-
admodum ejus comminationem, qua dixit everſurum
ſe eſſe Ninivem civitatem, mendacem non poſſumus di-
cere, & tamen non factum eſt, inquiunt, quod ſine ul-
la conditione prædixit. Non enim ait, Ninive everte-
tur, ſi non egerint pœnitentiam, ſeque correxerint:
ſed hoc non addito pronuntiavit futuram everſionem
illius civitatis. Quam comminationem propterea ve-
racem putant, quia hoc prædixit Deus, quod vere digni
erant pati, quamvis hoc non eſſet ipſe facturus. Nam
& ſi pœnitentibus pepercit, inquiunt, utique illos pœ-

H

niten-

nitentiam non ignorabat acturos, & tamen absolute ac definite eorum eversionem futuram esse prædixit. Hoc ergo erat, inquiunt, in veritate severitatis, qua erant digni, sed in ratione miserationis non erat, quam non continuit in ira sua, ut ab ea pæna supplicibus parceret, quam fuerat contumacibus comminatus. Si ergo tunc pepercit, aiunt, quando sanctum suum prophetam fuerat parcendo contristaturus, quanto magis tunc miserabilibus supplicantibus parcet, quando ut parcat, omnes sancti ejus orabunt? Sed hoc quod ipsi satis cordibus suspicantur, ideo putant scripturas tacuisse divinas, ut multi se corrigant, vel prolixarum, vel æternarum timore pænarum, & sint qui possint orare pro eis, qui se non correxerint, & tamen opinantur omni modo id eloquia divina tacuisse. Nam quo pertinet, inquiunt, quod scriptum est: quam magna multitudo dulcedinis tuæ, Domine, quam abscondisti metuentibus te, nisi ut intelligamus propter timorem fuisse absconditam misericordiæ divinæ tam multam secretamque dulcedinem? Addunt etiam propterea dixisse apostolum: conclusit enim Deus omnes in infidelitate, ut omnium misereatur, quo significaret, quod ab illo nemo damnabitur. Aug. de civit. Dei lib. XXI. cap. 18.

J'ai raporté ce long passage de S. Augustin pour montrer, que ce Pere parloit de la fin des peines des anges & des damnés, comme d'une opinion qui, loin d'être extraordinaire, n'étoit pas sans fondement, & trouvoit beaucoup de defensseurs. Si l'on regarde en philosophe le sentiment d'Origene, on conviendra qu'il est plus conforme à l'idée, que nous avons de la Divinité, que celui qui admet l'éternité des peines. Comment peut-on comprendre, que Dieu condamne des millions de creatures à un malheur éternel, lorsqu'il peut délivrer ces mêmes creatures après que leurs fautes auront été purgées & effacées?

facées ? Je ne crois pas qu'il y ait un Theologien, dans aucune religion, qui ofe foutenir que l'Etre tout puiffant ne puiffe effacer les fouillures d'une ame, quelques grandes qu'elles foient. S'il deffend une pareille erreur, il faut le regarder comme un homme qui n'a non feulement aucune idée de la puiffance de Dieu, mais qui n'en a pas davantage des regles de l'ordre en général. Eft-il naturel de croire, que la fouveraine bonté, qui eft maîtreffe d'impofer des peines paffageres, qui peuvent être utiles à ceux qui les fouffrent, en ordonne de cruelles & d'éternelles qui ne fervent à rien, fi ce n'eft à tourmenter des créatures infortunées ? Dieu pouvant terminer les peines des damnés, & les leur rendre utiles & profitables, pourquoi veut-on qu'il les rende éternelles & infructueufes, & que pouvant faire du bien il faffe du mal ? Admettre un pareil fentiment, c'eft foutenir & croire que la fouveraine bonté, la fouveraine juftice, fait la plus horrible injuftice, & la cruauté la plus inutile. Il faut convenir, fi l'on veut raifonner conféquemment, que nous n'avons de veritables idées de la bonté & de la clemence, qu'autant que ces idées font conformes à ce que Dieu nous montre par le moïen de la raifon, qu'il nous a accordée comme le feul flambeau, qui puiffe fervir à nous conduire dans l'obfcurité, où les préjugés & l'ignorance ne nous jettent que trop fouvent. Or la lumiere naturelle nous fait connoitre, par l'idée que nous avons de la clemence & de la bonté, qu'il eft contraire à la fageffe fuprême d'infliger des peines éternelles infructueufes, lorfqu'elle peut les rendre courtes & utiles.

Si l'on dit, que pour retenir les hommes dans la crainte, l'on a été obligé d'établir le dogme des peines éternelles, je reponds que bien loin que cette

H 2

croicroïance foit utile à la focieté, elle y eft très nuifible: car les peines éternelles étant contraires non feulement à la bonté de Dieu, mais même aux notions des hommes les plus fimples, il s'enfuit que beaucoup de gens rejettent totalement la croïance de l'enfer, parcequ'ils ne voient aucune proportion entre les fautes paffageres & les punitions éternelles. L'experience nous montre tous les jours cette verité, contre laquelle toutes les declamations des Theologiens font inutiles. Ne voit on pas un nombre infini de gens groffiers, à qui l'étude n'a point infpiré le mepris de l'enfer, qui ont cependant pour lui une indiférence outrée, qui n'eft fondée que fur l'impoffibilité qu'ils penfent qu'il y a, que Dieu puniffe éternellement une faute paffagere. Lorfqu'on veut faire impreffion fur l'efprit des hommes, il faut ne leur propofer que des chofes, qui ne repugnent point à leur raifon. Si on la heurte de front il arrive, ou qu'on ne trouve aucune croïance chez eux, ou que celle qu'on y acquiert eft fi chancelante, qu'elle ne produit aucun effet.

S. Auguftin a beau dire, pour refuter les excellentes raifons qu'il aporte contre l'éternité des peines; ,, que ceux qui les nient, font touchés de compaffion ,, pour leurs femblables, & qu'ils plaident principale- ,, ment leur caufe, parceque comme ils vivent dans ,, le défordre, ils fe flattent de cette impunité généra- ,, le, qu'ils couvrent du nom de mifericorde." *Humana quippe circa folos homines moventur mifericordia, & caufam maxime agunt fuam per generalem in genus humanum, quafi Dei miferationem impunitatem falfum fuis perditis moribus pollicentes; Aug. de Civit. Dei lib. XXI. cap. 8.* Tout ce que dit-là S. Auguftin font des injures contre les gens, qui ne croïent pas l'éternité des peines, mais ce ne font pas des raifons,

fons, & malheureufement pour ce Pere de l'Eglife il n'en aporte point d'autres dans les deux chapitres, où il examine cette queftion. D'ailleurs il n'y avoit rien de fi aifé que de prouver à S. Auguftin, qu'il y avoit beaucoup de gens qui ne croioient pas l'éternité des peines, & qui cependant avoient des mœurs très-pures. Eft-ce qu'Origene étoit un libertin, lui qui fut un Zelateur rigide de la chafteté, de la temperance, & de la charité. On voit que S. Auguftin devoit être perfuadé de cette verité, par la maniere dont il s'exprime en commençant l'examen du dogme de l'éternité des peines. ,, Il eft à propos, *dit-il*, de combat-,, tre maintenant avec douceur l'opinion de quelques ,, uns des nôtres, qui étant fort tendres pour les mi-,, ferables, ne veulent pas croire que les hommes, qui ,, feront condamnés aux flammes par l'arrêt très-,, équitable du fouverain juge, fouffrent éternelle-,, ment." *Nunc jam cum mifericordibus noftris agendum effe video, & pacifice disputandum, qui vel omnibus illis hominibus, quos juftiffimus judex dignos gehennæ fuplicio judicabit, vel quibusdam eorum nolunt credere pœnam fempiternam futuram. Aug. Civit. Dei lib. XX. Cap. 16.* Pourquoi donc injurier les gens tendres pour les miferables, après avoir annoncé qu'on vouloit les combattre avec douceur ? N'eft-ce pas les injurier que de dire, qu'ils ne foutiennent une opinion, que parcequ'elle flate le défordre dans le quel ils vivent ? avouons que la grace efficace avoit manqué dans ce moment à S. Auguftin. Ce qui me le fait croire encore plus, c'eft qu'il n'a aporté, comme je l'ai deja remarqué, aucune raifon pour foutenir fon fentiment; or je crois qu'il n'y a pas de preuve plus évidente du défaut total de la grace efficace, que de prendre dans la difpute les injures pour des raifons, & voila ce qui nous montre clairement, que jamais

les

les Ecrivains Jesuites n'ont eu cette grace efficace, qu'ils cherchent à détruire depuis si longtems.

Avant de revenir aux Demons des anciens, je dirai encore un mot sur la question dont je viens de parler. Les Theologiens conviennent, qu'il ne faut pas toujours s'en tenir au sens litteral de certaines expressions, pourquoi donc n'interprêtent-ils point ces paroles de *feu éternel*, de *tourmens sans fin*, d'une maniere qui ne détruise pas l'idée, que la raison nous donne de Dieu & de sa clemence ? il faut toujours donner un sens au texte de l'Ecriture, le plus simple & le plus naturel qu'il est possible : par quelle raison ne pas expliquer les termes hebreux qui signifient *peines sans fin*, par les mots de *peines qui dureront très-longtems*, car plusieurs personnes soutiennent que les mots hebreux ne veulent pas dire autre chose ? & dans la langue grecque, dans la latine, dans la françoise ne prenons nous pas souvent les mots *d'éternel* & de *sans fin* pour exprimer simplement l'idée d'une chose qui doit durer longtems ? ne voïons nous pas dans tous nos livres, & ne disons nous pas tous les jours, je vous aimerai *éternellement*, je deffendrai *éternellement* mon opinion, les gens raisonnables *éternellement* obsedés par les disputes des Jansenistes & des Molinistes ? dans la langue latine les mots *ex omni æternitate*, *ab infinito tempore*, *perpetuo*, *in sempiternum tempus* ne se prennent-ils pas pour exprimer un long espace de tems ? *hujus viri laudem*, dit Ciceron, *ad sempiternam memoriam temporis calamitas propagavit*, le malheur des tems a éternisé la memoire de cet homme : & Terence ne dit-il pas ? *Si perpetuam vis esse hanc afinitatem :* si vous voulez que cette alliance soit éternelle. Les grecs ont emploïé les mots ἀπαθανατίζειν éternaiser, αἴδιως éternellement, αἴδιος éternel, διηνεκὴς perpetuel, διηνεκές perpetuité, διηνεκῶς per-

perpetuellement, ἀεὶ toujours, dans le même sens que les Latins. Hesiode dit, ces gens-là étoient chargés d'un travail éternel, οἱ μὲν ἂρ αἰδιον εἶχον πόνον, *Hef. scut. hercul* & dans Plutarque, il devient immortel par la memoire de sa vertu ἀθάνατος μνήμη ἀρετῆς *Plut. in symb.* Les Grecs & les Perses apelloient ἀθανατοι *immortels* les soldats destinés à la garde du Roi de Perse. Donnons encore un exemple; *afin que la source de cette fontaine fut éternelle.* πρὸς τὸ διηνεκὲς τῆς πηγῆς. *Greg.*

Avant de finir cette digression sur l'éternité des peines, qui n'est déja que trop longue, je crois devoir dire ici qu'ayant raporté, ce que l'on peut dire sur cette question, je conviens qu'aujourdhui il n'est plus permis de s'éloigner du sentiment de S. Augustin, qui est devenu celui de l'Eglise ; après avoir raisonné en philosophe, un homme sage doit se soumettre à ce qui lui est ordonné par ceux, à qui Dieu a accordé le pouvoir de le conduite, & de decider les points de sa croiance. Ainsi en exposant les objections, qu'ont fait certains anciens, & que font encore plusieurs modernes contre l'éternité des peines, je suis très-persuadé qu'elles sont éternelles, parceque les Conciles l'ont ainsi decidé, & que c'est par ces Conciles que Dieu a revelé la verité aux chretiens. Une seule décision de l'Eglise universelle vaut mieux, pour établir la réalité d'un article de foi, que tous les raisonnemens des philosophes, qui quelque bons qu'ils paroissent, n'ont jamais assés d'évidence pour détruire ce qui est veritablement revélé.

Je reviens actuellement aux bons demons des Payens & aux anges des Chrêtiens. Plutarque dit, ,,que lorsque les demons, qui président aux Oracles, ,, & qui sont chargés de les rendre dans certains lieux, ,, viennent à les quitter, il s'ensuit necessairement

,, que les Oracles ceſſent ; mais lorſqu'ils retournent
,, dans ces lieux, après un long eſpace de tems, les
,, Oracles recommençent. Cette ceſſation & ce re-
,, tour d'Oracles reſſemblent à des inſtrumens de mu-
,, ſique, quand ceux qui en ſavent jouer les touchent."

Ἤδη γὰρ ἐπ' αὐτῷ γεγόναμεν, κὴ τετολμήσθω μετὰ
πολλοὺς εἰρῆσθαι κὴ ἡμῖν, ὅτι τοῖς περὶ τὰ μαντεῖα κὴ χρηςή-
ρια τεταγμένοις δαιμονίοις ἐκλείπυσί τε κομιδῇ συνεκλεί-
πει τὰ τοιαῦτα, κὴ φυγόντων ἢ μεταςάντων ἀποβάλλει τὴν
δύναμιν, εἴτι παρόντων αὐτῶν διὰ χρόνυ πολλοῦ, καθάπερ
ὄργανα φθέγγεται τῶν χρωμένων ἐπιςάντων κὴ παρόντων.
Jam enim eo perventum eſt, audeamusque id poſt multos alios ipſi quoque pronunciare, geniis qui oraculis ac
vaticiniis præfecti ſunt, vel deficientibus omnino,
etiam intercidere iſta, vel fugientibus, aut alio mi-
grantibus vim ſuam amittere: rurſuſque longo poſt
tempore reverſis iis, tamquam inſtrumenta ſonare
fatidica loca, eorum ob præſentiam. Plut. Oper. de
Oraculorum defectu tom. 2. pag. 418.

Les anges ceſſent ainſi quelquefois d'avoir ſoin des
lieux, qui leur ont été confiés, & de produire les effets qu'ils operoient auparavant. Ainſi l'ange, qui
deſcendoit autrefois, dans certains tems de l'année,
pour remuer l'eau de la Piſcine, conſtruite auprès
du temple, & dans laquelle (après que l'eau avoit
été troublée) le premier malade qui y deſcendoit,
obtenoit ſa gueriſon, ne retourne plus depuis longtems pour operer cette gueriſon. Les anges, qui
avant Luther & Calvin avoient des autels dans ces
egliſes, où pluſieurs miracles étoient operés par
leur interceſſion, ont ceſſé d'en faire dans ces egliſes, dès lors qu'elles ſont devenues proteſtantes.
Mais ſi elles redeviennent catholiques, les mêmes
miracles, qui y ſont arrivés autrefois, peuvent y
avoir lieu de nouveau.

Je

ᶜ Je pourrois encore trouver un nombre d'autres chofes, dans les quelles la croyance, que les payens avoient des bons demons reffembloit parfaitement à celle des chrêtiens pour les anges. Mais je me contenterai de celles que je viens de metre fous les yeux des lecteurs, & je finirai cette remarque par deux reflections. La premiere, c'eſt que S. Auguſtin n'a pas eu raiſon de dire, que les payens avoient tort d'invoquer les demons, puis qu'ils les croïoient tous mauvais. „Si Apulée, *dit ce Saint*, vouloit que l'on „crut, qu'il y a de bons demons, il auroit mis dans la „defcription qu'il en fait quelque choſe, qui donne„roit lieu de penſer qu'ils ont quelque part à la béati„tude des Dieux, ou à la fageſſe des hommes, mais „il ne leur attribue rien de ce qui fait la diférence en„tre les bons & les mauvais." *Proinde ſi (Apuleius) aliquos dæmones bonos vellet intelligi, aliquid etiam in ipſorum deſcriptione poneret, unde vel cum diis aliquam beatitudinis partem, vel cum hominibus qualemcunque ſapientiam putarentur habere communem.* Aug. de civit. Dei. Lib. IX. cap. 8. Comment S. Auguſtin a-t-il pû ſe refoudre à avancer une opinion auſſi peu fondée; & auſſi aiſée à détruire, furtout dans un tems où il y avoit encore pluſieurs écrivains payens? Il n'y a qu'à lire le traité qu'Apulée a compoſé ſur le genie ou le demon de Socrate, pour voir qu'il admettoit des demons, qui n'étoient occupés qu'à faire du bien aux hommes; tel étoit celui de Socrate, qui le conduiſoit dans toutes les actions de ſa vie. Le fentiment des philoſophes & des poetes ſe reuniſſoit ſur l'article de l'exiſtence des bons demons. Plutarque dit, „que quelques demons, après un long eſpace „de tems, aïant été entierement purifiés par leur „vertu, participoient enfin à la divinité, & ſe pla„çoient au rang des Dieux." Ἐκ δὲ δαιμόνων ὀλίγαι μὲν

ὅτι

ἔτι χρόνῳ πολλῷ δι᾽ ἀρετῆς καθαρθεῖσαι παντάπασι θειότητος μετίχειν. *E geniis quasdam paucas longo tempore virtutis ope prorsus purgatas divinæ naturæ participes reddi.* Plut. Oper. Tom. 2. de Orac. pag. 415. Voila qui est décisif contre S. Augustin. Il y a bien des accusations contre les payens, dans la Cité de Dieu, qui n'ont pas plus de fondement que celle ici. On peut voir par-là, que de tout tems les plus grands hommes ont prêté aux gens, qu'ils n'aimoient pas & contre les quels ils écrivoient, des sentimens qu'ils n'eurent jamais.

Je viens à ma seconde reflection. Après avoir parlé si longuement des bons, des mauvais anges & des demons, il est naturel de savoir où se trouvent aujourdhui toutes ces substances, qui par leur nature doivent necessairement toujours exister : quand aux anges nous savons en général leurs demeures, les uns sont dans le ciel, les autres sont sur la terre occupés du soin de ceux dont ils sont les anges gardiens. Ils les suivent assiduement dans quelque lieu qu'ils aillent, ils sont toujours présents, toujours attentifs. *In quovis diversorio*, dit S. Bernard, *in quovis angulo, angelo tuo reverentiam habe : tu ne audeas illo præsente, quod vidente me non auderes.* S. Bernard. serm. in Psalm. qui habitat. Dans le même Ouvrage St. Bernard dit, ,,qu'avons nous à craindre sous de pa-
,,reils gardiens, ils ne peuvent être ni vaincus, ni
,,seduits, ni seduire, & ils sont nos conservateurs
,,dans tous les évenemens de nôtre vie, toujours fi-
,,deles, prudens & puissants. Pourquoi craignons
,,nous donc ? suivons-les seulement & soïons leur
,,fermement attachés.`` *Quid sub tantis custodibus timemus, nec superari, nec seduci, minus autem seducere possunt, qui custodiunt nos in omnibus viis nostris: fideles sunt, prudentes sunt, potentes sunt : quid trepida-*

pidamus, tantum sequamur eos, adhæreamus eis.
Id. ibidem.

La doctrine de S. Bernard ayant été aprouvée par l'Eglise, il ne reste plus aucune difficulté sur ces anges habitans de la terre, & attachés à la personne & à la conduite des hommes. Il n'en est pas de même des demons. On nous aprend, dés nôtre enfance, que les demons sont dans les enfers au milieu des flammes : lorsque nous sommes parvenus dans l'âge de raison les Predicateurs nous tiennent le même langage : mais on nous dit ces sortes de choses fort legerement & sans preuves, car l'Ecriture est contraire à ce sentiment, elle nous aprent, en termes formels, que les mauvais anges sont dans une region d'un air épais & grossier, où ils habiteront jusqu'au jour du jugement. C'est ce que S Pierre & S. Jude nous disent. Ecoutons d'abord S. Pierre. *Car si Dieu n'a pas epargné les anges qui ont peché, mais les aiant envoié dans des chaines épaisses & obscures, les a livré pour être reservés au jugement.* Εἰ γὰρ ὁ Θεὸς ἀγγέλων ἁμαρτησάντων οὐκ ἐφείσατο, ἀλλὰ σειραῖς ζόφου ταρταρώσας, παρέδωκεν εἰς κρίσιν τηρουμένους. *Si enim Deus angelis peccantibus non pepercit, sed catenis caliginis detrudens in tartarum tradidit in judicium servatos.* St. Petri Epist. secunda cap. 2. vers. 4.

L'Apôtre S. Jude dit la même chose que S. Pierre. *Il a reservé sous une épaisse obscurité dans des liens éternels, jusqu'au jugement de la grande journée, les anges qui n'ont pas gardé leur origine, mais qui ont abandonné leur propre origine.* Ἀγγέλους τε τοὺς μὴ τηρήσαντας τὴν ἑαυτῶν ἀρχὴν ἀλλὰ ἀπολιπόντας τὸ ἴδιον οἰκητήριον, εἰς κρίσιν μεγάλης ἡμέρας, δεσμοῖς ἀιδίοις ὑπὸ ζόφον τετήρηκεν. *Angelos non servantes suum principium, sed relinquentes proprium domicilium, in iudicium magni diei, vinculis æternis sub caliginem reservavit.* Judæ Apost. epist. v. 6.

Il eſt donc certain que les Demons ne ſeront dans l'enfer qu'après le jugement dernier ; ils habitent actuellement dans un air épais & obſcur, & les plus grands theologiens en conviennent ; comment n'en conviendroient ils pas, puiſque ſur cet article les Saintes Ecritures ſont ſi claires? Il reſte à ſavoir quelle eſt cette region, qui ſoit la demeure des Demons : or l'Ecriture ne nous donnant la deſſus aucun éclairciſſement, les plus célébres Docteurs, tant anciens que modernes, ſont forts embaraſſés. Pierre Lombard, Archevêque de Paris, apellé le Maître des ſentences à cauſe de la ſageſſe de ſes déciſions, & dont l'autorité eſt du plus grand poids chez tous les theologiens catholiques, dit qu'il n'eſt pas permis aux demons d'habiter dans le ciel, parceque c'eſt un lieu clair & gracieux, ni ſur la terre afin qu'ils n'y perſecutent point trop les hommes ; mais que, ſelon ce que nous en aprend l'Apôtre S. Pierre, ils demeurent dans un air épais & obſcur, qui leur eſt donné pour demeure juſqu'au jour du jugement dernier, d'où ils ſeront enſuite envoiés dans l'enfer. *Non enim eſt eis conceſſum habitare in cœlo, quia clarus locus eſt, & amœnus : nec in terra nobiſcum, ne homines nimis infeſtarent. Sed juxta Apoſtoli Petri doctrinam, in epiſtola canonica traditam, aëre iſto caliginoſo, qui eis quaſi carcer usque ad tempus judicii deputatus eſt : tum autem detrudentur in baratrum inferni ſecundum illud : ite maledicti in ignem æternum, qui præparatus eſt diabolo & angelis ejus.* Petr. Lombardi Epiſc. Pariſ. ſentent. lib. IV. &c. Lib. 2. diſt. VI. pag. 130. Edit. Pariſ. 1548.

La plus part de mes lecteurs, qui ont toujours cru que les diables habitoient dans l'enfer, étant inſtruits à préſent du contraire, ſeront ſans doute bien aiſe de ſavoir

favoir à quoi ils s'occupent, & s'ils reftent toujours
dans leur demeure aërienne. Le Maître des fentences les inftruira lui-même & fatisfaira leur curiofité.
,, On a coutume, *dit Pierre Lombard*, de demander
,, fi tous les demons font tous dans cette region d'un
,, air épais & obfcur, ou s'il y en a deja quelques uns
,, dans l'enfer. Il eft vrai femblable que tous les jours
,, il defcend quelques demons dans les enfers, qui y
,, conduifent les ames, qui doivent y être punies, &
,, qu'ils y tourmentent les damnés, & qu'ils fe rélé-
,, vent tour à tour dans cet emploi, defcendant &
,, remontant des enfers." *Solet autem quæri utrum
omnes in ifto aëre caliginofo fint, an aliqui jam fint in
inferno : quotidie defcendant aliqui dæmonum verifi-
mile eft, quia animas illuc cruciandas deducunt : &
quod illic aliqui femper fint, alternatis forte vicibus,
non procul eft à vero, qui illic animas detinent atque
cruciant.* Id. ib. p. 131.

Cet endroit peut nous fournir d'excellentes reflections pour les égards, que nous nous devons les uns
les autres dans la focieté, & doit nous inftruire à
nous aider, à nous entre-fecourir, & à partager mutuellement nos peines & nos embaras; puifque nous
voions que les diables, tout diables qu'ils font, fou-
lagent mutuellement leurs tourments, fe relévent les
uns les autres pour defcendre dans l'enfer, & ne
fouffrent point que leurs femblables foient perpetuellement dans cette demeure. Cependant nous voions
tous les jours des hommes au milieu de l'opulence,
nageant dans la joïe & dans les plaifirs, n'avoir aucun égard aux maux de leurs concitoiens. Quel eft
le fermier général qui diminue un plat de fa table,
pour fecourir tant de pauvres malheureux accablés
fous les impots, & fous la mifere attachée à leur état?
quel eft le Général, qui enrichi par les contribu-
tions,

tions, & les prefens que la guerre lui raporte, penfe à fecourir un foldat eftropié, & quelque fois mendiant fon pain dans les rues ? quel eft le Confeiller de grand Chambre, qui s'enrichiffant des maux caufés par la chicane, aide un plaideur indigent, & raporte fon affaire fans interêt, uniquement pour aider un malheureux ? Aucun de ces gens fonge-t-il à pratiquer, je ne dis pas des vertus divines & humaines, mais des vertus diaboliques ? Ces dernieres font-elles donc encore trop feveres pour les courtifans, pour les financiers, & pour les magiftrats.

Je termine ici ces reproches pour venir à un article, qui fans doute intéreffe la tranquilité de l'efprit de mes lecteurs ; après leur avoir montré tous les demons, habitant hors de l'enfer, je crains qu'ils ne fe figurent, voiant tant de maux qui arrivent dans le monde, que le genre humain eft en proïe à la malice des demons, & que les demons font les maîtres de la terre. Je dois donc les affurer, que le pouvoir des diables n'eft point auffi grand qu'ils pourroient le croire, & que les demons ont des ennemis qui les detruifent tous les jours. Pour favoir comment cela fe fait, écoutons parler un grand Theologien. ,, La puiffance de tenter les hommes, *dit Pierre* ,, *Lombard*, eft enlévée aux demons par les gens qui ,, vivent juftement & chaftement, enforte que, ,, comme l'a remarqué Origene, tous les demons ,, qui aiant voulu tenter des juftes en ont été vaincus, ne peuvent plus tenter d'autres perfonnes. ,, Mais il faut reftraindre cela, au crime qu'un demon voudroit faire commettre à un homme vertueux : par exemple un diable qui veut induire un ,, Saint perfonnage au péché d'orgueil & de vanité, ,, & qui a été vaincu par lui, ne peut plus tenter qui ,, que ce foit fur l'orgueil & la vanité. On voit donc ,, qu'il

„ qu'il faut que chaque jour le nombre des ennemis
„ du falut des hommes diminue." *Vincentes minuunt
exercitum dæmonum.* Ecoutons parler Lombard
plus amplement. *Aliis quoque, qui a fanctis jufte
& pudice viventibus vincuntur, poteftas alios ten-
tandi videtur adimi. Unde Origenes, puto, inquit,
fane quia fancti repugnantes adverfus iftos tentato-
res, & vincentes minuant exercitum dæmonum, &
velut quam plurimum eorum interimant : nec ultra fas
fit illi fpiritui, qui ab aliquo fancto cafte & pudice
vivendo victus eft, impugnare iterum alium hominem, hoc autem putant quidam intelligendum tantum de illo vitio quo fuperatus eft : ut de fuperbia
aliquem virum fanctum tentat & vincitur, ulte-
rius non liceat in illum vel alium de fuperbia tentare.*
id. ib. p. 131.

Il refte encore une difficulté, c'eft que les gens,
qui connoiffent les hommes, & qui fe font fait une
étude du cœur humain, trouveront que ce fecours
eft bien foible contre tous les Diables, qu'ils croioient auparavant prifonniers dans l'enfer: Voions,
diront-ils, choififfons mille perfonnes parmi ceux
qu'on confidérera, par leur état, comme devant
vivre *jufte & cafte.* Nous verrons que dans ce
nombre il ne s'en trouvera peut-être pas dix, qui
aïent jamais vaincu un demon. Prenons d'abord
pour le pêché d'orgueil cent Jefuites: qui peut fe figurer qu'aucun de ces Reverends Peres eut jamais
remporté pour la vanité le moindre avantage fur le
Diable? Actuellement choififfons cent Janfeniftes
pour ce qui regarde la charité, la douceur, & l'amour
de la paix, & ne faudroit-il pas fe faire la plus forte
illufion, pour fe perfuader, que des gens auffi hai-
neux aient jamais evité les pièges du demon, furtout
ce qui peut flater leur aigreur, & favorifer leur efprit

de

de parti ? Venons au peché de la gourmandise & plaçons trois-cent Bernardins, vivant dans l'opulence comme des financiers, & n'attendant pas même que le Diable les tente pour faire leurs délices de la bonne chere ; enfin, augmentons le nombre jusqu'à cinq cent personnes prises parmi des Cordeliers & des Carmes qui doivent vaincre les Diables, qui conseillent le péché de la chair ; qui est assés imbecile pour croire que parmi ces cinq cens combattans, enrollés dans la milice chrêtienne, un seul ait jamais triomphé du moindre Soldat de Belzebut ?

Je reponds à cette objection ; que si le nombre des soldats du Diable n'a pas diminué dans ces tems, il l'a été excessivement dans les siècles passés, où les Eveques vivant exemplairement n'étoient point des piliers de la Cour & des ruëlles, où les Ecclésiastiques étoient plus occupés de l'étude des sciences divines que des écrits ennuyeux du Jansenisme & du Molinisme ; & où les Religieux & les Moines vivant dans des retraites champêtres, comme des solitaires attachés a la méditation des choses célestes, n'avoient point quitté ces retraites pour venir inonder les Villes, en prendre les mauvaises mœurs, & les surpasser même s'il est possible. Voila le vrai tems où l'armée des Demons a été considerablement diminuée, & où il se trouvoit beaucoup de gens *qui minuebant exercitum dæmonum :* si nous n'avions pas eu de plus grand secours dans les anciens *justes & chastes* que dans les modernes, où en serions-nous aujourdhui ? mais la providence avoit prevu de tout tems cet inconvenient, & au secours que nous avons reçu des premiers chrêtiens, elle avoit encore ajouté celui de l'ange gardien qu'elle a donné à chaque particulier pour être son defenseur contre les demons ; ensorte que nous sommes tou-

toujours affuré, fi nous voulons bien vivre, de me-
riter la protection de nôtre gouverneur, & de trouver en lui un fecours contre les attaques du Diable,
ce qui ne nous eft jamais refufé. ,, Toutes les fois,
,, dit S. Bernard, que nous fentons une forte tenta-
,, tation, ou qu'une grande tribulation nous ména-
,, ce, invoquons nôtre gardien, nôtre aide, foit dans
,, le bonheur foit dans le malheur.'' *Quoties gravifi-
ma cernitur urgere tentatio, & tribulatio vehemens
imminifcere, invoca cuftodem tuum, doctorem tuum, ad-
jutorem tuum in oportunitatibus, in tribulatione.* S.
Bernard. *Sermon. XII. in Pfalm. qui habitat.*

Voila furement qui doit bien être capable de ras-
furer tous les catholiques, contre la crainte de la liberté que peuvent avoir les demons, hors des enfers, jufqu'au jugement dernier. Je conviens que
cette raifon ne paroîtra pas bien fatisfaifante aux proteftans, mais c'eft leur faute, pourquoi font-ils heretiques. Qu'ils ceffent de l'être, & ils craindront beaucoup moins les demons. Je leur annonce ici avec
S. Macaire, ce qui leur arrivera à l'heure de la mort.
C'eft dans ce tems, où ils fe repentiront inutilement d'avoir cru le culte des anges criminel, &
d'avoir voulu dans leurs prieres s'adreffer toujours
directement à Dieu, malgré le culte & l'interceffion
des faints & des anges, fi fagement & fi invinciblement établi par l'Eglife Romaine; qu'ils aprennent
donc le fort qui les attend, & qu'ils fâchent ce qui
leur arrivera lorfqu'ils expireront. ,, Quand l'ame,
,, *dit S. Macaire*, fort du corps, il s'éfectue alors un
,, grand miftere. Si elle eft coupable de quelque pê-
,, ché, une troupe de demons, de mauvais anges, de
,, puiffances des ténébres s'en faififfent & la foumet-
,, tent à leur domination. Perfonne ne doit s'étonner
,, de cela; car fi lorfqu'un homme vivoit fon ame a
I   ,, été

φθορὰ τῆς περὶ τὴν γῆν διακοσμήσεως, οὐ- *minent, nous repondrons à cela que 7 ces changemens font parti-* τε

„ été foumife aux demons, & a été leur efclave,
„ combien à plus forte raifon, quand elle fort de ce
„ monde, doit elle être fous leur direction. Au con-
„ traire, fi l'ame n'eft fouillée d'aucun crime, les an-
„ ges, les efprits faints l'entourent, la gardent, & une
„ foule d'intelligences angeliques la conduifent à
„ Dieu pour l'éternité des fiècles.“ *Quando egreditur e corpore anima hominis, quoddam magnum illic perficitur. Si enim fuerit rea peccati, chori dæmonum, & angeli finiftri, ac poteftates tenebrarum, abripiunt animam illam, atque fubjugatam in fuas partes pertrahunt : nec debet quis propterea velut re quapiam infolita in admirationem duci. Si enim, dum viveret homo, & in hoc feculo degeret, illis fubjectus fuit & obtemperavit, ac fervus illorum factus eft, quanto magis cum egreditur ex mundo, detinetur ac fubjugatur ab ipfis ? Ex parte autem, quæ melioris eft conditionis, potes cognofcere, rem ita fefe habere. Sanctis fiquidem fervis Dei ab hoc tempore adftant angeli, ac fpiritus fancti circumdant, easque cuftodiunt. Cumque exierint e corpore, chori angelorum affumptas eorum animas in fuam partem pertrahunt, in feculum perpetuum, & fic adducunt eos ad Dominum. S. Macarii homiliæ, homil. XXII. pag. 33.*

Combien ne m'eftimerai-je pas heureux, fi les reflections, que je viens de faire ici, fortifiées par l'autorité d'un ancien Pere de l'Eglife, pouvoient convertir, & ramener à la verité quelques uns de mes amis proteftans qui s'en font éloignés : Je croirois jouir du même contentement, qu'aura un de nos

plus

culiers, & qu'ils n'arrivent jamais, [8] ni n'arriveront à toute la terre. τε γέγονεν, οὔτε ἔσαι ποτέ.

I 2   §. 5

plus grands poetes, lorsqu'il mettra aux pieds du S. Peres ces Genevois, à la converſion des quels il travaille, & qu'il doit conduire à Rome dans deux ans, comme il nous l'aprend lui-même dans une Lettre ecrite à Mr.... à Boulogne, & publiée dans pluſieurs Journaux. Que diront alors ſes ennemis, qui lui reprochent depuis ſi longtems avec tant d'aigreur, ſa liberté de penſer: quoique ſes écrits ſoient remplis d'endroits également ſublimes & édifiants, comme on peut le voir dans cette même lettre? C'eſt une manie bien affreuſe, que celle des devots outrés & des hipocrites, ils n'ont jamais attaqué de grands hommes, qu'ils ne leur ayent fait le reproche de n'avoir point de religion; ils ont jugé que ce moyen étoit le plus court, & le plus ſur pour nuire à des gens, dont la gloire les offuſquoit. C'eſt ainſi que pour tâcher d'acquerir quelque célébrité, une eſpece de Cuiſtre litteraire, qui s'eſt chargé de deffendre la religion pour quinze ſols par ſemaine, vomit tous les mois, dans une feuille periodique, les injures les plus groſſieres contre les gens les plus eſtimables, tels que Mrs. de Saintefois, de Monteſquiou &c. cet Écrivain deshonoreroit par ſon ignorance la cauſe qu'il deffend, s'il étoit poſſible que quelque choſe d'auſſi reſpectable put l'être.

7 Nous repondrons à cela que ces changemens ſont particuliers. J'ai ajouté cette phraſe pour mieux lier le ſens.

8 Παντελὴς δὲ φθορὰ τῆς περὶ τὴν γῆν διακοσμήσεως, οὔτε γέγονεν, οὔτε ἔσαι ποτέ. *Ces changemens n'arriveront ja*

§. 5. Διὸ καὶ τοῖς   §. 5. Quant à ceux, λέγουσι τὴν τῆς Ἑλ- qui disent que l'His- ληνικῆς ἱσορίας ἀρχὴν toire grecque com-
ἀπὸ

jamais, ni n'arriveront à toute la terre. Mot à mot *mais la destruction entiere de l'arrangement autour de la terre n'est pas faite, ni elle ne se fera jamais.*

Il est certain que nous voions, pour ainsi dire, renouveller la terre dans l'Histoire, par les diférents changemens, qu'elle nous aprend être arrivés sur la planete que nous habitons; mais ces changemens, qui arrivent successivement, ne portent aucun dommage à la terre, qui en général reste toujours ce qu'elle a été, selon Ocellus, de toute éternité Si la mer gagne d'un côté, elle perd de l'autre, & laisse à decouvert à peu près autant de terre, qu'elle en inonde d'un autre. L'on a vu par des tremblemens de terre des précipices s'ouvrir, des montagnes s'élever, & par de semblables tremblemens plusieurs hauteurs ont été aplanies, & plusieurs ouvertures ont été comblées. De notre tems l'Isle de Santorin s'est élevée dans l'Archipel au milieu d'un bouillonnement épouvantable des eaux de la mer, ensuite ces eaux s'étant calmées, la nouvelle Isle est devenue stable, & elle est habitée aujourdhui : on peut lire l'histoire de la naissance de cette Isle, c'est un petit ouvrage très-curieux & très-judicieusement fait. Ovide décrit élégamment la succession des diférents changements, qui arrivent sur la terre sans qu'elle en soit endommagée. „J'ai vu, *dit-il*, des campagnes chan-
„gées en mer, & des mers changées en campagnes;
„il y a des endroits éloignés de la mer, où il reste
„des coquilles, & l'on a trouvé sur des montagnes
„de vielles ancres de vaisseaux. Les ravines d'eaux
„font

mence à Inachus Ar- ἀπὸ Ἰνάχου εἶναι τοῦ
gien, [9] on doit regar- Ἀργείου, προσεκτέον
der cela non comme οὕτως, οὐχ ὡς ἀπό
            I 3   τινος

,, font des vallons au milieu des plaines, & il y a eu
,, des montagnes transportées dans la mer par des tor-
,, rens impetueux. On voit du sablon tout sec en des
,, endroits qui ont été marécageux, & il y a main-
,, tenant des marais qui se font formés dans des sa-
,, blonieres. La nature produit dans quelques endroits
,, des fontaines nouvelles, & dans d'autres elle tarit
,, des sources. Plusieurs fleuves ont pris naissance,
,, & font sortis des ruines des villes renversées par
,, des tremblemens de terre, & plusieurs s'y font
,, desséches. C'est ainsi que le Lyque, Fleuve d'A-
,, sie, s'abîme dans un énorme gouffre, & après un
,, long cours fort ensuite de terre.

Vidi ego, quod fuerat quondam solidissima tellus,
Esse fretum, vidi factas ex æquore terras :
Et procul a pelago conchæ jacuere marinæ :
Et vetus inventa est in montibus ancora summis.
Quodque fuit campus, vallem decursus aquarum
Fecit : & eluvie mons est deductus in æquor :
Eque paludosa siccis humus aret arenis :
Quæque sitim tulerant, stagnata paludibus hument.
Hic fontes Natura novas emisit, & illic
Clausit : & antiquis tum multa tremoribus orbis
Flumina prosiliunt ; aut exsiccata residunt.
Sic ubi terreno Lycus est epotus hiatu,
Exsistit procul hinc, alioque renascitur ore.
          O vid. metamorph. lib. XV.

9 Διο και τοις λεγουσι την της ελληνικης ιϛοριας αρχην
απο Ιναχυ ειναι του Αργειου. *Quand à ceux qui disent*
que l histoire grecque commence à Inachus Argien &c.
                                 Les

τινος ἀρχῆς πρώτης, un premier commen-
ἀλλὰ τῆς γενομένης cement, mais comme
μετα-

Les philosophes, qui ont cru que le monde avoit eu un commencement, & que ce commencement n'é-toit pas éloigné, ont apuié leur sentiment du peu de connoissance, qu'on a de ce qui s'est passé il y a un certain nombre de siecles: en effet si nous portons aujourdhui nôtre vue à plus de trois mille ans, nous n'avons plus aucun point fixe où nous puissions atta-cher notre croiance, & si nous allons jusqu'à quatre mille ans, nous entrons dans d'épaisses tenebres, où nous ne decouvrons plus rien. „ Si la terre & le ciel, „ *dit Lucrece*, ne sont pas une suite de la génération,& „ si la nature est immortelle, d'où vient que la guerre „ de Thebes, & la ruine de Troye sont les premiers „ exploits que les poetes ont chantés? pourquoi tant „ de belles actions, qui ont du préceder ces expédi-„ tions sanglantes, n'ont elles pas fait le sujet heroique „ de leurs poemes? c'est que la naissance de l'univers „ n'est point éloignée & qu'elle est peu ancienne. „ Pourquoi y a-t-il tous les jours des arts qui se perfe-„ ctionnent, & qui s'augmentent par les recher-„ ches qu'on fait, & par les soins qu'on se donne: on a „ perfectionné la navigation, la musique excelle par „ des tons nouvellement inventés. Enfin l'on a pene-„ tré la nature, ses misteres ne sont plus câchés."

Præterea, si nulla fuit genitalis origo
Terrai, & cœli; semperque æterna fuere:
Cur supera bellum Thebanum & funera Trojæ
Non alias alii quoque res cecinere poëtæ?
Quo tot facta virum toties cecidere? nec usquam
Æternis famæ monumentis insita florent?
Verum, ut opinor, habet novitatem summa; recens-
que
Na-

un changement arrivé μεταβολῆς κατ' αὐτήν.
dans la Grece , qui πολλάκις γὰρ ἠ γέ-
I 4 γονε

Natura'st mundi , neque pridem exordia cepit.
Quare etiam quædam nunc artes expoliuntur ;
Nunc etiam augefcunt ; nunc addita navigiis funt
Multa : modo organici melicos peperere fonores
Denique natura hæc rerum , ratioque reperta'st.
Lucret. de Rer. nat. Lib. V. ỳ. 325.

J'examinerai ici en detail toutes les raifons, qu'a-
porte Lucrece, pour prouver le commencement
de la génération de l'univers, elles me fourniront
matiere à quelques reflections : je repondrai donc
article par article.

I°. *D'où vient la guerre de Thebes , & la ruine de
Troye font ils les premiers exploits , que les poetes ont
chantés ?* Je dis à cela, qu'il y a eu fans doute d'autres Ecrivains avant Homere, mais dont les ouvrages fe font perdus ; fi dans deux-mille ans, (ou fans
doute tous les mauvais poemes épiques, qu'on a fait
avant ce fiecle, feront dans la nuit éternelle,) on difoit que la Henriade de Mr. de Voltaire, l'Homere
françois, eft le premier ouvrage où l'on ait chanté en
France la gloire d'un Souverain, dans quelle erreur
ne feroit on pas ? Il n'eft pas douteux qu'avant Aga-
memnon il n'y aient eu beaucoup de grands hommes ; mais leur memoire eft dans l'oubli, parcequ'ils n'ont point eu de poetes qui aient célébré
leurs actions, ou s'ils en ont eu, ces ouvrages ont
peri comme ceux de tant de nos auteurs, qui ayant
à peine été faits depuis cent ans, font auffi incon-
nus que s'ils n'avoient jamais exifté.

Vixere fortes ante Agamemnona
Multi , fed omnes illacrymabiles

Urgen-

Urgentur ignotique longa
Nocte, carent quia vate sacro. Horat. l. 4. od. 9.

A ces premieres raisons ajoutons en une encore un peu plus forte, c'est que quand même il auroit pû y avoir beaucoup de poetes aussi bons qu'Homere, il faut necessairement que, dans la durée des tems, leurs ouvrages se perdent, comme ceux d'Homere se perdront à la fin dans le cours immense des siecles. Combien dans l'espace de dix-sept siecles le tems ne nous a-t-il pas ravi d'excellents ouvrages? Les harangues d'Hortensius; plusieurs livres de Ciceron; entre autres, presque tout le troisieme de la Nature des Dieux; l'histoire entiere de Saluste si estimée, dont il ne nous reste plus que deux morceaux; une bonne partie de celle de Tite Live; les trois quarts de celle de Diodore de Sicile; les deux tiers de celle de Dion Casse. Enfin tant d'autres livres, faits par les plus beaux genies de la Grece & de Rome, que nous avons perdus entierement, ou dont nous n'avons plus que des fragments. Si Constantinople eut été détruite & saccagée dans le cinquieme siecle, ainsi que Rome le fut deux ou trois fois par les Barbares, & si l'Empire d'Orient eut essuié alors le même sort que celui d'Occident, nous n'aurions peut être pas un seul auteur grec & latin du bon tems d'Athenes & de Rome, il ne nous resteroit que quelques theologiens; encore combien n'avons nous pas perdu d'ouvrages d'Origene, de Tertulien & de tant d'autres?

Nos meilleurs ecrivains qui, malgré leur merite & leur genie, ne peuvent se garantir des effets d'une vanité, qui leur cause souvent bien du chagrin, devroient penser serieusement au peu de fond, qu'on doit faire sur cette reputation, & sur cette immortalité, après laquelle ils courent avec tant de viva-
cité,

cité, pour ne pas dire de fureur; ils changeroient alors sans doute de conduite. Qu'ils profitent de l'avis, que leur a donné un philosophe, qui avoit lui-même fait tous ses efforts pour obtenir cette immortalité, & qui dans la suite en connut la frivolité. ,,Je supose, *dit Cardan*, que vous écriviés, ,,& que vous tassiés des ouvrages dignes d'être lûs, ,,qui peut vous assurer que chaque jour ils ne ,,perdront point de leur prix, que le tems ne les ,,detruira pas, ou ne les rendra pas méprisables, ,,le goût des hommes étant si sujet aux change- ,,mens? Mais établissons qu'ils auront une certai- ,,ne durée, de combien d'années sera-t-elle? de ,,cent ans? de mille? de dix mille? où est l'ou- ,,vrage qui ait surmonté autant de siecles, quel exem- ,,ple en peut-on citer? Mais enfin puisque tout doit ,,finir, il importe peu qu'une chose dure six jours, ,,ou dix millions d'années; ces deux objets de tems, ,,qui paroissent si diférents, sont égaux lorsqu'on les ,,compare à l'éternité, dans la quelle ce qui n'aura ,,duré, eu égard à elle, qu'un instant sera plongé dans ,,un oubli éternel." *Scribis, inquam, quo modo legenda, & de qua re præclara, & adeo tibi nota ut desiderare legentes possint? quo stilo, qua sermonis elegantia, ut legere sustineant? sit ut legant, nonne ævo præterlabente, in singulos dies fiet auctio, ut prius scripta contemnantur, nedum negligantur? at durabunt aliquot annis: quot? centum? mille? osten- de exemplum vel unum inter tot millia; atque om- nino cum desitura sint, etiam si per reditum mundus renovaretur ... non minus quam si ut initium ha- buit, & finem accepturus est; nihil interest an post decimam diem, an decem millia myriadum annorum, nihil utrumque, & ex æquo ad æternitatis spatium.* Cardan. de vit. propria, c 9. p. 39.

I 5

II°.

γονε ἢ ἔςαι βάρβα- souvent a été barbare,
ρος ἡ Ἑλλὰς, οὐχ ὑπ' [10] & qui la sera sou-
ἀν-

II°. *Pourquoi y a-t il tous les jours des arts qui se perfectionnent, & qui s'augmentent par les recherches &c.* Les mêmes arts qui se perfectionnent aujourd'hui, par les soins de ceux qui les cultivent, avoient été poussés autre fois à une perfection encore plus grande, que celle où ils sont aujourd'hui : les Grecs n'avoient-ils pas porté l'architecture, la peinture, & surtout la sculpture au degré le plus éminent ? La barbarie des Gots & des autres Barbares introduisit un mauvais goût, qui fit totalement oublier le bon. Enfin après douze cens ans, l'architecture, la peinture, & la sculpture sont sorties de l'état déplorable où elles avoient été. Cette circulation dans les arts du bon au mauvais, & du mauvais au bon, a toujours duré & durera toujours.

N'avons-nous pas vu perdre, pour ainsi dire de nôtre tems, bien des arts qui refleuriront peut être dans trois mille ans. La peinture sur le verre est negligée à un point qu'on peut la regarder comme oubliée. L'art de faire ce mastic, qui lioit la pierre, & qui prennoit avec elle une dureté plus forte que celle du marbre, nous est inconnu. Je ne parlerai pas ici de ces galeres, ou vaisseaux à trois rangs de rames, dont nous avons même peine à concevoir l'idée, & qui fait depuis si longtems & si inutilement le sujet des speculations des Antiquaires, & des Constructeurs de nos vaisseaux modernes. Toutes ces connoissances perdues reviendront dans la suite des tems, & celles que nous avons aujourdhui se perdront, & auront ensuite leur retour.

III°. *Enfin l'on a pénétré la nature, ses misteres ne*
sont

vent encore. Ses ha-
bitans ont changé non

ἀνθρώπων μόνον γινο-
μένη μετανάςαλος, ἀλ-
λὰ

font plus cachés : rien ne prouve plus la vanité de l'efprit humain, que ce difcours de Lucrece, qui croioit de fon tems connoître les mifteres de la nature : heureufement pour lui la vanité des philofophes, qui l'avoient precédé, & celle de ceux qui
l'ont fuivi, font excufer la fienne. Democrite, Epicure crurent connoître les mifteres de la nature.
Platon, Ariftote, Zenon rejetterent les fentimens
de ces premiers, & prétendirent avoir découvert ce
que les autres n'avoient pas vu. Aux philofophes
payens fuccederent les chretiens, qui ne furent pas
plus d'accord entre eux ; dans ces derniers tems les
Cartefiens ont affuré avoir *pris la nature fur le fait*,
pour me fervir des expreffions d'un de leurs grands
partifans (Mr. de Fontenelle). Neuton s'eft mo-
qué de cette prétendue furprife, & il a expliqué
les mifteres câchés de la nature d'une maniere entierement opofée à celle de Defcartes. Les verités, les erreurs, les doutes, les conjectures fe fuc-
cedent les uns aux autres. Et l'on apelle une découverte ce qui dans l'infinité des fiecles a été connu, & ignoré une infinité de fois.

¹⁰ Πολλακις γαρ και γιγονε και εςαι βαρβαρος η
αλλας *Souvent la Grece a été barbare & elle le fera
fouvent encore.* Voila une prophetie dont nous
voions de nos jours l'accompliffement, & il y en
a très-peu dont on puiffe prouver auffi facilement
la réalité. Mais chacun peut la faire hardiment
de fa patrie, dans quelque pais qu'il foit, fans
craindre d'être regardé comme un menteur. Combien de fois dans deux-mille ans l'Italie n'a-t-elle

pas

λὰ ἢ ὑπ αὐτῆς τῆς Φύσεως ου μείζονος οὐδὲ μείονος αὐτῆς γινομένης, ἀλλὰ ἢ νεοτέρας ἀεὶ, καὶ πρὸς ἡμᾶς ἀρχὴν λαμβανούσης. Περὶ μὲν τοῦ ὅλου καὶ παντὸς, ἔτι δὲ καὶ γενέσεως καὶ φθορᾶς τῆς ἐν ἑαυτῷ γινομένης, ὡς οὕτως ἔχει, καὶ ἕξει τὸν ἅπαντα αἰῶνα, τῆς μὲν

seulement par des revolutions humaines, mais par les effets de la nature, qui à la verité n'eſt jamais ni plus puiſſante ni plus foible, mais qui eſt toujours plus nouvelle, & prend un commencement par raport à nous. Je crois avoir aſſez parlé de la nature du monde, de la génération, & de la deſtruction qui arrivent dans lui. Il me ſuffit d'avoir *établi* invinciblement; que tout ce qui eſt, ſera de toute

pas été barbare, & civiliſée par les arts & les ſciences. Sous ſes Rois, & ſous ſes premiers Conſuls Rome fut ſauvage & groſſiere; après qu'elle eut conquis la Grece elle en prit les mœurs & l'eſprit; ſous la puiſſance des Gots & des autres Barbares, elle retomba dans la barbarie; après la priſe de Conſtantinople, par le ſecours des Medicis, elle reprit ſon ancienne gloire: elle la perdra de nouveau un jour, & la recouvrera comme elle l'a fait dans les tems paſſés.

éternité ; la nature étant
toujours *d'un côté* ac-
tive & en mouvement,
& toujours *d'un autre
côté* paſſive & *en repos* ;
& encore toujours *gou-
vernante* d'un côté, &
toujours *gouvernée* d'un
autre côté.

μὲν ἀεικινήτου Φύσεως
οὔσης, τῆς δὲ ἀειπα-
θοῦς, καὶ (τῆς) μὲν
ἀεὶ κυβερνώσης, τῆς δὲ
κυβερνωμένης, ἱκανῶς
μοι εἴρηται διὰ τού-
των.

Chapitre IV.

§. I.

Je penſe qu'il eſt à
propos de dire [1] quel-
que choſe touchant les
générations des hom-
mes, & de montrer
comment, & par quelle

Κεφάλαιον δ'.

§. I.

Περὶ δὲ τῆς ἐξ ἀλ-
λήλων ἀνθρώπων
γενέσεως, ὅπως τέ κ ἐκ
τίνων ἔςαι, κατὰ τρό-
πον ἐπιτελούμενα, νό-
μῳ

---

[1] Περι δε της ιξ αλληλων ανθρωπων γενεσεως, οπως τε και εκ τινων εςαι κατα τροπον επιτελουμενα, νομω τε και σωφροσυνης και οσιοτητος επισυνεργουσης, ταδι καλως εχειν οιομαι. *Je penſe qu'il eſt à propos de dire quelque choſe touchant les générations des hom- mes, & de montrer comment, & par quelles loix elles doivent être achevées :* Ocellus va nous dire ſur ce ſujet les choſes les plus importantes, & nous le verrons toujours parler dans ce chapitre en philo- ſophe digne d'être un grand Legislateur.

μῷ τε ϰ̀ σωφροσύ- lui elles doivent être
νης ϰ̀ ὁσιότητος ἔπι· achevées; la modestie
& la pieté devant beau-
σνερ-

² Πρωτον μεν τουτο διαλαβειν, οτι ουχ ηδονης ηνεκα προσιεμεν, αλλα τικνων γενεσεως. *Il faut d'abord convenir, que nous ne devons pas nous aprocher des femmes, pour le seul plaisir* &c. Voici la construction μεν πρωτον διαλαβειν τουτο οτι προσιεμεν ουχ ηδονης αλλα γενεσεως τικνων mot à mot *& d'abord il faut convenir, que nous ne nous aprochons pas des femmes à cause du plaisir, mais de la génération des enfans.*

Ocellus avoit donc dit, plus de huit siecles avant les S. Augustins, les S. Ambroises; & tant d'autres Peres de l'Eglise, cette verité importante au bien des États, & des familles particulieres; que le seul plaisir n'est pas ce qui doit conduire les hommes à jouir des douceurs de l'amour, mais qu'en bons citoiens, ils doivent songer à donner des sujets à leur Prince, & des concitoiens à leurs compatriotes, qui augmentent le nombre des gens vertueux, qui sont utiles à la Republique.

Lorsqu'Ocellus dit, que ce n'est pas pour le seul plaisir, mais pour la génération des enfans, qu'on doit s'aprocher des femmes, il se garde de bien prétendre comme l'ont fait plusieurs Peres de l'Eglise, qui ont poussé les choses à l'extrème, que ce plaisir soit criminel en lui même. Il savoit, qu'il ne peut y avoir rien de criminel dans les principes mechaniques, que la nature a établis dans le corps humain. Il vouloit seulement dire que le plaisir, qu'on goûtoit avec les femmes, ne devoit pas être nôtre principal but. C'est ce que nous verrons dans la suite de cet ouvrage. Au contraire les Peres de l'Eglise,

par

coup y contribuer; [a] il συνεργούσης, τάδε κα-
faut d'abord convenir, λῶς ἔχειν οἴομαι· πρῶ-
que nous ne devons pas

τον

par un sentiment aussi faux qu'extraordinaire, ont
voulu que ce plaisir par lui même fut un crime, qui
ne devint pardonnable que par la dignité du mariage. S. Augustin est précis sur cet article, car il dit:
,, l'accouplement conjugal, fait par la volonté à la
,, génération, n'est point un pêché, mais c'en est
,, un, s'il est fait par la concupiscence; cependant
,, ce pêché n'est que veniel à cause du mariage.''
*Conjugalis concubitus generandi gratia non habet cul-
pam : concupiscentiæ vero fatiendæ : fed tamen cum
conjuge, propter fidem tori, venialem habet culpam,*
Aug. lib. de bono conjugal. Cap. VI.

L'opinion, que le plaisir dans l'acte de la génération n'étoit jamais exempt de faute, a fait examiner
aux anciens Thologiens, si Adam auroit connu Eve
dans le Paradis terreftre s'il n'eut jamais pêché. S.
Jerome dit, que cela est fort incertain, *quod fi obje-
ceris, antequam peccaret fexum viri & fœminæ fuiffe
divifum, & absque peccato eos potuiffe conjungi: quid
futurum fuerit incertum eft. Hieron. contra Jovian.
Tom. II. lib. I. p.* 37. S. Augustin n'a point été dans
le doute ainfi que S. Jerome, il a examiné, comment
eft ce que, le plaifir dans l'acte venerien étant toujours vicieux, Adam & Eve auroient pu *fe joindre*
enfemble fans reffentir la moindre atteinte de ce plaifir. La queftion eft delicate & difficile à expliquer;
voions comment la refout S. Augustin. ,, Les hom-
,, mes, *dit-il*, qui ne favent pas, qu'elle étoit la fell-
,, cité du Paradis, s'imaginent qu'on n'y auroit pû
,, engendrer des enfans que par le moyen de cette
,, con-

τον μὲν τοῦτο διαλα- nous aprocher des fem-
βεῖν, ὅτι οὐχ ἡδονῆς mes　pour le plaisir,.
　　　　　　　　　　　ἕνεκα

„concupifcence, dont nous voions que le mariage
„même, tout honorable qu’il eft, ne laiffe pas de
„rougir..... mais Dieu nous garde de croire, que
„ces mariés qui étoient dans le Paradis, euffent ac-
„complis par cette concupifcence, dont la honte
„les obligeoit à couvrir leur nudité, ce que Dieu
„leur avoit dit en les beniffant : *croiffés & multipliés*
„*& rempliffés la terre.* Car cette concupifcence eft
„née dans le pêché..... l’homme donc eut repan-
„du la femence, & la femme auroit reçu les parties
„génitales, autant que le befoin l’auroit exigé & les
„parties de la génération euffent été mues par la vo-
„lonté, mais non point par la concupifcence ; car
„nous ne remuons pas feulement à nôtre gré les
„membres, où il y a des os & des jointures comme
„les pieds, les mains & les doigts, mais auffi ceux
„où il n’y a que des chairs & des nerfs, & nous les
„étendons, les plions, les accourciffons ainfi qu’il
„nous plait, comme cela fe voit dans la bouche &
„dans le vifage.... je laiffe à part que certains ani-
„maux font mouvoir leur peau quand ils veulent.
„Il eft vrai, que les hommes n’ont pas cette forte
„de mouvement, mais niera-t-on que Dieu n’ait
„pû la leur donner ? Ne fe pouvoit-il donc pas faire
„que la partie, qui ne fe meut maintenant dans le
„corps que par la concupifcence, ne fe fut mue
„que par la volonté.“ *Sed nunc homines profecto il-*
lius, quæ fuit in paradifo, felicitatis ignari, nifi per
hoc quod experti funt, id eft per libidinem, de quâ
videmus ipfam etiam honeftatem erubefcere nuptia-
rum, non potuiffe gigni filios opinantur. . . . . .
　　　　　　　　　　　　　　　　　　　　　abfit

mais dans la vue d'en-   ἕνεκα προσίεμεν, ἀλλὰ
gendrer des enfans.   τέκνων γενέσεως.

§. 2.

abfit itaque ut credamus illos conjuges, in paradifo con-
ftitutos, per hanc libidinem, de qua erubefcendo eadem
membra texerunt, impleturos fuiffe, quod in fua bene-
dictione Deus dixit : Crefcite & multiplicamini &
implete terram ; poft peccatum quippe orta eft hæc libi-
do. Aug. Civitat. Dei L. XIV. cap. 21. *Seminaret*
igitur prolem vir, fufciperet fœmina, genitalibus mem-
bris, quando id opus effet, voluntate motis, non libidine
concitatis. Neque enim ea fola membra movemus ad
nutum, quæ compactis articulata funt offibus : ficut pe-
des, manus, & digitos ; verum etiam illa quæ molli-
bus remiffa funt nervis, quam volumus, movemus agi-
tando, & prorigando producimus, & torquendo defle-
ctimus, & conftringendo duramus: ficut ea quæ funt in
ore ac facie quantum poteft voluntas movet. .... Omit-
to quod animalibus quibusdam naturaliter infitum eft,
ut tegmen, quo corpus omne veftitur, fi quid in quocun-
que loco ejus fenferint abigendum, ibi tantum moveant
ubi fentiunt...... numquid quia id non poteft homo,
ideo Creator quibus voluit animantibus donare non po-
tuit.... neque enim Deo difficile fuit fic illum condere,
ut in ejus carne etiam illud non nifi voluntate movere-
tur, quod nunc non nifi libidine movetur. Aug. de Civit. Dei L. XIV. cap. 24.

Avant de refuter le fentiment de S. Auguftin, &
de prouver combien tout le fifteme, qu'il vient d'établir, eft contraire aux notions les plus claires, & aux
principes phyfiques les plus évidens, nous remarquerons que les Theologiens, qui ont vecu plufieurs fiecles après lui ont adopté fon fifteme. Ecoutons Pierre Lombard, le Maître des fentences. ,, Il faut voir,

K   dit-

§. 2. Καὶ γὰρ αὐ-   §. 4. Il est certain que
τὰς τὰς δυνάμεις, ἢ   les puissances, les orga-
                                           τὰ

„ *dit-il*, comment nos premiers peres, s'ils n'avoient
„ pas peché, auroient eu des enfans, & comment ces
„ enfans feroient nés; quelques uns penfent que les
„ hommes n'auroient pû avoir des enfans dans le Pa-
„ radis, par un accouplement avec les femmes, fi ce
„ n'eft après le peché; ils foutiennent que cet accou-
„ plement n'auroit pû avoir lieu fans la corruption &
„ fans la concupifcence dans l'homme, puifque c'eft
„ par le peché que ces paffions ont eu lieu, donc cet
„ accouplement n'auroit pû fe faire : il faut repondre
„ à cela, que fi les premiers hommes n'avoient point
„ peché, ils euffent procédé charnellement à l'acte
„ de la génération, fans corruption & fans crime, il
„ y auroit eu un accouplement immaculé, & un
„ coit fans concupifcence, & les hommes euffent
„ commandés au membre génital, comme ils com-
„ mandent à leurs autres membres, enforte qu'ils
„ n'auroient fenti dans la partie, deftinée à produire
„ la génération, aucun mouvement illicite : de mê-
„ me que la main, & les autres membres peuvent-
„ être mus, fans concupifcence, de même auffi le
„ membre viril eut été remué fans aucune deman-
„ geaifon de la chair, car cette maladie de deman-
„ geaifon a été communiquée par le peché aux par-
„ ties de la génération. On auroit donc engendré
„ dans le paradis par un coit immaculé & fans cor-
„ ruption. C'eft pourquoi S. Auguftin a dit, par
„ quelle raifon ne croirons nous pas, que les hommes
„ avant le pêché auroient pû commander à leur
„ membre viril, pour l'emploier à la procréation des
„ enfans ? car il n'eft point incroiable que Dieu n'eût
                                      pû

ñes, & les défirs qui ont τὰ ὄργανα, καὶ τὰς
été donnés aux hommes ὀρέξεις τὰς πρὸς (τῆν)
       K 2   μίξιν,

„ pû faire de telle maniere leur corps, que s'ils n'a-
„ voient point pêché ils auroient commandé à leurs
„ parties génitales, ainfi qu'ils commandoient aux
„ autres parties du corps, comme par exemple aux
„ pieds. La femence eut donc été repandue fans plai-
„ fir, & l'accouchement fait fans douleur " *Viden-
dum eft qualiter primi parentes . fi non peccaffent , filios
procreaffent , & quales ipfi nafcerentur. Quidam putant ad gignendos filios primos homines in paradifo mif-
ceri non potuiffe , nifi poft peccatum : dicentes concubi-
tum fine corruptione vel macula non poffe fieri. Sed ante
peccatum nec corruptio , nec macula in homine effe poterat : quoniam ex peccato hæc confecuta funt. Ad quod
dicendum eft , quod fi non peccaffent primi homines , fine
omni peccato & macula in paradifo carnali copula con-
veniffent . & effet ibi torus immaculatus, & commixtio
fine concupifcentia: atque genitalibus membris ficut cæteris imperarent , ut ibi nullum motum illicitum fenti-
rent; & ficut alia membra corporis aliis admovemus, ut
manum ori , fine ardore libidinis : ita genitalibus uterentur membris fine aliquo pruritu carnis. Hæc enim
letalis ægritudo membris humanis ex peccato inhæfit.
Genuiffent itaque; lios in paradifo per coitum immacu-
latum , & fine corruptione. Unde Auguftinus : Cur non
credamus primos homines ante peccatum genitalibus
membris ad procreationem imperare potuiffe , ficut cæteris in quolibet opere fine voluptatis pruritu utimur ?
Incredibile enim non eft Deum talia feciffe illa corpora
ut , fi non peccaffent , illis membris ficut pedibus imperarent , nec cum ardore feminarent , vel cum dolore
parerent. P. Lombardi Sent. Lib. II. dift. 20.*
                                Pour

μίξιν, ὑπὸ τοῦ θεῦ δε- par la Divinité *pour en-*
δομένας τοῖς ἀνθρώποις, *gendrer*, ne leur ont
οὐχ

Pour repondre à toutes ces fictions plus poetiques
que philofophiques, il s'agit d'abord de favoir fi,
lorfqu'Adam & Eve étoient dans le Paradis, ils mangeoient ou ne mangeoient pas : or il eft certain qu'ils
mangeoient, car Dieu dit à Adam, tu mangeras à ta
volonté du fruit de tous les arbres de ce Jardin ; *de*
fruƈtu quidem omnis arboris hujus horti libere comedes.
Genef. chap. 2. verf. 16. Et qu'on ne dife point que
cette nourriture étoit fpirituelle, elle étoit faite pour
le corps. L'Ecriture nous aprend, que Dieu avoit
orné le Jardin d'Eden de tout ce qui pouvoit fervir à
la nourriture & à la commodité. „ Le Seigneur Dieu
„ avoit orné un jardin de plantes dans l'Eden à l'o-
„ rient, où il plaça l'homme qu'il avoit fait, & le
„ Seigneur Dieu fit que la terre y portoit toutes for-
„ tes d'arbres défirables pour la vuë, & propres à la
„ nourriture.“ *Ornavit autem plantis Jehova Deus*
hortum in Hedene ab oriente : ubi collocavit hominem
illum quem finxerat ; feceratque Jehova Deus ut ger-
minaret de terra illa, quævis arbor defiderabilis ad af-
peƈtum, & bona ad cibum. Genef. chap. 2. verf. 8. &
9. Il eft donc certain qu'Adam mangeoit dans le paradis terreftre, & qu'il lui fut permis de fe nourrir de
tous les fruits, excepté de ceux de l'Arbre de la Science du bien & du mal : *de fruƈtu vero arboris fcientiæ*
boni & mali non comedes. Or fi Adam mangeoit, il
falloit que ce fut avec plaifir ou fans plaifir : Si c'étoit
fans plaifir il n'auroit point mangé, malgré la permif-
fion que Dieu lui avoit donné de le faire, car la nourriture, lorfque l'on n'a point faim, non feulement
eft infipide, mais elle eft rebutante ; or nous voions
qu'il

point été accordés pour οὐχ ἡδονῆς ἕνεκα δε-
le plaisir, mais pour la δόσθαι συμβέβηκεν,
K 3
ἀλλ'

qu'il mangeoit, il falloit donc qu'il ressentit du plaisir
à manger, & que les organes de son golier, & la disposition de son estomac lui fissent désirer, & trouver
bonne la nourriture; aussi fut-ce le désir de manger
un fruit, qui étoit bon au goût, & agreable à la vue,
qui seduisit Eve, & après elle Adam. *Quum ergo vi-*
deretur mulieri bonum esse fructum arboris illius in ci-
bum & gratissimum esse illum oculis. ,, Le fruit de cet
,, arbre étoit bon pour manger, & très-agreable aux
,, yeux.“ Cela est clair, il falloit donc qu'Adam &
Eve mangeassent avec plaisir, puisqu'ils recher-
choient un fruit parcequ'il étoit bon pour la nourriture *fructum bonum in cibum*, & qu'ils jugeoient qu'il
devoit être tel par sa beauté à la vue, *& gratissimum*
esse illum oculis. Si Adam mangeoit avec plaisir, ses
organes devoient être disposés de maniere à recevoir
les sensations, causées par les parties qui les affec-
toient, ensorte qu'en mangeant une figue il devoit y
trouver un autre goût qu'à un citron; parceque les
parties molles & rondes de la figue ne causoient point
sur son palais les picotemens, que les parties acres &
coupantes du citron y auroient faits; or par la même
raison, si Adam avoit repandu la semence, elle auroit produit sur les glandes des parties de la généra-
ration, les sensations, que la structure du corps humain exige necessairement. Prétendre qu'Adam dans
l'acte du coit n'auroient eu aucun chatouillement,
c'est soutenir qu'Adam n'auroit senti aucun goût en
mangeant. S Augustin a beau dire, que le champ
de la génération, qui est un vase crée pour cet usage,
auroit été ensemencé par les parties destinées à cela,
de

ἀλλὰ τῆς εἰς τὸν ἀεὶ durée de la race humai-
χρόνον διαμονῆς τοῦ ne, & pour la perpetuer
γέ-
de même que la main répand les semences sur la terre. *Ita genitale arvum vas in hoc opus creatum seminaret, ut nunc terram manus. Aug de Civit. Dei
Lib. XIV. Cap. 22.* Cette comparaison de S. Augustin cloche entierement, car dans l'ordre des sensations, indispensables au corps humain par la maniere dont il est construit, autre chose est la sensation,
que reçoit la main par l'atouchement du bled qu'elle
jette sur la terre, & celle que ressentent les glandes de
la génération par la pression qui s'y fait, lorsqu'elles expriment la semence.

Il ne reste que deux ressources à S. Augustin & à
ses partisans : la premiere c'est de dire, que Dieu auroit arrêté par un miracle le cours des sensations naturelles à l'homme. Mais n'est-ce pas raisonner bien
peu philosophiquement, que de vouloir établir un
dérangement dans les loix générales de la Nature,
par un miracle immediat de Dieu, toutes les fois
qu'Adam se fut porté à l'acte de la génération ? Dieu
fait toujours les choses par les voïes les plus simples :
& c'est une des plus grandes marques de sa puissance.
S'il avoit voulu qu'Adam eut repandu la semence,
comme la main repand le bled sur la terre, il eut or-
ganisé d'une maniere diférente les parties génitales
d'Adam lors de sa création.

La seconde ressource des partisans de S. Augustin,
c'est de dire qu'avant le peché les parties viriles d'A-
dam étoient diférentes de ce qu'elles furent après.
Mais nous ne trouvons rien de tout cela dans l'Ecriture, & ce changement auroit été sans doute assés
considerable, pour qu'elle en fit mention ; elle dit au
con-

éternellement. Comme γένους. ἐπειδὴ γὰρ
il étoit impossible que ἀμήχανον ἦν θνητὸν
K 4
φύν-

contraire, que la seule suite qu'eut le pêche d'Adam & d'Eve fut leur exil du Paradis : l'homme fut condamné à cultiver la terre à la sueur de son front *in sudore vultus tui vesceris cibo* : & la femme à enfanter avec douleur *in dolore paries liberos*. Peut-on se figurer, que s'il fut arrivé quelque changement dans la construction des parties génitales d'Adam, l'Ecriture qui parle de la punition que reçurent celles d'Eve, par les douleurs de l'enfantement, n'eut pas dit un mot de la nouvelle construction de celle d'Adam ? Il y a quelque chose de plus pour détruire de fond en comble cette conjecture, c'est que lorsqu'Adam & Eve eurent mangé du fruit deffendu, ils eurent honte de leur nudité, & se couvrirent de feuilles de figuiers: *Tunc aperuerunt sese oculi amborum, noveruntque se nudos esse, & consutis foliis ficulneis, fecerunt sibi subligacula. Genes. Cap. 2. vers. 7.* Il falloit donc qu'alors Adam, qui avoit apris la science du bien & du mal, & qui étoit devenu sujet à la concupiscence, connut tout l'emploi & tout l'usage de ses parties génitales, puisqu'il les couvroit avec une feuille de figuier, & qu'Eve cachoit les siennes sous un même voile : cela étoit avant qu'ils eussent comparu devant Dieu pour recevoir leur punition ; donc on ne peut soutenir, sans absurdité, qu'Adam n'ait d'abord été crée dans le Paradis dans le même état, où il en sortit ; & s'il a été crée dans le même état, il a dû être sujet aux sensations attachées à l'organisation, & dépendantes absolument du corps humain.

S. Augustin ne dit donc rien de satisfaisant pour expliquer, comment Adam & Eve eussent eu des enfans:

φύντα θείου (βίου)　l'homme, né mortel,
κοινωνῆσαι, τῆς τοῦ　eut part à une vie divine, & que l'immortali-
γέ-

fans : ils les auroient fans doute eus, comme ils les
eurent dans la fuite, mais étant fans peché ils auroient vecu heureux, & exempts des maux qui par
leur crime ont inondés le monde. Si Dieu a fancti-
fié le mariage depuis le peché, qui doute que l'accouplement dans le Paradis n'eut pu être très-faint,
encore qu'il eut procuré du plaifir aux époux? Il
n'étoit pas plus contraire à la gloire du Seigneur
qu'Adam en fentit dans l'acte de la génération, que
dans l'action de manger & de boire.

La fource de l'erreur de S. Auguftin, & des Peres
qui l'ont fuivi, a été de croire, que tout coit confer-
voit toujours quelque chofe de criminel, dès qu'il
étoit fait avec plaifir, & que la fainteté du mariage ne
pouvoit entierement juftifier la concupifcence. Mais
cette concupifcence, lorfqu'elle n'eft point dèfor-
donnée, eft une des chofes les plus utiles à la génération; car fans elle, quelque envie qu'un homme marié eut de faire des enfans, il n'en viendroit jamais à
bout; c'eft l'attrait du plaifir qui porte l'homme à
l'acte de la génération, la volonté feule ne peut rien
dans cette affaire. S. Auguftin en convient, & explique parfaitement ce qui arrive dans certaines occafions à un homme, qui n'a que la volonté. „ Ceux
„ qui aiment, *dit-il*, cette volupté, foit dans la con-
„ jonction du mariage, foit dans un commerce hon-
„ teux, ne font pas émus quand ils veulent, car quel-
„ quefois ces mouvemens nous importunent malgré
„ nous, & quelquefois il abandonnent ceux qui les
„ défirent avec ardeur : & tandis que leur efprit eft en
„ feu,

té ne pouvoit être le γένους ἀθανασαίς φθει-
partage de l'humanité, ρομένης, καθ᾽ ἕκαστον
Dieu a établi cette im-

K 5 ἀνε-

„ feu, leur corps demeure glacé : ainſi il arrive ſou-
„ vent, que cette paſſion n'obéit pas non ſeulement
„ au déſirs de faire des enfans, mais même aux autres
„ déſirs dereglés de l'amour." *Sed neque ipſi amatores
hujus voluptatis, ſive ad concubitus conjugales ſive ad
immundicias flagitiorum, quum voluerint commoven-
tur : ſed aliquando motus ille importunus eſt nullo poſ-
cente, aliquando autem deſtituit inhiantem ; & quum
in animo concupiſcentia ferveat, friget in corpore, atque mirum in modum non ſolum generandi voluntati,
verum etiam laſciviendi libidini libido non ſervit.
Aug. de Civit. Dei Lib. XIV c. 16.*

Voila qui eſt clair. S. Auguſtin convient que la
volonté ſeule, quelquefois même aidée de la concupiſcence, ne peut opérer l'acte de la génération ; que
fera-t-elle donc lorſqu'elle en ſera privée ? rien du
tout ; & la deſtruction de la moitié du genre humain
s'enſuivra bientôt. Je le repete encore, une des plus
grandes marques de la ſageſſe du Createur, c'eſt d'a-
voir donné aux creatures de diférent ſexe ce penchant & cette inclination, qu'elles ont les unes envers les autres ; & qui fait l'union & la propagation
du genre humain. Il a plû à quelques Theologiens,
enthouſiaſtes de la chaſteté, d'apeller ce principe
fondamental du bonheur de la Societé une concupiſcence criminelle, & ſur cela ils ont debité, au ſujet
du premier homme, toutes les fabuleuſes conjectures que nous venons de voir.

Pour mieux connoître l'utilité dont eſt dans l'univers cette concupiſcence, ſi condamnée par beaucoup

ἀνεπλήρωσεν ὁ Θεὸς, mortalité en rendant continuelle & perpetuelle la génération. Il

ἀκατάληκτον ποιήσας

καὶ

coup de Peres de l'Eglise, supofons fix hommes, trois fans concupifcence avec la fimple volonté de procréer des enfans, & trois avec la concupifcence; les trois premiers reftent fans être d'aucun fecours à la Societé, malgré leur bonne intention : rendus inutiles par le défaut des défirs, qui feuls peuvent produire l'état où doivent être les parties viriles pour la génération; les trois derniers au contraire, profitant de la concupifcence & de la difpofition, que la nature a donnée aux hommes pour le coit, par le plaifir qu'ils y trouvent, font toutes les années trois citoyens dans la Ville qu'ils habitent.

S. Auguftin après être convenu que la feule volonté, même aidée de la concupifcence, ne peut fuffire pour l'acte de la génération, avoue que c'eft cette feule concupifcence, qui met en mouvement tous les organes de la propagation, & qu'elle les met même indépendamment de la volonté, tant elle a de pouvoir. ,, Lorsqu'étant en colere, *dit ce Pere*, nous ,, frappons ou injurions quelqu'un, c'eft la volonté ,, qui meut notre langue ou notre main, & elle les ,, meut auffi lors même que nous ne fommes pas en ,, colere. Mais pour les parties du corps, qui fervent ,, à la génération, la concupifcence fe les eft telle- ,, ment affujetties qu'elles n'ont de mouvements, que ,, ceux qu'elle leur donne.'' *Nam quisquis verbum emitit iratus, vel etiam quemquam percutit, non posfet hoc facere nifi lingua & manus jubente quodammodo voluntate moverentur, quæ membra etiam cum ira nulla eft moventur eadem voluntate : at vero genitales*

ςor-

faut donc établir d'a-
bord, que la propaga-
tion n'a point été

*κὰι συνεχῆ ταύτην γέ-
νεσιν. ἐν οὖν τοῦτο πρῶ-*

τον

*corporis partes ita libido suo juri quodammodo mancipa-
vit, ut moveri non valeant, si ipsa defuerit & nisi ipsa
vel ultro, vel excitata surrexerit.* Aug. de Civitate
Dei Lib. XIV. cap. 19.

Après cela comment peut-on condamner comme
un mal, & comme un peché la concupiscence ! Il est
clair que le raisonnement de S. Augustin se reduit à
ceci : Dieu a ordonné aux hommes & aux femmes de
s'accoupler, *Croissés & multipliés*, a-t-il dit, *crescite
& multiplicamini* : il ne leur a donné que la concupiscence, qui puisse faire mouvoir les parties de la génération, *ut moveri non valeant si illa defuerit.* Sans son
secours & sans la determination la volonté de procréer des enfans ne sert de rien, *si ipsa defuerit, & nisi
ipsa, vel ultro, vel excitata surrexerit.* Cependant
cette concupiscence est criminelle, & ne doit entrer
pour rien dans la génération ; ce doit être la seule volonté de faire des enfans. Voila un raisonnement si
absurde, qu'il n'est pas necessaire de le refuter pour
en faire sentir le faux : Laissons donc dire à S. Augustin, & à ses Disciples, *que l'accouplement conjugal est
sans peché, lorsqu'il est fait par la volonté de la génération, mais que c'en est un s'il est fait par la concupiscence. Conjugalis concubitus generandi gratia non habet
culpam, concupiscentiæ vero satiandæ.* Comment
donc agir sans cette concupiscence, qui est le seul
principe qui met en mouvement toutes les parties
qui servent à la génération ? Il ne seroit pas plus étonnant de dire ; il est vrai qu'on ne peut jouer d'un Orgue, que l'on ne souffle du vent dans ses tuïaux,

ce-

τον δεῖ θεωρεῖν, ὅτι οὐχ établie pour le plai-
ἡδονῆς ἕνεκα ἡ μίξις. sir.

§. 3.

cependant il faut jouer de l'orgue, & ne point souf-
fler dans les tuïaux.

S. Thomas raisonne sur cet article bien plus conséquemment que S. Augustin. ,, Il est absurde, *dit-ce*
,, *grand Philosophe*, de croire que tout accouplement
,, charnel n'est pas innocent : il n'y a de criminels que
,, ceux qui sont deffendus par les loix. Les membres
,, du corps étant les instrumens de l'ame, chaque
,, membre a une fin qui lui est propre, de même qu'à
,, un autre instrument. Il y a dans le corps certains
,, membres dont l'usage est pour le coit : il s'ensuit
,, donc que le coit à son tour est le but & la fin de ces
,, mêmes membres ; or ce qui est la fin de quelque
,, chose de naturel, ne peut être un mal dans sa natu-
,, re, parceque tout ce qui est dans l'ordre naturel des
,, choses a été ordonné, & disposé par la providence,
,, pour la fin & le but de ces mêmes choses. Il est
,, donc impossible, que la conjonction charnelle soit
,, un mal en elle même. Les inclinations naturelles
,, ont été données aux êtres crées par Dieu, qui regit
,, tout : il est donc impossible, que ces inclinations
,, naturelles soient criminelles dans l'usage de cela
,, même pourquoi elles ont été données par Dieu : or
,, dans tout animal parfait il y a une inclination natu-
,, relle à la conjonction charnelle, il faut donc que
,, cette conjonction ne soit jamais mauvaise en elle
,, même. Une chose, sans la quelle une très excel-
,, lente ne peut exister, ne sauroit être mauvaise de sa
,, nature : la perpetuité de la génération de l'espece
,, humaine, qui est un très-grand bien, ne pourroit
,, être conservée sans l'accouplement charnel, donc
,, cet

§. 3. Il eſt enſuite   §. 3. Ἔπειτα δὲ
neceſſaire de conſide- καὶ τὴν αὐτὴν τῷ ἀν-
                                        θρώ-

„ cet accouplement eſt un bien, & ne peut jamais
„ être un mal dans ſa nature." *Sicut autem contra rationem eſt, ut aliquis carnali conjunctione utatur contra id quod convenit proli generandæ & educandæ: ita etiam ſecundum rationem eſt quod aliquis carnali conjunctione utatur ſecundum quod congruit ad generationem & educationem prolis, lege autem divina hæc ſolum prohibita ſunt, quæ rationi adverſantur, ut ex ſupradictis patet: inconveniens eſt igitur dicere quod omnis carnalis conjunctio ſit peccatum. Adhuc quum membra corporis ſint quædam animæ inſtrumenta, cujuslibet membri finis eſt uſus ejus, ſicut & cujuslibet alterius inſtrumenti: quorundam autem membrorum corporis uſus eſt carnalis commixtio: carnalis igitur commixtio eſt finis quorundam membrorum corporis: id autem quod eſt finis aliquarum naturalium rerum non poteſt eſſe ſecundum ſe malum: quia ea quæ naturaliter ſunt ex divina providentia, ordinantur ad finem, ut ex ſupra dictis patet: impoſſibile eſt igitur quod carnalis commixtio ſit ſecundum ſe mala. Amplius, naturales inclinationes inſunt rebus a Deo qui cuncta movet: impoſſibile eſt igitur quod naturalis inclinatio alicuius ſpeciei ſit ad id quod eſt ſecundum ſe malum: ſed omnibus animalibus perfectis ineſt naturalis inclinatio ad conjunctionem carnalem: impoſſibile eſt igitur quod carnalis commixtio ſit ſecundum ſe mala. Item, illud ſine quo non poteſt eſſe aliquid quod eſt bonum & optimum, non eſt ſecundum malum, ſed perpetuitas ſpeciei non conſervatur in animalibus niſi per generationem, quæ eſt ex commixtione carnali: impoſſible eſt igitur quod commixtio carnalis ſit ſecundum ſe mala. D. Thomæ ſummæ cathol. lib. III. cap. 126.*

II

θεώπω σύνταξιν πρὸς rer, que l'homme, dans
τὸ ὅλον, ὅτι μέρος l'arrangement des choses qui le regardent,
ὑπ-

Il eſt bon de remarquer, que le ſecond argument de S. Thomas détruit tout ce que peut dire S. Auguſtin, car ce déſir du plaiſir dans la génération, qu'il apelle concupiſcence, a été donné à l'homme dans l'ordre naturel des choſes & dans l'arrangement des organes. Ainſi il ne peut jamais être mauvais de ſa nature, comme le prouve S. Thomas. Il eſt vrai qu'il devient vitieux lorſqu'il ſort des loix, preſcrites par les regles de la pudicité & de la ſocieté, mais alors ce n'eſt pas par ſa nature qu'il devient vitieux, c'eſt au contraire parcequ'il va au delà de ſa nature.

En voila aſſés ſur cet article, qui a fait dire tant de choſes outrées à S. Auguſtin, & à pluſieurs autres Peres de l'Egliſe, contre le mariage, & par conſé-quent contre le lien le plus utile à la ſocieté: c'eſt ce que nous verrons dans la remarque ſuivante. Mais avant de finir celle-ci, je dirai un mot pour conten-ter la curioſité de quelques uns de mes Lecteurs, qui déſireroieut peut-être de ſavoir, pourquoi Adam pouvant connoître Eve, il ne la connut pas dans le Paradis. Le Maître des ſentences dit, que ce fut parcequ'Adam n'en eut pas le tems, Dieu l'aiant chaſſé peu de tems après la creation d'Eve; *Cur ergo non coierunt in paradiſo? quia creata muliere, mox transgreſſio facta eſt, & ejecti ſunt de paradiſo. P. Lombard. Sent. Lib. II. diſt.* 20.

Il reſte encore une autre choſe à ſavoir, c'eſt comment auroient été, en naiſſant & dans l'enfance, les enfans qu'Adam eut eus dans le Paradis. On convient qu'ils ſeroient nés petits, car ſans cela comment Eve
au-

doit être regardé com-me ayant un raport direct avec l'arrange- ὑπάρχων οἴκου τε καὶ πόλεως, καὶ τὸ μέ-γιστον

auroit elle pû les mettre au monde; c'est le sentiment de Lombard; *Filios parvulos nasci oportebat propter materni uteri necessitatem, id. ib.* Quant aux enfans, le Maître des sentences, apuié de l'autorité de S. Augustin, *dit* „qu'il seroit arrivé de deux choses l'une; „ou qu'après leur naissance ils seroient devenus „grands tout à coup, Dieu ayant bien fait d'une cô-„te, qui étoit un petit morceau du corps d'Adam, „une très-grande femme; ou qu'ils auroient été sem-„blables aux petits poulets, qui dèsqu'ils sortent de la „coquille ont l'usage des pieds, des jambes, courent „& suivent leur mere: de même les enfans d'Adam „auroient d'abord eu l'usage de leurs membres, com-„me des gens formés, & auroient suivi Eve sans lui „être d'aucune incommodite.‟ *Super hoc Augustinus ambigue loquitur. Movet nos, inquit, si primi homines non peccassent, utrum tales filios essent habituri, qui nec lingua, nec manibus, nec pedibus uterentur. Nam propter uteri necessitatem forte necesse erat parvulos nasci: sed quamvis exigua pars corporis sit Costa, non tamen propter hoc parvulam viro conjugem fecit; unde & ejus filios poterat omnipotentia Creatoris mox natos grandes facere: sed ut hoc omittam, poterat certe eis præstare, quod multis animalibus præstitit quorum pulli, quamvis sint parvuli tamen mox ut nascuntur currunt & matrem sequuntur.* P. Lombard. II. Dist. 20.

C'est bien dans cette occasion que l'on peut dire *abissus abissum invocat,* un mauvais raisonnement en amene un autre; & pourquoi si les enfans d'Eve devoient tout à coup devenir grands après leur naissan-ce,

γιςον κόσμου, συμ- ment de l'Univers: en-
πληροῦν ὀγείλει τὸ sorte qu'étant partie
ἀπογενόμενον τούτων d'une famille, d'une
ἔκακον, ἐὰν μέλλῃ μή- ville, & principalement du monde, il doit

72

ce, ou bien ressembler à de petits poulets, avoir l'u-
sage de leurs jambes pour courir, de leurs bras pour
se donner à manger, Dieu avoit il fait des tetons à
Eve? ce n'étoit pas sans doute, selon S. Augustin,
pour exciter la concupiscence: à quoi servoient ils
donc si Eve ne devoit pas nourrir ses Enfans? Dieu
avoit disposé l'organisation du corps d'Eve, pour
renfermer le lait dans son sein, comme il avoit arrangé son *uterus* pour recevoir la semence de la génération: or il ne fait jamais rien envain, pourquoi donc
Eve ne devant faire aucun usage de son sein en avoit
elle, puisque Dieu ne produit rien ni sans cause, ni
par necessité, mais par sa science & sa volonté?
Deus res omnes in esse produxit non necessitate naturæ,
sed per intellectum & voluntatem. D. Thomæ summ.
fid. cath. lib. III. cap. 66. pag. 135. Convenons donc
que ces enfans, formés tout à coup comme des poulets sortant de la coque, repugnent non seulement à
la construction de la nature humaine, mais encore
à la sagesse de Dieu, qui eut donc inutilement orga-
nisé le corps d'Eve, pour y former le lait, propre à
la nourriture de ses enfans.

Finissons cette longue remarque par observer,
qu'Ocellus a eu raison de dire, que la procreation des
enfans fait le but de la génération; mais ce sage philosophe s'est bien gardé de prétendre, que le plaisir
qu'on y goûtoit eut quelque chose, qui ne fut pas dans
l'ordre de la nature ni conforme à la vertu: il raison-
noit

supléer à ce qui vient à y perir, s'il ne veut pas manquer à la socicté, à la politique, 3 & à la divinité.

τε συγγενικῆς ἑςίας λειποτάκτης γενέσθαι, μήτε πολιτικῆς, μήτε μὴν τῆς θείας.

§. 4.

noit conséquemment, & il savoir que ce plaisir avoit éte donné à l'homme par l'auteur de la nature, ainsi que tous les autres qui lui sont procurés par ses organes.

3 Εαν μελλη μητι συγγενικης ιςιας λειποιακ]ης γενεσθαι, μητε πολιλικης μητι μην της θειας. *S'il ne veut pas manquer à la societé, à la politique & à la divinité,* voici la construction, εαν μητι μελλη γενεσθαι λειποτακτης ιςιας συγγενικης μητι πολιτικης μητι της θειας, mot à mot *s'il ne veut pas être deserteur de son foyer domestique & divin.*

Voila, dans ce sage precepte d'Ocellus, la condamnation de tant de faux principes, que les anciens Theologiens ont debités sur le mariage, c'est à dire sur le nœud le plus fort & le plus essentiel de la societé. Il n'a pas tenu à eux de détruire les Etats, en faisant un crime de ce qui entretient le nombre des citoiens, enfin, pour me servir des termes d'Ocellus qui contiennent tout ce qu'on peut dire à ce sujet, d'induire tous les hommes à manquer à la societé, à la politique, & à la divinité. A la societé en diminuant, par leur entousiasme outré pour la chasteté, l'union qui se forme entre les diférentes familles à proportion de la quantité des mariages qui s'y font. A la politique, en introduisant dans l'Etat une maxime, qui lui donne un desavantage considerable sur tous les autres païs, qui ne pratiquent point cette même maxime : on en voit aujourdhui la preuve évidente ;

§. 4. Οἱ γὰρ κα-   §. 4. Ceux qui ne
θάπαξ μὴ διὰ παι- voyent pas leur fem-
                                   δοποι-

il y a en France plus de deux cens mille Prêtres ou
Moines, ou simples Ecclesiastiques, ou Abbés qui
sont inutiles à l'agriculture, aux armes, au commerce, aux manufactures, à tous les metiers, & qui pis
est, à la propagation des enfans. Si le quart de ces
gens, qui sont tous d'un âge fait, avoit été emploié à
deffendre le Canada, le Cap Breton, le Guadalou-
pe, Marie-galante, la Gorée, le Senegal, Bengale,
Ponticheri, enfin les Indes orientales, S. Domini-
que & Belle-Isle; on auroit eu une armée de cinquante mille hommes, qui eut empêché la con-
quête de tant de païs.

L'Angleterre, l'Ecosse & l'Irlande contiennent à
peine la moitié des habitans de la France, mais par la
diférente maxime de ces païs sur le mariage, l'Angleterre regagne, pour le moins, l'utilité qu'elle reti-
reroit de deux millions d'habitans de plus : car sur un
million d'ames on ne peut guere emploier que cent
mille ames dans le commerce & à la guerre. Il faut
d'abord partager un million entre cinq cens mille
femmes ou filles, & cinq cens mille hommes; ensuite il faut conter deux cens mille garçons sur les cinq
cens mille hommes, & sur les trois cens mille qui
restent il y a les vieillards, les malades, & les gens
destinés à la magistrature. Ainsi après avoir ôté toutes ces personnes, on verra qu'il reste à peine sur un
million d'ames, cent mille hommes qui puissent être
emploiés dans les armées, sur les flottes, & à l'agriculture. Il s'ensuit delà, qu'il est clair que le celibat
de tant d'Ecclesiastiques & de Moines nuit autant à
la politique dans les païs catholiques, qu'il sert à

cette

me dans la vue de la δοποιΐαν συναπτόμενοι, procréation des en- ἀδικήσουσι τὰ τιμιώ-

L 2 τατα

cette même politique dans les païs proteſtans. Par exemple, ſi la France a dix-huit millions d'habitans, il faut conter qu'elle ne peut faire que les mêmes efforts, que feroit une Puiſſance proteſtante qui en auroit ſeize.

Après qu'Ocellus a remarqué, que ceux qui dans les Republiques ne travaillent point par la propagation des enfans à leur ſoutien & à leur agrandiſſement, pêchent contre la ſocieté, contre la politique, il ajoute *& contre la divinité*. Il ſembloit qu'Ocellus prévit le fanatiſme, qui s'éleveroit pluſieurs ſiecles après lui contre le mariage. En effet peut on donner un autre nom, que celui de fanatiſme, à cette opinion de S. Juſtin, qui regarde le mariage *comme un uſage illegitime, par le quel on ſatisfait le deſir de la chair* : il aprouve ceux qui étant mariés vivent comme s'ils ne l'étoient pas. N'eſt-ce pas là détruire de fond en comble la ſocieté ? n'eſt-ce pas rompre le nœud qui lie toutes les familles ? & quelqu'un qui diroit, qu'il faut étouffer les enfans au berceau, feroit-il plus de mal que celui, qui exhorte les gens mariés à ne pas les mettre au monde ? l'un & l'autre ne font-ils pas le même mal à la ſocieté ? Les idées de chaſteté & de virginité avoient ſi fort échauffé la tête de S. Juſtin, qu'il ſe figuroit qu'il étoit très poſſible, que le genre humain put être conſervé ſans le ſecours des femmes. ,, La ſeule raiſon, *dit-il*, pour la ,, quelle nôtre Seigneur Jeſus-Chriſt eſt né d'une ,, Vierge, a été pour abolir la génération qui ſe fait ,, par un déſir illegitime, & pour montrer que Dieu ,, peut former un homme ſans aucun commerce ,, char-

 τατα τῆς κοινωνίας συ- fans, violent le fiſtemē
σήματα. εἰ δὲ ᾗ γεν le plus eſſentiel de la
νῆσου-

,, charnel." Καὶ ὁ Κύριος δὲ ἡμῶν Ἰησοῦς Χριςος οὐ δὲ
ἄλλο τι ἐκ παρθενου ἐτέχθη ἀλλ' ἵνα καταργήση γένησιν
ἐπιθυμίας ANOMOY, ᾗ δειξη ὅτι ᾗ διχάοσιυσίας ἀν-
θρωπίνης δυνατην εἶναι τῷ θεῷ την ἀνθρωπυ πλάσιν.
Juſtin. Spicileg. tom. 2. pag. 180. Tertullien étoit auſſi contraire au mariage & à la propagation des hommes que S. Juſtin ; voici comment il écrivoit à ſa femme. ,, Si nous liſons dans ,, les Ecritures, qu'il vaut mieux ſe marier que brû- ,, ler, quel cas doit-on faire, je vous demande, d'un ,, bien qui n'eſt bien qu'eu égard au mal ? S'il eſt per- ,, mis de ſe marier, ce n'eſt qu'autant que cela eſt ,, moins mauvais que de bruler ; mais combien n'eſt- ,, il pas plus ſalutaire, & plus heureux de ne point ſe ,, marier & de ne pas bruler ? *Quod denique ſcriptum eſt*, melius eſt nubere quam uri; *quale hoc bonum eſt, oro te, quod mali comparatio commendat ? ut ideo melius ſit nubere, quia deterius eſt uri. At enim quanto melius eſt, neque nubere, neque uri? Tertull. ad uxorem, lib. I. Cap. III. pag. 162.* Qu'on introduiſe ces maximes de Tertullien dans un Etat, dans vingt ans il eſt détruit de fond en comble, ou s'il y reſte des citoyens ce ſeront des fanatiques, qu'il faudra exterminer plutôt que de ſouffrir qu'ils paſſent dans d'autres republiques, pour y repandre leurs pernicieux ſentimens.

Les Peres, qui vinrent après Tertullien, furent auſſi peu raiſonnables que lui ſur l'article du mariage. Mais S. Jerome, S. Ambroiſe, & S. Auguſtin pouſſerent leur ſentiment à l'excès.

S. Jerome dit en termes exprès ; ,, que ſi une jeune ,, veu-

Societé. Car ceux qui νήσουσιν οἱ τοιοῦτοι
engendrent avec bruta- μεθ' ὕβρεως, ᾗ ἀκρα-
L 3   οἰ-

,, veuve ne peut, ou ne veut pas garder la continen-
,, ce, elle doit prendre un mari plutôt que le Diable.
,, La belle chose & bien à souhaiter, où il faut choi-
,, sir entre cette chose & Satan ! *Ideo adolescentula*
vidua, quæ si non potest contineri, vel non vult, mari-
tum potius accipiat quam diabolum. Pulcra nimirum,
& adpetenda res, quæ satanæ comparatione suscipitur!
Hieron. ad Salvinam, de servanda viduit. Serm. I.
pag. 77. *Edit. Basil.* 1537. Si le sentiment de S. Jerome avoit été établi, voila six à sept cens mille femmes en France, (car il y a bien ce nombre de veuves) qui seroient devenues inutiles à l'Etat, & qui
n'auroient eu d'autre choix, si elles avoient voulu
contribuer à le peupler, que de choisir entre le Diable, & le mari qu'elles auroient épousé ; plaisante
comparaison d'un esprit échauffé par la retraite, &
par le climat du païs qu'il habitoit ! Qu'on ne pense
pas que S. Jerome s'arrête à l'odieuse comparaison
du mari & du Diable, il n'auroit pas tenu à lui, s'il
en avoit eu le pouvoir, de flétrir d'infamie une femme qui se seroit remariée : c'est à dire qui au lieu d'ê-
tre un fardeau inutile à la société & à l'Etat, auroit
voulu être utile à tous les deux. ,, Considerez, *dit*
,, S. *Jerome*, qu'une veuve qui a eu deux maris,
,, quelque vieille & quelque indigente qu'elle soit,
,, ne merite point d'être assistée des charités de l'E-
,, glise. Si elle est privée du pain de l'aumône, ne de-
,, vroit elle pas l'être à plus forte raison du pain du
,, Ciel, qui fait la condamnation de ceux qui le man-
,, gent indignement? " *Simulque considera, quod quæ*
duos habuit viros, etiamsi anus est & decrepita &
                    egens,

egens, Ecclesiæ stipes non meretur accipere. Si autem panis illi tollitur eleemosyna, quanto magis ille panis qui de cælo descendit ? quem qui indigne comederit, reus erit violati corporis & sanguinis Christi. Hieronym. contra Jovinian. Tom. 2. Lib. pag. 28.

Comment peut-on lire cet endroit de S. Jerome, & ne pas être saisi de la plus forte indignation ? quoi un homme à qui l'on a accordé le nom de Pere de l'Eglise, dit fort expressément qu'il faudroit priver de la communion une femme qui se remarie, parce-qu'elle est dans le cas de ceux, dont ce pain de vie fait la condamnation, & qui le mangent indignement ! En voiant de pareils excès & des opinions aussi monstrueuses, aussi directement contraires au bien du genre humain, je ne puis m'empécher, en songeant au Pere Hardouin, de ne plus trouver si extraordinaire, qu'il ait regardé les Ecrits de presque tous les Peres de l'Eglise comme suposés, & qu'il se soit figuré, qu'ils avoient été composés ou par des Moines, dont le genie s'étoit trop echauffé, ou par des gens qui avoient voulu nuire à la Religion, en faisant dire aux Peres, dont ils empruntoient les noms, des choses erronées, & capables d'introduire les sentimens les plus faux. *Incredibile ac simile portenti est, quantam falsorum scriptorum segetem de rebus tum sacris, tum profanis, execranda & detestabilis una quædam, ut cæteras sileam, ante annos fere quinquaginta, officina effuderit.* Harduin. Chronologia ex nummis antiquis restituta prolusio. de nummis Hadrian. pag. 68.

Je sçais que le sisteme du Pere Hardouin est faux, & qu'il est insoutenable de toutes manieres ; mais j'ajoute à cet aveu, que lorsqu'on lit bien des choses dans les anciens Peres, il ne reste que deux partis à prendre : le premier, c'est de dire que les écrits de pres-

presque tous les Peres, dans les quels on trouve des erreurs grossieres, également contraires à la societé & à la justesse du raisonnement, ne sont point parvenus jusqu'à nous dans leur entiere pureté, qu'ils ont été interpolés par les copistes, qui y ont glissé des sentiments que les Peres n'ont jamais eus, & des expressions dont ils ne se sont jamais servis : le second parti, c'est de dire, ainsi que les Protestans, que tous les Peres de l'Eglise n'aiant été que de simples hommes, tels que les Theologiens de ces derniers siecles, & presque toujours beaucoup moins savans qu'eux, ont soutenu très-souvent des opinions erronées, & ne doivent être consultés que comme l'on consulte les auteurs modernes, qu'on estime plus ou moins, selon le degré de justesse d'esprit qu'on trouve dans leurs écrits, & non pas selon leur ancienneté, leur titre, leur chasteté, & leur devotion, tout cela ne valant pas, pour établir la verité d'une question, un seul bon argument.

S. Ambroise étoit aussi ennemi, que S Jerome, de la multiplication du genre humain, & s'il avoit dependu de lui, il auroit même fait vivre dans le celibat les femmes mariées. „J'enseigne dites-vous, „ *ecrit ce Pere*, à garder la virginité, & je viens à bout „ de persuader plusieurs personnes. Plut à Dieu que „ je fusse assez heureux, pour que cela fut vrai! j'em- „ pêche que les filles, qui s'étoient devouées pour un „ tems au service des autels, ne viennent ensuite à se „ marier; que ne puis-je empêcher encore toutes les „ autres de se marier, que ne puis-je arracher au ma- „ riage toutes celles qui y sont destinées, & changer „ leur voile de noces en un voile de virginité ! "
Virginitatem, inquis, doces & persuades plurimis. Utinam convincerer, utinam tanti criminis probaretur effectus . . .! Initiatas, inquis, Sacris Mysteriis,
&

& consecratas integritati puellas, nubere prohibes.
Utinam possem revocare nupturas! Utinam possem
flammeum nuptiale pio integritatis velamine muta-
re. Ambros. de Virgin. Lib. III. col. 101.

Quel est celui, qui doit être le plus honoré dans
la societé, ou un Legislateur, tel que Solon, qui
rend les Etats heureux, les familles contentes en
prescrivant des preceptes pour faire fleurir les uns
par l'accroissement des autres ; ou un Theologien, tel que S. Ambroise, qui se glorifie d'être
le plus grand ennemi de ce qui peut faire le bonheur du peuple & du Souverain ? Car qu'est - ce
qu'un Souverain dont le nombre des sujets va tous
les jours en diminuant ? & qu'est-ce qu'un peuple
qui se détruit, & dont le petit nombre le conduit
peu à peu à être le partage, & le butin du premier
ennemi qui voudra profiter de sa foiblesse ? Convenons donc que les Legislateurs payens ont raisonné bien plus sensément sur le mariage, que beaucoup de Peres de l'Eglise, & que bien des Theologiens, qui les ont suivis, & qui ont vecu plusieurs siecles après eux.

Pierre Lombard, fondé sur l'autorité de S. Augustin, veut que dès qu'une femme est enceinte elle ne puisse plus coucher avec son mari sans commettre un peché veniel *Reddere enim debitum con-*
jugale, nullius est criminis, exigere autem ultra ge-
nerandi necessitatem culpa est venialis. P. Lombard,
Sent. lib. 4. Dist. 311. Ce sentiment est la ruine
totale de l'union des gens mariés, car ce qui l'entretient c'est le plaisir de l'amour, que les maris
& les femmes peuvent goûter innocemment. Plaisante & ridicule opinion que celle, qui leur fait
un crime de leur tendresse reciproque!

Voila comme les erreurs se perpetuent. Les Ecrivains

vains qui se succedent les uns aux autres, s'apro-
prient les opinions erronées de ceux qui les ont dé-
vancés, & en deviennent les deffenseurs.

Dans ces derniers tems, où l'esprit philosophi-
que a tant fait de progrès, les Theologiens ont
parlé d'une maniere beaucoup plus décente du mariage : cependant les Jansenistes repandent encore,
dans leurs ecrits, le germe des principes de S. Augustin sur le mariage, & si jamais cette secte, qui
de nos jours a renouvellé le fanatisme, & enfanté
les Convulsionaires, venoit a prendre le dessus,
on verroit bientôt établir, & deffendre ces mêmes propositions, qui feront éternellement le mepris d'un philosophe, & l'indignation d'un bon
citoyen.

Les Molinistes & les Jesuites ont raisonné, sur ce
qui regarde le mariage, en gens sensés ? il faut convenir, que malgré tout ce que Pascal a reproché
justement à quelques uns de leurs Casuistes, dans
toutes les choses qui regardent le bien de la societé,
& la tranquillité des familles, les Jesuites ont établi de très sages principes : j'excepte ceux, où ils
se sont efforcés d'étendre le pouvoir de la Cour
de Rome, & de diminuer celui des Rois ; mais
ces questions regardent la politique, & ne concernent en rien la regle des actions ordinaires des
particuliers. Les crimes des Molinistes prennent
leur source dans la vanité, & ceux des Jansenistes
dans le fanatisme. Or la vanité, conduite par l'esprit, n'embrasse que de grands objets, & le fanatisme se repand sans distinction sur les grandes & les
petites choses. Voila pourquoi les sentimens des Jesuites seront toujours raisonnables sur tout ce qui
regardera les mœurs du peuple ; & les Jansenistes
au contraire établiront des opinions qui à la fin fe-

ront des Convulſionaires, & qui les rendront le
mepris non ſeulement de leurs concitoyens raiſonnables, mais de toutes les nations de l'Europe,
ainſi qu'ils le ſont aujourdhui.

Aprés avoir établi que les Théologiens de ces
derniers tems avoient écrit très-ſenſément ſur la
dignité, ſur l'utilité, & ſur la ſainteté du mariage,
dont les plaiſirs dans tous les cas ſont toujours également innocents & exemps de faute; nous placerons ici ce que dit à ce ſujet un des plus grands
Theologiens, que les Confeſſeurs & les Avocats regardent comme le guide le plus aſſuré dans toutes
les queſtions, qui concernent le mariage, & auquel on ne peut reprocher que d'avoir examiné
certaines choſes, qui arrivent très rarement, & qui
étant fort indécentes à traiter, auroient dû être
plutôt ſuprimées qu'agitées auſſi longuement, &
auſſi clairement que l'a fait cet auteur, qui en cela eſt abſolument inexcuſable.

„ Il y a, *dit Sanches*, outre quelques heretiques
„ qui ont cru les noces illicites, pluſieurs Docteurs
„ catholiques, qui enſeignent que l'acte conjugal ne
„ peut jamais être totalement exempt de faute : il n'en
„ eſt pas moins certain cependant que c'eſt une ve-
„ rité catholique, que l'acte conjugal eſt par lui mê-
„ me licite, & qu'il peut s'exercer ſans la moindre
„ faute, ce qui ſe prouve ainſi : premierement, par-
„ que lorsque l'uſage d'une choſe eſt un mal, il faut
„ que la choſe ſoit un mal en elle-même : or ſi l'uſage
„ de l'acte conjugal eſt un mal, il faut donc que le
„ mariage qui eſt la cauſe de cet acte ſoit un mal : ce
„ qui eſt une hereſie manifeſte, puisque le mariage a
„ été inſtitué par Dieu pour la propagation du genre
„ humain. Secondement l'acte conjugal eſt une det-
„ te qu'on rend aux perſonnes, à qui cette dette eſt
„ due

„ due par l'accord fait dans le mariage, qui a été or-
„ donné par Dieu pour la multiplication du genre
„ humain ; donc c'est un blaspheme de dire qu'un
„ acte ordonné par Dieu puisse jamais être mauvais
„ par lui même." *Præter nonnullos hæreticos, qui
nuptias illicitas esse testati sunt, quos late confutat
Belarminus, non desunt ex Doctoribus catholicis, qui
doceant actum conjugalem non posse absque culpa, saltem veniali, exerceri . . . . cæterum veritas catholica
est, actum conjugalem esse ex se licitum, posseque absque omni culpa exerceri. Quod constat primo, quia
cum res, cujus per se usus est malus, iniqua sit, si actus
conjugalis, qui est per se matrimonii usus, malus esset,
neque absque culpa exerceri posset, matrimonium ipsum
iniquum esset. Quod manifesta hæresis est : cum sit institutum a Deo ad generis humani propagationem. Secundo, quia actus conjugalis reddendi debitum est actus
virtutis justitiæ, cum reddatur conjugi debitum ex pacto matrimoniali contractum : præterea, tam in pe-
tente, quam in reddente, ordinatur ad propagandam
sobolem ad cultum Dei, conservandamque speciem : ad
quod ipsa naturalis ratio inclinat. Insuper is actus
sacramentali sanctitate gaudet, ex significatione con-
junctionis Christi cum Ecclesia. Et quamvis aliqua
detrimenta videatur afferre, ea tamen compensan-
tur bono fidei, prolis, ac sacramenti : ut late expli-
cuimus libr. 2. disp. 29. fere per totam : ergo actus
conjugalis est bonus. Tandem, quia Deus optimus
maximus protoparentibus nostris actum conjugalem
præcipit, Genes. 2. Crescite & multiplicamini :
blasphemum autem esset credere, actum de se malum
præcipi a Deo. Disput. de sancto matrimonii sacra-
mento*, Auctore Thom. Sanches. lib, 9. disput. 1.

Il y a autant de sagesse dans les decisions de ce
Theologien moderne, que d'erreurs dans celles des
an-

σίας, μοχθηροὶ (οἱ) lité 4 & avec intem-
γενόμενοι, καὶ κακο- perance, procréent des
δαί-

anciens Peres, que nous verrons dans la remarque
suivante ne pas raisonner plus conséquemment sur
les plaisirs innocens du mariage, que sur la nature de
ce lien sacré de la société. Je placerai encore ici
quelques reflections du Theologien, que je viens de
citer, qui autorise son sentiment de celui d'un grand
nombre de célébres Docteurs: ,, Le plaisir, *dit-il*,
,, dans l'accouplement nuptial n'est point un mal par
,, lui même, car la nature l'a attaché fort à propos à
,, cet acte, pour le bien de la géneration, & pour que
,, les hommes attirés par ses attraits se portent d'avan-
,, tage à la multiplication, afin que l'espece soit tou-
,, jours conservée dans les Etats. La nature dans ce
,, point a fait aussi sagement, que lorsqu'elle a attaché
,, du plaisir à la nourriture pour la conservation de
,, notre individu : il faut donc établir, que le plaisir
,, n'est pas un peché dans les caresses conjugales, ex-
,, cepté qu'on ne cherchat à le porter à l'excès : il n'y
,, a point de crime d'user du mariage en goûtant les
,, plaisirs, que la nature y a attachés dans la vue d'une
,, fin honnête & necessaire : & c'est le sentiment de
,, plusieurs auteurs graves. *Delectatio vero non est in*
se prava, imo natura ipsa sagaciter adjunxit illi actui,
propter bonum prolis, ut ejus generationi avidius ho-
mines vacarent, sicque species conservaretur : sicut in
ciborum esu delectationem posuit, ob individui conser-
vationem. Quare dicendum est omni vacare culpa, ni-
si nimius voluptatis excessus procuretur. Quia multa
est culpa, uti matrimonio fruendo delectatione, quam
natura adjunxit propter honesti finis necessitatem.
Atque ita docent alii. Idem, ibidem Disputat. II.

4 Et

enfans qui font mé- δαίμονες ἔσονται, καὶ
chans, qui naiſſent mal- βδελυροὶ ὑπό τε θεῶν,
καὶ

4 Εἰ δὲ καὶ γεννήσουσιν οἱ τοιοῦτοι μεθ' ὕβρεως, καὶ ἀκρασίας, μοχθηροὶ (οἱ) γινόμενοι καὶ κακοδαίμονες ἔσονται, καὶ βδελυροὶ ὑπό τε θεῶν, καὶ δαιμόνων, καὶ ἀνθρώπων, καὶ οἴκων, καὶ πόλεων. *Ceux qui engendrent avec brutalité, & avec intemperance, procréent des enfans, qui font mechans, qui naiſſent malheureux, abominables aux Dieux, aux Demons, aux hommes, & odieux aux familles & aux villes.* Il y a dans le grec, *ceux qui engendrent avec injure & intemperance.* μεθ' ὕβρεως καὶ ἀκρασίας.

Sous les mots *d'engendrer avec injure*, Ocellus entend toutes ces générations produites par la debauche, qui ſe font dans de mauvais lieux, & qui ne donnent ordinairement, comme il le dit, que des ſujets à l'Etat, qui ſont également reprouvés de Dieu & des hommes. Que peut-on eſperer de bon d'une génération produite par la crapule la plus honteuſe, par le libertinage le plus effrené ? ajoutés à cela l'éducation que reçoivent la plupart de ces enfans procrées dans la débauche, élevés dans l'infamie, & nourris dans le crime : voila la pepiniere de tant de voleurs, de receleurs, de protecteurs de mauvais lieux, de fainéans à charge à l'Etat. Il eſt vrai que dans les hopitaux des enfans trouvés on tâche de corriger par l'éducation le mauvais germe de la génération, mais il y a parmi ces enfans trouvés plus de legitimes, que la miſere y fait porter, que de bâtards nés dans de mauvais lieux ; les femmes, qui les y ont mis au monde, les conſervant & les nourriſſant auprès d'elles autant qu'il leur eſt poſſible, pour s'en ſervir ſi ce ſont des

gar-

καὶ δαιμόνων, καὶ ἀν- heureux, abominables
θρώπων, καὶ οἴκων καὶ aux Dieux, aux De-
πό-

garçons, comme d'apuis dans leur veilleſſe, & ſi ce
ſont des filles, pour les vendre & les proſtituer dès
que l'âge pourra le permettre.

Quant aux générations faites avec intempérance,
Ocellus comprend parmi elles, non ſeulement toutes celles qui ſont produites dans la débauche, mais
encore celles, qui ſont crées dans le mariage, où
l'ivrognerie, la groſſiereté, & pour ainſi dire la
brutalité, ont plus de part qu'une honnête tendreſ-
ſe : il n'eſt pas douteux, que de pareilles générations
ne ſoient preſque auſſi contraires à la ſocieté, que
celles qui ſont produites par la crapule. Nous en
verrons les raiſons phiſiques dans les notes ſuivan-
tes. Au reſte, il faut bien ſe garder de croire que
par le mot *d'intemperance* ακρασιας Ocellus ait voulu condamner les plaiſirs, que les maris recherchent
dans les careſſes de leur épouſe, & ceux que les
femmes trouvent dans celles de leur mari, ni qu'il
ait auſſi voulu reſtreindre ces careſſés à certains
jours, & à un petit nombre; il étoit bien éloigné
de ce ſentiment, & penſoit au contraire que les plaiſirs dans l'accouplement amoureux étoient très utiles à la propagation, *pourvu qu'on ne les goutat pas
à la maniere des bétes*, comme il dit lui-même en
termes exprès, *mais en penſant à eux comme à un
bien neceſſaire.* Ταυτα ουν προδιανεουμενυς ϰ δει ομοιως
τοις αλογυς ζωοις πρσσερχεσθαι τοις ϰφροδισιοις, αλλ'
ως αϊϰγϰαιον ϰαι ϰαλον ηγουμενους.

Les Peres de l'Egliſe ſe ſont encore ici éloignés
des idées ſimples & naturelles pour ſe jetter dans des
ſpeculations, qui ne leur ont fait produire que des
opi-

mons, aux hommes, πόλεων. Ταῦτα οὖν & odieux aux famil- προδιαννουμένους οὐ δεῖ ὁμοίως

opinions capables de détruire toute l'amitié des é-poux, & de les conduire dans la débauche : ils ont prétendu, que les maris ne devoient plus voir leur femme dès qu'elle étoit enceinte ; & lorsqu'elle ne l'étoit pas, il ont reduit les jours, où les époux pou-voient se faire d'innocentes caresses, à un si petit nombre que s'ils en avoient été crûs, ils auroient fait perdre au mariage tout l'avantage qu'il a, pour em-pêcher les gens mariés de tomber dans la fornication, en trouvant dans leur femme de quoi faire cesser leurs tentations. „ Que doit-on penser, *dit S. Am-* „ *broise*, de la cupidité des hommes, lorsqu'on voit „ les bêtes, qui par un espece de langage muet, „ montrent qu'elles s'accouplent, non pas pour satis- „ faire leurs désirs, mais pour engendrer." *Quid mi-rum de hominibus, si pecudes quoque muto quodam ope-re loquuntur, generandi sibi studium, non desiderium esse coeundi. Siquidem ubi semel senserint genitali al-vo semen receptum, jam nec concubitu indulgent, nec lascivium amantis, sed curam parentis assumunt. D. Ambros. Comment. in Cap. I. Evangel. Luc.*

Cette déclamation puerile est prise presque mot à mot d'une pareille de S. Clement d'Alexandrie. „ Les „ Betes, *dit ce Saint*, qui sont privées de la raison, „ n'ont qu'un tems pour s'accoupler : or s'aprocher „ de sa femme, lorsqu'on ne peut pas faire des en- „ fans, c'est faire outrage à la nature." *Aliquod tem-pus ad seminandum oportunum habent quoque rationis expertia animalia. Coire autem non ad liberorum pro-creationem, est facere injuriam naturæ. Pedagog. Lib. II. Cap. X. pag. 225. Edit. Oxon.*

S. Je-

ὁμοίως τοῖς ἀλόγοις les & aux Villes: il
ζώοις προσέρχεσθαι τοῖς faut donc considerer
ἀφρο-

S Jerome n'a pas manqué de s'exprimer encore
plus fortement. Tout ce qui pouvoit fletrir le mariage, en interdire les plaisirs innocents, lui paroissoit trop essentiel pour le negliger: „La procrea-
„tion des enfans, *dit ce Pere*, a été accordé au ma-
„riage, mais le plaisir qu'on prend doit être reservé
„aux courtisanes & non point aux épouses, chez
„qui ces plaisirs sont un crime: que tout homme &
„que toute femme qui lit ceci aprenne, que dès que
„la grossesse commence à paroître, il faut plutôt
„songer à la priere qu'au lit nuptial. C'est ce que la
„nature nous montre dans les bêtes, qui ne voient
„plus leurs femelles, dès qu'elles ont conçu." *Li-*
berorum ergo, ut diximus, in matrimonio opera con-
cessa, voluptates autem, quæ de meretricum capiun-
tur amplexibus, in uxore damnatæ. Hoc legent
omnis vir & uxor intelligat, sibi post conceptum
magis orationi quam connubio serviendum, & quod
in animalibus & bestiis ipso naturæ jure præscriptum
est, ut prægnantes ad partum non coeant. Hieronym.
Tom. I. pag. 140.

Cela est vrai; les chiens ne voient plus une chien-
ne qui cesse d'être en chaleur; mais ils en vont chercher d'autres. Les Peres de l'Eglise vouloient-ils, que
les maris allassent faire des enfans à d'autres femmes
que la leur, dès qu'elle auroit été enceinte? C'est
sans doute ce qui arriveroit, si les plaisirs du mariage ne leur fournissoit dans tous les tems dequoi
éviter l'adultere & la fornication, & ne leur donnoit
un remede assuré contre les mouvemens que la
nature inspire, & qu'elle rend plus ou moins forts
selon

ces chofes, & goûter ἀφροδισίοις, ἀλλ' ὡς les plaifirs de l'amour, ἀναγκαῖον καλὸν ἡγυ-
μέ

felon le moins ou le plus de vigueur & de temperem-ment qu'elle a donné aux hommes. Bien loin que l'exemple des bêtes prouve, que les hommes ne doivent connoître leur femme que dans un certain tems, il montre au contraire que Dieu a voulu, qu'ils puiffent en jouir toujours, puisqu'il leur a donné un défir continuel, qui n'eft que momentané dans les bêtes; & ce défir eft une des plus grandes marques de la fageffe de la divine providence. Elle a voulu former entre le mari & la femme, entre deux creatures douées de raifon, un lien qui confervat toujours leur union & leur tendreffe reciproque, qui fervit à entretenir & à renouveller leur amitié mutuelle. J'ai dit en quelque endroit, & je le repete encore ici, que les Peres, qui écrivoient fur le mariage, en parloient comme les aveugles des couleurs, & ne connoiffoient gueres l'interieur des menages. Quiconque eft marié fçait affez, par expérience, combien le défir, que Dieu a donné aux hommes, de rendre le devoir conjugal a leur femme dans tous les tems, eft utile à la paix, au bonheur, à l'union des familles; & c'eft, comme le remarque fagement Ocellus, la profperité des familles qui fait celle de l'Etat entier.

Voions encore ici comme les Theologiens modernes raifonnent, fur ce point, beaucoup plus fagement que les anciens. ,,Je penfe, *dit Sanchès*, qu'un mari ,,ne fait aucun peché, lorfqu'il rend le devoir conju-,,gal à fa femme quand elle eft enceinte, parceque je ,,ne trouve en aucun endroit que cela lui foit deffen-,,du. Lorsque la neceffité ne l'exige pas, il eft inu-

,,tile

μένους. εἴπερ ἀναγ-
καῖον καὶ καλὸν εἶ-
ναι νομίζουσιν οἱ ἀγα-
θοὶ τῶν ἀνθρώπων, τὸ
μὴ μόνον πολυανδρεῖ-

non pas comme les
bêtes brutes, mais en
penſant *à ces plaiſirs*
comme à un bien ne-
ceſſaire ; puiſque les
gens vertueux croyent

σθαι

„ tile de chercher à multiplier le nombre des pechés,
„ & l'on ne doit pas reduire le mariage à l'eſclavage :
„ ſi c'étoit un peché veniel de voir ſa femme, lors-
„ qu'elle eſt enceinte, comme une épouſe peut être
„ la plupart du tems dans cette ſituation, il faudroit
„ donc qu'un mari s'abſtint, presque toute ſa vie, de
„ rendre le devoir conjugal, ou cette vie même ne
„ ſeroit qu'un tiſſu compoſé d'une infinité de pechés
„ veniels.“ *Dico probabilius eſſe, culpam venialem in
ea debiti exactione non inveniri. Quia nullam prohibi-
tionem reperio, & ubi neceſſitas non cogit, multiplica-
re culpas non oportet, eo vel maxime, quod matrimonium laqueum iniiceret, ſi hæc eſſet culpa venialis ;
cum enim magna temporis matrimonii parte uxor gra-
vida ſit, vel abſtinendum eſſet conjugibus fere ſemper
à debiti exactione, vel innumera eſſent venialia ad-
mittenda.* Sanches de Matrim. Lib. IX. p. 229.

Voila la raiſon qui parle, devant la quelle il faut
que le prejugé s'éclipſe. Toutes les vaines déclamations, toutes les triviales comparaiſons des hommes
avec les bêtes, tout cela disparoit, & ne peut plus
trouver aujourdhui de croiance, que dans le cerveau
de quelques perſonnes, qui n'ont qu'un pas à faire
pour entrer en convulſions, & pour repréſenter dans
quelque grenier les mêmes tours de force, que les
baladins font tous les jours à la foire,

Ajou-

qu'il eſt bon, que non ſeulement les familles, mais les plus grandes Villes de la terre ſoient peuplées & ſurtout de bons citoyens ; car

σέαι τοὺς οἴκους, καὶ τὸν πλείονα τῆς γῆς τόπον πληροῦσθαι. ἡμερώτατον γὰρ πάντων καὶ βέλτιςον ζῶον ὁ ἄν-

M 2

Ajoutons aux raiſons des Theologiens, favorables à l'union des familles, celles des grands Medecins qui prouvent, par l'organiſation du corps humain, la neceſſité des careſſes des gens mariés pour la conſervation de la ſanté des femmes, à qui la nature a rendu neceſſaire, dans tous les tems, l'uſage moderé des plaiſirs du mariage. „Si les femmes, *dit Hipo-* „*crate,* couchent avec leur mari, elles jouiſſent „d'une meilleure ſanté que lorsqu'elles n'y couchent „pas, car la matrice devient plus humide dans l'ac- „couplement, & ſi elle eſt trop ſeche, elle vient à „ſe contracter, & de cette contraction il s'enſuit „toujours de grandes douleurs dans tout le corps." Ἔχει δὲ τόδε οὕτω πᾶσι γυναιξὶν, ἢν μὲν μίσγωνται ἀνδράσι, μᾶλλον ὑγιαίνουσι, ἢν δὲ μὴ, ἧσσον. ἅμα μὲν γὰρ αἱ μῆτραι ἰκμαλέαι γίνονται ἐν τῇ μίξει, οὐ καὶ ξηραὶ ἐοῦσαι μᾶλλον τοῦ καιροῦ συςρέφονται ἰσχυρῶς. *Mulieres ſi cum viris coeant, magis ſanæ ſunt: ſi non, minus: nam & uteri ſimul humidi fiunt in commiſtione; qui enim ſicci ſunt, magis quam convenit, fortiter contrahuntur. Hipocrat. oper. omnia T. I. de genitura pag.* 129. Voila la voix de la nature, qui ſe joint à celle de la raiſon, & qui toutes les deux, d'un commun accord, ne laiſſent à l'opinion des Theologiens, opoſés aux plaiſirs du mariage, que le ridicule qu'elle merite.

S Hμι-

ἄνθρωπος, ἀλλὰ καὶ τὸ μέγιςον, εὐανδρεῖσθαι. l'homme est l'animal le plus doux 5 & le meilleur de tous.

§. 5.

5 Ἡμερώτατον γὰρ παίλων καὶ βέλτιςον ζῶον ὁ ανθρωπος. *Car l'homme eſt l'animal le plus doux & le meilleur de tous.*

Je ne ſais comment Ocellus a pu avancer un paradoxe auſſi difficile à ſoutenir. Pour le rendre croyable il faudroit prouver, que les hommes du tems d'Ocellus étoient entierement diférents de ceux qui vivent aujourdhui. Quant à moi, je ſuis très convaincu que non ſeulement l'homme n'eſt pas le meilleur des animaux, mais je crois au contraire qu'il eſt le plus mechant: j'ajouterois volontiers qu'il ſe trouve ſouvent pluſieurs hommes, qui ſont auſſi mauvais & auſſi mépriſables que tous les animaux enſemble; enſorte que dans une ſeule perſonne ſe trouvent réunis les défauts particuliers à chaque animal.

C'eſt ce qu'a remarqué & exprimé élégamment un Pere de l'Egliſe. „Tous les diférents animaux, „*dit S. Chryſoſtome*, ſont enclins à certain défaut qui „leur eſt propre, comme le loup à la rapine, le ſer- „pent à la ruſe, l'aſpic à repandre ſon venin; mais „un méchant homme eſt voleur comme le loup, „trompeur comme le ſerpent, mauvais & répan- „dant ſon venin comme l'aſpic, enfin il renferme en „lui tous les vices des diférents animaux.“ Καὶ τὸ δὴ χαλεπώτερον ὅτι τῶν μὲν ἀλόγων ἕκαςον ἒν ἐλάτlωμα ἔχει: ὁ λύκος εἰς τὸ ἁρπακτικὸν, ὁ ὄφις εἰς τὸ δολερὸν, ἢ ἀσπις εἰς τὸ ἰῶδες, ἐπὶ δὲ ἀνθρώπυ πονηροῦ οὐκ ἔτι τοῦτο. οὐδὲ γὰρ ἕν ἐλάτlωμα πολλάκις κέκληται ὁ ἄνθρωπ☉ ἀλλὰ καὶ ἁρπακlικὸς, καὶ δολερὸς, κᾒ ἰώδης, κᾒ τῶν αλόγων κακίας εἰς
τὼ

§. 5. En observant §. 5. Διὰ γ'ὰρ ταύ-
la modestie & la pieté την τὴν αἰτίαν καὶ
dans la génération, les τὰς πόλεις εὐνομυμένας

M 3 οἰκή-

τὴν ἑαυτοῦ συνάγυ ψυχήν. *Idque eo gravius est, quod unaquæque bellua una conditione prædita est, veluti lupus ad rapinam natus est, anguis ad dolum, aspis ad venenum dandum, in homine autem improbo hoc non inest. Non enim una varietas naturæ sæpe inest in homine; sed simul & rapax est. & dolo agit, & virus spargit, vitiaque bestiarum in animum suum concludit.* Homil. D. Chrysost. in Ps. XLVIII.

Si nous voulions ici examiner les diférents états de la vie, nous trouverions dans tous beaucoup de gens semblables à ceux dont parle S. Jean Chrysostome, mais nous nous contenterons, pour prouver nôtre sentiment, de choisir parmi les hommes ceux qui naturellement doivent avoir le plus de vertu. nous connoîtrons par leurs défauts ce que nous devons penser de ceux des autres hommes, qui sont privés des secours, que ces premiers ont pour se conduire dans toutes les actions de leur vie. Mes Lecteurs voient sans doute que je veux parler des gens de Lettres, qui ayant plus de lumieres, que les autres foibles mortels, & prenant le nom de philosophe ou d'amateur de la sagesse, doivent sans doute se conduire avec plus de bonne foi & de vertu: cependant dans quels excès ne les voions nous pas donner tous les jours! ils sont si grands que l'on peut dire qu'il y a plus de décence dans les disputes des Courtisanes, plus de bonne foi dans la conduite des Sauvages, que dans les demêlés & les actions de la plûpart des gens de Lettres. Pour mieux prouver ce que j'avance ici,

j'exa-

οἰκήσουσι , καὶ τοὺς hommes habiteront
ἰδίους οἴκους κατὰ des Villes bien poli-
τρό-

j'examinerai feparement les deux points que je viens
d'établir.

On voit rarement que les disputes des Courti-
fanes fortent des mauvais lieux, où elles prennent
naiſſance : ces femmes, à propos d'un gain mal
partagé ou d'une jalouſie peu fondée, fe donnent
mutuellement les noms qu'elles meritent, fe difent
les injures, fi l'on veut les plus groſſieres, cependant ces disputes reſtent entre elles : quoiqu'elles
aient perdu toute pudeur, elles ont encore aſſés
de honte pour ne pas vouloir rejouir le public à
leurs depends. Mais les gens de Lettres n'ont pas
même cette retenue, ils font aujourdhui imprimer, & repandre dans toute l'Europe les infamies
les plus honteuſes, ils s'apellent Giton, voleur,
efcroc, adultere, renegat, athée. Si l'on jugeoit
la plûpart des écrivains par ce qu'ils publient les
uns des autres, les magiſtrats n'auroient point aſſés
de boureaux pour punir tant de crimes. Ce qu'il
y a de plus honteux, c'eſt que pluſieurs auteurs
très reſpectables par leurs connoiſſances, & par
leur efprit, tombent non feulement dans ce défaut
affreux, mais y conduifent un nombre de perfonnes qui, n'aiant que très-peu de merite, croient
fe faire un nom en entrant dans les demêlés des
hommes célébres ; enforte qu'aujourdhui, dès que
deux écrivains connus commencent à s'injurier,
ils appellent à leur fecours un nombre de fcribes
foumis à leur ferule, qui inondent le public de
miferables brochures ; ce font des goujats, qui
fe battent à coup de poing pour divertir le peuple,

cées ; ils ne feront pas τρόπον οἰκονομήσουσι,
de folles depenses , ils καὶ τοῖς φίλοις αὐ-

M 4　　　τοῖς

ple, tandis que les Gladiateurs combattent à ou-
trance aux yeux des Senateurs & des Chevaliers
romains.

Il y a eu dans tous les tems des gens de Lettres qui
ont manqué à la décence, & qui se sont appellés
ignorans, imbeciles, mais il étoit reservé à nôtre
siecle de voir des acusations, dans les ouvrages des
philosophes, qu'on ne trouvoit autrefois que dans les
procédures de ceux qu'on conduisoit aux galeres.
Ce qu'il y a de plus affreux, c'est que dans tous ces
reproches odieux, faits de part & d'autre avec tant
d'aigreur, il n'y en a pas un de veritable. Le même
homme qu'on traite de Giton est aussi éloigné de
l'être, que celui au quel il reproche d'avoir friponn-
né est incapable d'une pareille bassesse ; il n'y a
rien de vrai dans ces injures reciproques, que l'horreur qu'en ont tous les honnêtes gens.

Je viens actuellement au second point ; c'est qu'il
y a plus de bonne foi dans les actions des Sauvages,
que dans celles d'une grande partie des gens de Lettres. Les Sauvages vivent en paix dans les bois avec
ceux de leur nation, ils ne font la guerre qu'à leurs
ennemis, mais les auteurs attaquent également, &
ceux dont ils ont à se plaindre, & ceux qu'ils ne
connoissent pas ; il suffit pour leur devenir odieux,
qu'on ait du merite, & qu'on soit applaudi du public. Ce n'est pas seulement les mauvais écrivains
qui tombent dans ce défaut, les plus grands y sont
enclins comme les plus petits.

Nous pourrions ici prouver cette verité par un
grand nombre d'exemples, si nous ne nous étions pas
inter-

τοῖς κατὰ τὰς πολι- assisteront leurs conci-
τείας, καὶ τὰς πολι- toyens & leurs amis
τικὰς

interdit dans cet ouvrage tout ce qui peut regarder quelqu'un en particulier. Contentons nous donc de remarquer, qu'il n'y a pas un homme, illustre aujourdhui dans la Republique des Lettres, contre lequel on n'ait écrit beaucoup d'indécence, & qu'il y a très peu de savans qui aient repoussé ces attaques avec modestie : ils ont repondu injure pour injure, & par cette conduite ils ont considérablement diminué l'indignation, que le public avoit contre leurs adversaires.

Pourquoi imprimer tant d'horreurs contre l'auteur de la Comedie des philosophes ? n'étoit-il pas assés puni aux yeux de tous les honnêtes gens, d'avoir calomnié des personnes, dont les mœurs étoient pures, & les talens superieurs ? son crime avoit excité l'indignation publique dans toute l'Europe ; je ne dis pas à Paris, car peut-on savoir le sentiment d'une ville, où l'on ne pense pas deux heures de la même maniere ? On a trouvé le moyen par les injures atroces, qu'on a publiés contre lui, d'aneantir le mépris qu'on avoit conçu pour sa conduite, & ce mépris ne tombe presque plus que sur les magistrats qui ont souffert qu'on representat une comedie, qui rendoit le jouet d'une sorte populace des gens, qui honorent autant la nation, que la plûpart d'entre eux la dèshonorent par leur ignorance, par leur maniere de vivre scandaleuse, & par leurs airs étourdis, qui les rendent le sujet de la plaisanterie de tous les étrangers.

En France depuis quelque tems on imite si mal les Grecs ; les Demosthenes, les Platons, les Pinda-
res

dans le gouvernement τινὰς πράξεις παρέ-
de l'Etat, dans les affai- ξουσιν, ὅτε μὴ μό-

M 5 νον

res, les Thucidides parisiens sont aujourdhui si
éloignés des Atheniens; pourquoi faut il donc que
la seule chose, où nous égalions l'ancienne Grece, soit celle qui lui fait encore essuier les reproches du monde entier? Athenes ne se justifiera jamais d'avoir souffert qu'on insultat Socrate sur le
theatre. O! vous sages Magistrats de la police,
éclairés Directeurs des spectacles, que ne pouvés-
vous entendre la voix de l'Europe, vous seriés assez punis; mais comment cette voix pourra-t-elle
jamais parvenir jusqu'à vous, vous qui n'êtes en-
tourés que de lâches flateurs subalternes, aussi ennemis de la verité, que vous l'êtes des sciences
que vous ignorés? Je conviens que vous avez des
oreilles assez grandes pour entendre, Midas ne les
eut pas d'une plus ample étendue; mais c'est de
vous dont il est dit, ils auront des oreilles & n'en-
tendront pas, ils auront des yeux, & ils ne verront
pas. *Aures habent, & non audient, oculos habent,
& non videbunt.* Ils seront enfin si méprisables,
qu'ils n'auront pas même les organes, dont jouis-
sent les animaux les plus vils.

Retournons à l'examen des actions des Sauvages,
& de celles des gens de Lettres. Lors qu'un Iroquois
croit avoir raison d'être faché contre un autre Iroquois, il n'a point recours pour se vanger, à des
moyens cachés; il ne seduit pas par l'argent, par un
vil interêt, ou par quelques autres motifs un de ses
compatriotes, pour assassiner son ennemi. On ne voit
que trop, dans la Republique des Lettres, l'affreuse
coûtume de faire porter les coups les plus mortels,

fans

ſans paroître y prendre part. Combien n'y-a-t-il pas d'auteurs, qui ſemblables à ces Seigneurs Napolitains, qui entretiennent cinq ou ſix bandits pour aſſaſſiner ceux qu'ils n'aiment pas, ont ainſi que ces Nobles italiens trois ou quatre écrivains ſubalternes, gens mépriſés du public par leurs mœurs, qui attaquent pour de l'argent les perſonnes les plus reſpectables : ce qu'il y a de plus affreux, & qui tôt ou tard détruira abſolument l'honneur des Lettres dans l'eſprit du public, c'eſt que les auteurs qui emploient ces *bandits Litteraires*, connoiſſant leur peu de merite, & leur ignorance, qui égale leur mauvais caractere, ont cependant l'audace de les louer en public, & de leur promettre l'immortalité, pour les encourager par les louanges aux aſſaſſinats aux quels ils les deſtinent. Ces auteurs reſſemblent au vieux de la Montagne, qui par la fauſſe eſperance d'une heureuſe immortalité, dans l'autre monde, formoit les plus dangereux aſſaſſins dans celui ci.

Si les Sauvages ſe portent à quelqu'action cruelle envers leurs ennemis, c'eſt toujours pour une offenſe grieve : ils deffendent leur femme & leurs filles, contre l'impudicité d'un autre Sauvage, leurs biens, leurs cabanes qui pour eux ſont des palais ; mais les gens de Lettres ne ſe déchirent, ne ſe dèshonorent, ne s'aſſaſſinent enfin, que par la jalouſie d'une vaine fumée de gloire. N'eſt-ce pas la choſe du monde la plus affreuſe de faire ſervir l'eſprit, le plus beau partage de l'humanité, le don le plus brillant après la raiſon, à denigrer ce qui merite d'être honoré, cheri, & reſpecté ? cependant c'eſt ce que l'on voit tous les jours : combien de critiques ameres, ou plutôt combien de poiſons la preſſe ne repand-elle pas ? & ces venins ſont plus ou moins dangereux, ſelon l'eſprit de celui qui les aprête ;

enforte que la probité fait défirer à ceux , qui lifent ces ouvrages, qu'il n'y eut que les fots , fi cela étoit poffible, à qui la nature donnat l'inclination de nuire & de calomnier.

Si l'on veut s'arrêter à ce que difent, pour justifier leur jaloufie cachée, certains Critiques, on
doit les regarder comme des gens, à qui l'on eft
redevable de la connoiffance de plufieurs défauts,
capables de détruire entierement le gout. Ils font
bien éloignés de penfer, que les Lecteurs judicieux leur favent fort peu de gré de relever certaines fautes legeres, qu'on n'auroit pas aperçûes,
& dont la connoiffance ne fert qu'à diminuer le
plaifir que donnent les beautés, qui font repandues
en abondance dans le même ouvrage. Ces Critiques reffemblent à des Empiriques, qui, par leurs
drogues, rendroient aigues les plus petites incom-
modités, pour faire mieux fentir à leurs malades
tous les avantages de la fanté.

Les auteurs fe livreroient beaucoup moins aux
mouvemens de leur jaloufie, s'ils connoiffoient combien le public eft en garde contre les décifions,
qu'ils portent fur les ouvrages de leurs rivaux. Les
lecteurs judicieux font accoutumés, depuis longtems, à ne faire aucun cas des critiques, que les
écrivains font des ouvrages de leurs contemporains.
Ils veulent juger par eux-mêmes, parceque l'experience leur a apris, qu'ils fe tromperoient groffiere-
ment s'ils vouloient s'en raporter à ce que difent
les auteurs les uns des autres, (& dans ce cas les
meilleurs, & ceux qui ont acquis le plus de répu-
tation font auffi fufpects que les autres, & auffi peu
équitables que les plus mauvais.)

Pour mettre ce que je dis ici hors de toute repli-
que, & dans la plus grande évidence, je me contenterai

terai de faire voir en paſſant, la façon injurieuſe dont ſe ſont traités reciproquement les plus grands hommes, qui ont vecu depuis cinquante ans jusqu'aujourdhui. Si le public, toujours juſte, les avoit jugés ſur les critiques de leurs adverſaires, ils ſeroient tous également mépriſés. Au reſte par le mot *d'adverſaire*, je n'entends que les grands hommes, qui ont écrit contre de grands hommes ; & mon deſſein n'eſt pas de faire mention de ces écrivains ſubalternes, qui s'acharnent toujours ſur les talens, & dont les critiques ſont trop mépriſables, pour qu'elles puiſſent jetter quelqu'un dans l'erreur.

Commençons par les philoſophes, qui ſont obligés à plus de moderation que les autres. Mr. Locke & Mr. de Leibnitz ſont regardés avec veneration par toutes les perſonnnes qui reſpectent le merite, Voions un exemple de là foibleſſe du dernier, & de la partialité de ſes jugemens. Lorſque M. Locke eut publié ſon *Eſſai ſur l'entendement humain*, Mr. de Leibnitz l'aprouva beaucoup, & en parla d'abord avec éloge dans des reflections, qui ne furent pas eſtimées par Mr. Locke. Mr. de Leibnitz changea alors de ton. Mr Locke ne fut plus, ſelon lui, qu'*un très petit Metaphiſicien* Voici comme il s'exprime dans une lettre, qu'il écrivit à ce ſujet à Mr. Remont. *Mr. Locke avoit de la ſubtilité, de l'adreſſe, & quelque eſpece de metaphiſique ſuperficielle qu'il ſavoit relever.* Voila Mr. Locke reduit, par Mr. de Leibnitz autrefois ſon admirateur, au ſimple rang d'un Profeſſeur Scholaſtique, à qui l'on accorde quelque ſubtilité, mais à qui l'on refuſe la profondeur de la metaphiſique.

Quand un homme lit que Mr de Leibnitz a oſé dire, que Mr. Locke n'avoit qu'une metaphiſique ſuperficielle, doit on s'étonner que Le Clerc, après
avoir

avoir loué Bayle dans ſes premiers ouvrages, ait enſuite écrit dans les autres, que c'étoit un homme
qui n'avoit abſolument aucun merite. Il lui a même refuſé celui d'être bon Dialecticien.

Si des philoſophes, nous paſſons aux poetes, nous
verrons Deſpreaux injuriant Fontenelle & Perault,
& les traitant comme des Cotins & des Linieres;
Rouſſeau attaqué par Mr. de Voltaire, & Mr. de
Voltaire accablé d'epigrammes & de ſatires par le
même Rouſſeau.

Il ne ſert de rien, pour éviter les traits des poetes, ſuſceptibles de jalouſie, de joindre la douceur,
la politeſſe, & la probité aux talents. Quelle perſe-
cution le ſage La Motte n'a-t-il pas eu à eſſuier de
la part de Rouſſeau; & quels chagrins n'a-t-on pas
cauſé à Mr. de Crebillon; vieillard auſſi reſpectable
par la ſimplicité de ſes mœurs, que par la ſublimité
de ſes ouvrages?

Je m'arrête ici, parceque je craindrois (dans un
ouvrage, où je m'éléve contre l'injuſtice de la critique, & contre l'indécence de ceux qui cherchent à rendre mépriſables les Lettres) de tomber dans le défaut que je condamne. Si j'allois
plus loin, je ſerois obligé de publier les motifs ſe-
crets des longues perſecutions qu'ont ſouffert les
Mairan, les Fontenelle, les Reaumur, & tant d'autres Savans, que l'Europe admire. Je me verrois
contraint de déveloper les intrigues qu'on a faites
contre les célébres auteurs de l'Encyclopedie.
Couvrons d'un voile épais, s'il eſt poſſible, tant
de manœuvres indignes. Oublions encore ces Libelles diffamatoires, dont l'on a vu l'Europe inon-
dée; ces invectives ſanglantes faites par des auteurs,
qui avoient rempli leurs premiers ouvrages des
louanges de ceux, qu'ils dechiroient ſi impitoiable-
ment.

ment. Que des écarts aussi condamnables, dans les gens de Lettres, nous servent à être toujours en garde contre les jugemens, que les auteurs portent sur leurs Contemporains. Regardons ces jugemens comme suspects, presque toujours dictés par l'amour propre; & n'y donnons nôtre consentement qu'après nous être murement assurés par nous mêmes qu'ils sont équitables.

En parlant des désordres, que l'esprit d'envie & de jalousie produit dans la Republique des Lettres, je ne dois point oublier l'abus condamnable que l'on y fait des Journaux. Ces ouvrages, autrefois si utiles au public pour son instruction, semblent pour la plupart n'être faits aujourdhui que pour amuser les gens désœuvrés, par le recit des querelles des auteurs. Les trois quarts des Journaux sont devenus le champ de bataille des gladiateurs litteraires. C'est dans ces arenes qu'ils combattent tous les mois aux yeux du public. Les Journalistes, qui trouvent à cela leur profit, semblables aux anciens maîtres des animaux qu'on faisoit déchirer dans le Cirque pour amuser le peuple, donnent de tems en tems quelque coup d'aiguillon aux combattans qui, par la ferocité avec laqelle ils disputent, meritent bien d'être traités a la maniere des bêtes. Il arrive de cela qu'au lieu de s'instruire dans les Journaux, & d'y trouver, comme dans ceux de Bayle, de Le Clerc & de La Chapelle, des extraits de livres intéressants faits avec impartialité; on n'y voit que des combats, des injures, des cabales litteraires, & quelques extraits très superficiels. Il est vrai que dans le nombre immense de Journaux, qui paroissent tous les mois, il y en a quelques uns qui se sont garantis de ce mauvais goût: parmi ces Journaux on doit placer au premier rang celui des Savans. J'ai remarqué plu-

sieurs

fieurs fois que les auteurs du Journal Encyclopedique fupriment les perfonalités & les injures, dans les diférentes pieces que leur envoient les auteurs acharnés à s'entre-détruire. La Bibliotheque des Sciences & des Beaux Arts, qui s'imprime en Holande, merite encore l'eftime du public par fon érudition & par fon impartialité.

Aprés avoir prouvé évidemment la mechanceté, la ferocité, la fauffeté, la haine implacable qui regnent parmi les gens de Lettres, qui par leur état doivent naturellement être les plus vertueux de tous les hommes, comment pourrai-je croire ce que dit Ocellus, & admirer l'homme comme le plus doux & le meilleur des animaux ? Que feroit-ce donc fi après avoir examiné le caractere des gens de Lettres, je paffois à celui des financiers? quelle dureté, quelle rapacité, quelle indiférence pour le bien public, quelle envie de s'enrichir aux depends de la veuve & de l'orphelin n'y trouverois-je pas ? Si du financier, je venois aux Magiftrats; quelle ignorance, quel abandon des devoirs les plus facrés, quelle vanité, quelle injuftice, quel mépris pour les loix, quelle facilité à fe laiffer feduire ne découvrirois-je pas du premier coup d'œil ? Si enfin, je reflechiffois fur les courtifans, c'eft-là où je trouverois tous les vices reunis, & où je pourrois dire avec S. Chrifoftome, même à celui qui feroit moins coupable que les autres. „ Vous êtes veritablement „ homme par le nom, mais non par la vertu ; & je „ ne trouve en vous que les défauts de tous les ani„ maux enfemble. Quand je vois que vous vous con„ duifés dans le cours de votre vie comme un hom„ me privé de la raifon, pourquoi ne vous appelle„ rai-je pas un bœuf plutôt qu'un homme ? Quand „ je découvre que vous pillés les provinces, pour„ quoi

νον πολυπληθεία ἀν- res politiques. Et non
θρώπων, ἀλλὰ καὶ seulement ils fourni-
                    ἐναν-

,, quoi vous donnerai-je le nom d'homme plutôt
,, que celui de loup ? Quand je vous entends vous
,, glorifier de vos débauches & de vos impudicités,
,, pourquoi vous accorderai-je le nom d'homme,
,, au lieu de celui d'un animal immonde. Quand
,, j'aperçois vôtre ruse, vôtre fausseté, d'où vient ne
,, vous regarderai-je pas comme un serpent ? Quand
,, j'écoute vos medisances, que je vois vos levres
,, couvertes de venin, pourquoi ne me paroitriés-
,, vous pas plutôt un aspic qu'un homme ? Quand
,, je connois que vous vous conduisez comme étant
,, privé de la raison, pourquoi penserai-je que vous
,, êtes un homme plutôt qu'un ane ? Quand je vous
,, considere allant commettre des adulteres, & dés-
,, honorer les femmes que vous seduisés, pourquoi
,, ne vous donnerai-je pas plutôt le nom de cheval
,, que celui d'homme ? Enfin quand vous affectés
,, de ne rien croire, que vous niés les verités les plus
,, plus claires, pourquoi ne serai-je pas persuadé que
,, vous êtes plutôt, par vôtre stupidité, une piere in-
,, sensible & inanimée qu'un homme ? ''

Ἄνθρωπός ἐσι, φησιν, ἀλλ' ἄνθρωπ☉ μὲν τὸ ὄνο-
μα πολλάκις, οὐκ ἄνθρωπος δὲ τὸ φρόνημα. ὅταν γὰρ
ἴδω σε ἀλόγως βιοῦντα πῶς σε καλέσω ἄνθρωπον ἀλλ'
οὐχὶ βοῦν; ὅταν ἴδω σε ἁρπάζοντα πῶς σε καλέσω ἄνθρωπον ἀλλ' οὐχὶ λύκον; ὅταν ἴδω σε πορνεύοντα, πῶς σε
καλέσω ἄνθρωπον, ἀλλ' οὐχὶ χοῖρον; ὅταν ἴδω σε δολερὸν πῶς σε καλέσω ἄνθρωπον, ἀλλ' οὐχὶ ὄφιν; ὅταν ἴδω
σε ἰὸν ἔχοντα, πῶς σε καλέσω ἄνθρωπον, ἀλλ' οὐχὶ ἀσ-
πίδα; ὅταν ἴδω σε ἀνόητον, πῶς σε καλέσω ἄνθρωπον,
ἀλλ' οὐχὶ ὄνον; ὅταν ἴδω σε μοιχεύοντα, πῶς σε κα-
                    λέσω

ront une grande multi- ἐυανδρίω χαρηγοῦι-
tude d'habitans [6], mais ται.
ils contribueront à leur perfection.

§. 6.

λέσω ἄνθρωπον, ἀλλ' οὐχὶ ἵππον θηλυμανῆ; ὅταν ἴδω σε
ἀπειθῆ κ̀ ἀσύνετον. πῶς σε καλέσω ἄνθρωπον ἀλλ' οὐχὶ
λίθον. *Homo est . sed homo quidem nomine plerumque,
verum homo non prudentia. Cum enim te vitam a ratione alienam agentem videro, quonam modo te hominem nominabo, non bovem? Cum rapientem te anim-
adverto, quomodo te hominem, non lupum vocabo?
Cum stuprantem te video cur te hominem appellabo,
non suem? Cum ex dolo & insidiis agere te videro, quonam pacto hominem te, non anguem ac serpentem nun-
cupabo? Cum venenum tibi videro, quid est, quamobrem
hominem te, non aspidem nominem? Cum stultum te
animadvertam, cur hominem te, non asinum vocabo?
Cum te cum aliena muliere concumbere cernam, quid
te hominem, non in fœminas insanientem equum appellabo? Cum incredulum & stupidam te videro, cur
te hominem potius quam lapidem, aut saxum nun-
cupabo?* D. Joannis Chrysost. Homiliæ septem se-
lectæ, cum præfat. Joh. Wolffg. Jægeri &c. Tu-
bingæ, anno 1755. Homil. V. pag. 227. Remarquons ici en passant qu'il y a dans l'Homélie de
S. Jean Chrysostome, dont ce passage est tiré, des
choses admirables pour l'éloquence.

6 Οτι μη μονον πολυπληθεια ανθρωπων αλλα και ευαν-
δρια χρηγουϊται, mot à mot *non seulement-ils fourniront à la grande multitude d'hommes, mais encore à
leur perfection.* Οτι μη μονον χρηγουται πολυπληθεια
ανθρωπων αλλα και ευανδρεια. *Non seulement ils fourniront une grande multitude d'habitans, mais ils contribueront à leur perfection.* Ocellus a raison de ne pas

bor-

borner le devoir d'un homme vertueux à augmenter le nombre des citoyens , il faut encore qu'il les rende bons ; fans cela il ne remplit que la plus petite partie de fon devoir. Tous les États, lorsque la vertu n'y domine point fur le vice , doivent aller en périclitant : c'eft envain que leur grande force, leur étendue, & leur richeffe les garantiffent, pendant un tems , de la deftruction : le mal interieur , qui les mine , produit tôt ou tard fon effet dangereux.

. Le trop grand luxe, & la fuperftition font les vices les plus contraires à la profperité des Republiques & des Royaumes. Le premier femble d'abord en augmenter la force par le commerce, & par la circulation de l'argent ; mais cet état , qui paroit fi avantageux , reffemble à l'embonpoint du corps humain , caufé par un amas de mauvaifes humeurs , qui en gatent infenfiblement toutes les parties ; de même le trop grand luxe énerve le courage , rend les hommes incapables de fe former à la fatigue, à la fobrieté : ce font ces vertus qui font les foldats , les feuls foutiens de la patrie contre fes ennemis. Pourquoi les Grecs vainquirent-ils les Perfes ? c'eft qu'ils étoient moins adonnés au luxe , & par conféquent meilleurs foldats. Quant à la fuperftition , elle eft plus dangereufe que le luxe, parcequ'elle produit plutôt fon effet , & qu'il eft encore plus certain. Eloignons toutes les idées, que pourroient nous donner les gouvernemens modernes , pour prouver les verités que nous établiffons ici ; nous ne voulons déplaire à perfonne. Nous prendrons dans la chute de la Republique Romaine. & dans celle de l'Empire d'Orient, des exemples frapans des maux inévitables qu'entrainent le trop grand luxe & la fuperftition. J'entends par *fuperftition*, toutes ces difputes ecclefiaftiques, toutes ces féparations de diférentes communions, qui furent

rent

rent inconnues aux Payens, & qui des Juifs ont paſſé
aux Chretiens.

Jusqu'à la ruine de Carthage les Romains conſer-
verent la pureté de leurs mœurs, mais quand ils ſe
furent enrichis du bien de tant de nations qu'ils ſou-
mirent, le luxe qui s'introduiſit dans Rome, y fut
bientôt porté à un point exceſſif, & tous les diférents états de la Republique perdirent également leur
vertu. Rome, victorieuſe de tant de Peuples, com-
mença par ſe détruire elle même par les guerres civiles, & la tirannie des Empereurs. Les Empereurs,
qui presque tous furent de méchans Princes, occa-
ſionnerent l'entrée des Barbares en Italie, qui dé-
truiſirent entierement une puiſſance, dont les troupes depuis long-tems avoient perdu toute diſcipline, & dont les peuples étoient plongés dans la mo-
leſſe & dans le luxe.

Les Hiſtoriens, qui vecurent à la fin de la Republique, s'aperçurent des maux que le luxe avoit faits
à Rome, & prédirent ceux qu'il lui cauſeroit encore
dans la ſuite. ,, Ce furent, *dit Florus*, les richeſſes
,, qui corrompirent les mœurs du ſiecle, & qui abi-
,, merent la Republique dans ſes propres vices, com-
,, me dans une ſentine & dans un cloac, d'où elle ne
,, put ſe retirer. Car pourquoi le peuple romain de-
,, demanda-t il à ſes Tribuns de nouvelles terres &
,, des diſtributions de bleds, ſi ce n'eſt à cauſe de la
,, faim & de la diſette que ſon propre luxe lui à cau-
,, ſées? .... mais ces ſuperbes apareils des feſtins,
,, & ſes ſomptueuſes & exceſſives, largeſſes qui les a
,, donc introduits? n'eſt-ce pas cette trop grande
,, opulence, qui ne manque jamais d'engendrer la
,, pauvreté." *Illæ opes atque divitiæ afflixere ſæculi*
mores: merſamque vitiis ſuis, quaſi ſentina, rem-
publicam peſſum dedere. Unde enim populus romanus a

tribu-

tribunis agros & cibaria flagitaret, nisi per famem, quam luxus fecerat ..... Aut magnificus adparatus conviviorum, & sumptuosa largitio, nonne ab opulentia, paritura mox egestatem. Annæi Flori, Epit. de rebus gestis romanor. lib. 3. c. 12.

Voila ce qui ne peut pas manquer d'arriver dans les Etats, qui imitent le luxe des romains; sur tout dans un pais, où l'on enrichit aux depends du public un nombre de financiers, qui étant les promoteurs du luxe, excitent ceux qui sont riches à les imiter: ils font commettre cent mauvaises actions, à ceux qui sont pauvres & qui veulent goûter les mêmes plaisirs que le luxe procure aux autres. Nous voions dans certains Etats des exemples bien frapans de cette pernitieuse coûtume.

Il semble que les financiers aient été de tous tems les mêmes qu'ils sont aujourdhui, & qu'ils aient toujours cherché à disposer des impots, pour en faire un infame trafic, qui en ruinant le peuple leur donne d'immenses richesses. Ce défaut dans le gouvernement de Rome fut encore une des principales causes de la décadence de la Republique, comme le remarque judicieusement un de leurs Historiens. ,,Pourquoi l'ordre des Chevaliers, *dit* ,,*Florus*, auroit-il fait tant d'instances, pour avoir ,,lui seul toute l'autorité des jugemens à l'exclusion ,,du Senat: c'est à dire, pourquoi s'en feroit-il se- ,,paré, & se feroit-il fait attribuer à lui seul toute ,,la puissance, & tout l'empire de l'Etat par les ,,loix judiciaires, si ce n'avoit été par pure avari- ,,ce, & afin de pouvoir disposer à son profit des ,,fermes, des impots, & de tous les revenus de la ,,Republique, pour vendre ensuite ces mêmes ju- ,,gemens, & en faire un infame trafic.`` *Unde re- gnaret judiciariis legibus divulsus a Senatu eques,*

nisi

nisi ex avaritia, ut vectigalia reipublicæ, atque ipsa judicia, in quæstu haberentur? Flor. lib. 3. c. 12.

Qu'il me soit permis ici de parodier le passage que je viens de citer; quelques peuples s'y reconnoitront si bien, qu'ils croiront qu'il a été fait par un Historien moderne & non par un ancien. „ Pourquoi les fermiers généraux ont ils fait tant „ d'instances pour avoir eux seuls toute l'autorité des „ jugemens, à l'exclusion de la Chambre des comp- „ tes & de la Cour des aides? pourquoi se sont ils fait „ attribuer toute la puissance de ces Cours Souve- „ raines? quoi, pour les depouiller de leur juris- „ diction, ont-ils fait établir dans plusieurs villes des „ tribunaux, qui jugent les contrebandiers, & les af- „ faires des fermes, si ce n'est par pure avarice, „ afin de pouvoir disposer à leur profit des fermes, „ des impots, de tous les revenus du royaume, & „ pour vendre ensuite ces mêmes jugemens, & en „ faire un infame trafic? " Les deux Sofies & les deux Amphitrions ne se ressemblent pas davantage que le passage de Florus, & l'imitation que j'en ai faite. L'Historien Romain nous aprend que le dé- faut, qu'il condamne, fut une des causes de la perte de la Republique, c'est donc aux peuples (qui pensent avoir chez eux le même vice) à re- dresser un grief aussi dangereux, s'ils ne veulent pas dire dans quelque tems, ce que disoit un poe- te, qui vivoit environ cinquante ans après Florus. „ Le luxe, plus redoutable que les armes, nous a „ accablé & vaincu. " *Sævior armis luxuria incu- buit.* Le même poete se plaint, que de son tems toute sorte de crimes & de debauches regnoient à Rome, depuis que le luxe en avoit banni l'hon- nête pauvreté, & que la délicatesse de Rhodes, de Milet, des Sybarites & tous les délices des volup-

 tueux

tueux & pétulans Tarentins, parfumés de rofes &
d'effences, s'étoient introduite dans la Ville.

Nullum crimen abeft facinusque libidinis, ex quo
Paupertas Romana perit. Hinc fluxit ad iftos.
Et Sybaris colles : hinc & Rhodos, & Miletos,
Atque coronatum, & petulans, madidumque Ta-
rentum. Juvenal. Sat. VI.

Ne diroit-on pas que Juvenal décrivoit les mœurs &
les ufages de certains peuples, qui doivent fe recon-
noitre bien aifément à fa defcription, quoiqu'ils vivent dix fept cens ans après-lui.

Paffons actuellement aux maux que caufe la fuperftition, maux qui font encore plus à craindre que
ceux que le luxe entraine après lui. La fuperftition
conduit toujours au fanatifme, & les horreurs de ce
dernier vice font fi connues, elles ont depuis deux
cens ans fait de fi grands ravages en Europe, qu'il ne
faut que jetter un coup d'œil fur l'hiftoire, pour dé-
tefter tout ce qui peut produire les malheurs, que
tant de difputes theologiques ont caufés à l'Europe.
C'eft une verité conftante, que fi Dieu avoit voulu
que les hommmes cruffent tous les mêmes dogmes
de religion, ces dogmes auroient été fi clairs, qu'aucun d'eux n'auroit pû leur refufer une entiere
croyance. Pourquoi donc les Theologiens veulent-
ils faire ce que la Divinité n'a pas jugé neceffaire ?
la revelation n'eft point claire fur quelques points,
ou du moins paroit-elle pouvoir recevoir un fens
diférent de celui, que nous lui donnons : faut-il pour
cela bannir, égorger, bruler ceux qui ne font pas de
nôtre fentiment fur quelque point de doctrine, &
qui conviennent de tous ceux qui font effentiels à
la morale & au bien de la focieté ? Les erreurs de
bonne foi, dès qu'elles ne bleffent point les égards
que les hommes fe doivent les uns aux autres, doivent

vent être détruites par le raisonnement, & point du tout par les suplices. Si l'on eut toujours envisagé de même les matieres de controverse, il n'y eut jamais eu de schisme ni d'excommunication, & l'on eut emploié à bien vivre, à fuir ce que tous les partis conviennent être un peché, la medisance, le vol, l'impureté, le meurtre, la haine de son prochain &c, le tems que l'on a perdu à disputer avec aigreur, ou à persecuter avec fureur : ce tems eut été emploié à chercher les moyens de faire fleurir la morale & de détruire le crime. Si cela eut été ainsi, jamais l'Université de Paris n'eut prononcé l'insolent decret, qui délioit tous les sujets de Henri III. du serment de fidelité, qu'ils avoient fait à ce Prince : le Dominicain, qui pour l'honneur & le maintien de l'Eglise Romaine lui enfonça un poignard dans le ventre, l'auroit respecté & laissé vivre heureux sur le trone : le Jesuite Guignard n'eut point été pendu, pour avoir fomenté, par ses écrits, les assassinats commis contre la personne de Henri IV ; & ce grand Roi n'auroit pas été blessé par Jean Chatel éleve des Jesuites, & assassiné enfin par Ravaillac, emploié pour ce crime, par les Espagnols, par les Jesuites, & par les Italiens qui étoient auprès de la Reine : car il est clair aujourdhui que toutes ces diférentes personnes eurent part à l'assassinat de ce grand homme.

C'est une chose terrible, & qui prouve bien la verité de ce vers de Lucrece *Religio peperit scelerosa atque impia facta.* „*La superstition a été la cause des* „*plus grands crimes*" que de voir dans l'Histoire, que presque tous les assassinats, qui ont été commis contre la personne des Rois, n'ont eu d'autre principe que le fanatisme, ou l'ambition des Ecclesiastiques. C'est par un Dominicain, que fut empoisonné dans le vin de la communion, l'Empereur Henri

VII.; trois Rois de France ont été affassinés, le premier par un Jacobin; le second par un écolier & un pénitent des Jefuites. Il eft très facheux pour ces Peres, que Damien ait vecu plufieurs années dans une de leurs maifons, & qu'il ait refté quelques jours dans celle d'Arras, lorfqu'il partit de cette Ville pour affaffiner Louis XV. Enfin il paroit par les procédures, que l'on a imprimées en France, & par plufieurs reponfes de ce miferable aux interrogations des Juges, que le fanatifme entroit pour beaucoup dans l'action horrible qu'il commit. Quant à l'affaffinat du Roi de Portugal deux chofes y ont également concouru, l'ambition des Jefuites, au dèfefpoir de voir leur credit tomber dans cette Cour, & l'abus pernitieux que le Pere Malagrida faifoit des exercices fpirituels, aux quels il admettoit les principaux conjurés. On voit par toutes les declarations des criminels, qu'il les affuroit que non feulement il n'y avoit point de mal d'affaffiner le Roi de Portugal, mais que c'étoit même faire une action très meritoire devant Dieu.

Je ne puis m'empêcher de remarquer ici, en paffant, la hardieffe des Journaliftes de Trevoux, qui affuroient encore dans leur journal, un an après l'execution du Duc d'Aveiro, du Marquis de Tavora, enfin de tous les criminels, qui avoient découvert avant de mourir les fecrets de la conjuration, que ce que l'on difoit en Europe à ce fujet, n'étoit que des difcours vagues & fans fondement. Mr. de Voltaire avoit dit dans une petite, mais excellente Differtation, qui eft à la tête d'une Ode fur la mort à S. A. R. Madame la Margrave de Bareuth. „Helas quel tems l'auteur du Journal de Tre-
„voux, & ceux de fon parti prennent-ils, pour ac-
„cufer les philofophes d'être dangereux dans un
„Etat!

„Etat! quelques philosophes auroient-ils trempés
„dans ces détestables attentats, qui ont saifi d'hor-
„reur l'Europe étonnée? auroient-ils eu part aux ou-
„vrages innombrables de ces Theologiens d'enfer,
„qui ont mis plus d'une fois le couteau dans des
„mains parricides? atiserent-ils autrefois les feux de
„la Ligue, & de la Fronde? ont-ils.... Je m'arrê-
„te: que le Gazetier de Trevoux ne force point des
„hommes éclairés à une recrimination juste & ter-
„rible." Que repondit à cela le Journaliste de Trevoux? le voici: *Mr. de Voltaire garde longtems fa colere, il fabrique à loifir fes foudres. Mais fi le Journaliste a écrit il y a fept à huit ans fur cet objet, il n'a
donc pas pris ce tems facheux, ni attendu les circon-
stances de 1759. dont Mr. de Voltaire fait mention d'a-
près beaucoup de bruits populaires, fans compter les
menfonges imprimés.* Il y a dequoi refter dans la plus
grande furprife en voiant cette reponfe des Journalistes de Trevoux. Quoi! ces Reverends Peres regardent l'execution des plus grands Seigneurs de Portugal, faite aux yeux de tout Lisbonne, & de tous les
Ambaffadeurs étrangers, qui ont informé leur Cour
de cette conjuration, comme *des bruits populaires:*
ils traitent les lettres du Roi de Portugal écrites au
Pape, les procédures publiés par ordre de la Cour
de Lisbonne, comme *des menfonges imprimés.* Il
faut convenir, qu'en voiant l'air cavalier avec le
quel les Jefuites repondent à des accufations auffi
atroces, mais malheureufement auffi bien prouvées,
on tombe dans un étonnement dont on a peine à revenir. Si Mr. de Voltaire avoit reproché aux Journalistes de Trevoux, de fe laiffer feduire par quelque
vue d'intérêt pour louer ou pour blâmer certains
ouvrages, je leur aurois paffé de dire, que Mr. de
Voltaire pouvoit établir ce reproche fur *des bruits*

populaires sans compter les mensonges imprimés : mais est-ce ainsi qu'ils croyent démentir l'attentat contre la vie d'un bon & vertueux Roi, aimé de son Peuple, assassiné cruellement par les conseils du Jesuite Malagrida, & par les ordres de son Général ? Après cela il ne reste plus à la Societé que de dire , que les Livres que le Parlement de Paris vient de faire bruler , dans les quels la doctrine de l'assassinat des Rois est fortement établie, n'ont pas été faits par des Jesuites : & si elle ne veut pas abandonner entierement ces ouvrages , dont elle peut se servir un jour pour le malheur des Etats, elle n'a qu'à dire , que les propositions, qu'on y a condamnées , ne s'y trouvent pas. Les Jesuites n'ont ils pas soutenu que celles, qui n'étoient point dans Jansenius, y étoient ? pourquoi ne diront-ils pas de celles-ci , qu'elles n'y sont pas, quoiqu'elles y soient ? ils ne faut pas plus de hardiesse pour l'un que pour l'autre.

J'examinerai encore ici une reponse des Journalistes de Trevoux à Mr. de Voltaire, qui vaut encore moins que celle dont je viens de parler. „Les „deux partis. les Jansenistes & les Molinistes, *dit* „*Mr. de Voltaire* , si fameux longtems dans Paris, „& si dedaignés dans l'Europe, ces champions de „la folie, que l'exemple des sages, & les soins pa „ternels du Souverain n'ont pû reprimer , s'achar „nent l'un contre l'autre avec toute l'absurdité de „nos siecles de barbarie, & tout le rafinement d'un „tems également éclaire dans le crime & dans la „vertu. Qu'on me montre un philosophe, qui ait „ainsi troublé sa patrie, en est-il un seul, depuis „Confucius jusqu'à nos jours , qui ait été coupable, „je ne dis pas de cette rage de parti & de ces excès „monstrueux , mais de la moindre cabale contre les „Puissances, soit seculieres, soit ecclesiastiques? non, „il

„il n'y en eut jamais, & il n'y en aura point. Un
„philosophe fait son premier devoir d'aimer son
„Prince & sa patrie, il suit sa Religion, sans s'éle-
„ver outrageusement contre celle des autres peu-
„ples, il gemit de ces disputes insensées & fatales,
„qui ont couté autrefois tant de sang, & qui exci-
„tent aujourdhui tant de haines. Le fanatisme allu-
„me la discorde, & la philosophie l'éteint.‟

Il n'y a rien que de vrai dans ce sage discours de
Mr. de Voltaire, & les Journalistes de Trevoux n'y
repondent que par de vaines déclamations, ils s'effor-
çent de trouver quelques philosophes mediocres parmi les anciens, dont les noms sont à peine parvenus
jusqu'à nous, & qui condamnoient dans leurs discours la tirannie de quelques mauvais Princes, mais
qui se gardoient bien de les faire tuer, encore moins
de les assassiner eux-mêmes. *Sous Domitien*, disent
les Journalistes de Trevoux, *Apollonius de Thiane*,
philosophe Pithago ricien, *suscitoit de tout son pouvoir*
des ennemis à l'Empereur. Il est faux qu'Apollonius
ait voulu jamais causer aucune revolte: il est vrai qu'il
condamnoit les cruautés de Domitien, qui fut un
aussi grand Tiran, que le Roi de Portugal est un bon
Prince; mais condamner les cruautés d'un Souverain ce n'est pas vouloir l'assassiner. Quand les Journalistes de Trevoux auront prouvé, que dans une
seule secte de philosophes, par exemple parmi les
Cartesiens, parmi les Gassendistes, il s'est trouvé
trente personnes, qui ont composé des ouvrages qui
ont été condamnés par le Parlement de Paris à être
brulés, *comme séditieux*, *destructifs de tout principe*
de la morale chretienne, *enseignant une doctrine meur-*
triere & abominable, *non seulement contre la sureté de*
la vie des citoiens, *mais même contre celle des person-*
nes sacrées des Souverains: (Ce sont la les propres termes

mes de l'arrêt du Parlement) quand dis-je, les Journaliftes auront prouvé cela, alors on leur paffera que parmi les philofophes il y a des gens dangereux, ainfi que parmi les Theologiens; mais on ne conviendra pas encore qu'ils le foient autant, parcequ'ils n'auront point affaffiné le Roi de Portugal, ni empoifonné à la Chine le Cardinal de Tournon.

En attendant qu'il plaife aux Journaliftes de reveler quelque grand crime, commis par un philofophe, nous foutiendrons hardiment, qu'on ne nous montrera jamais dans l'Hiftoire ancienne ou moderne, aucun philofophe, qui ait caufé une guerre civile dans fa patrie, qui ait compofé des livres pour autorifer le meurtre des Souverains, qui ait foutenu qu'il étoit innocent de tuer un homme qui difoit du mal des philofophes, ait écrit des ouvrages pour aprouver le meurtre des hérétiques, c'eft à dire des gens qui ne penfent pas comme lui, qui ait voulu faire périr tout le Parlement de Londres en le faifant fauter, à l'aide d'une certaine quantité de barils de poudre, très-faintement difpofés pour cette pieufe action, qui par fes intrigues au Japon ait été caufe de la mort de deux millions de Chretiens; enfin qui, pour faire recevoir une de fes opinions, ait obtenu une bulle qui depuis foixante ans à plus occafionné de troubles en France dans un feul jour, que toutes les difputes fur les idées innées, fur la poffibilité que la matiere puiffe penfer, n'en ont caufées depuis la creation du monde, & n'en cauferont jufqu'au jugement dernier.

Ce ne font pas les difputes philofophiques, qui nuifent aux Etats, ce font les difputes theologiques qui font toujours fuivies de triftes cataftrophes. Celles de Defcartes, de Gaffendi, de Newton, de Leibnitz, de Spinofa & de leurs adverfaires, n'ont pas

fait

fait perdre à l'Europe un feul homme, n'ont pas détruit la fortune du moindre particulier. Combien les difputes de Luther & de Calvin, combien les decifions du Concile de Trente n'ont elles pas fait périr de malheureux mortels? que de millions d'hommes ces controverfes n'ont elles pas rendu malheureux, & combien n'en rendent elles pas encore tous les jours?

Je l'ai dit au commencement de cette note, rien n'accelere plus la ruine des Etats, que les demêles des Ecclefiaftiques. L'Empire d'Orient périt par ces dangereufes difputes, autant que par les armes des ennemis: les Grecs étoient plus occupés des nouvelles opinions, que leurs Prêtres & leurs Evêques enfantoient prefque tous les jours, que de la deffenfe de l'Empire ; ils perdoient l'Armenie, & ils difputoient fur l'effence de la lumiere, qui environnoit Jefus Chrift fur le Tabor; les Mahometans prenoient l'Egypte, & ils agitoient le dogme du culte des images : enfin la fureur de disputer fur des matieres theologiques s'étoit fi fort emparée de leur efprit, que leurs Prêtres difputoient avec la même aigreur, lorsque Mahomet fecond étoit aux portes de Conftantinople. N'avons-nous pas vu en France, dans la guerre pour la fucceffion de la Couronne d'Efpagne, les Moliniftes & les Janfeniftes plus occupés de leur bulle *Unigenitus*, que de favoir fi les Hollandois & les Anglois accepteroient le paffage qu'on leur avoit offert, au milieu du Royaume, pour aller détroner Philippe Cinq en Efpagne, ou s'ils exigeroient, comme ils firent, que Louis XIV. emploiat fes propres troupes a détroner fon petit fils. Si l'on eut alors confulté les philofophes, qui vivoient en France, on auroit vû qu'ils étoient auffi touchés des malheurs de l'Etat que les
Theo-

logiens y étoient peu fenfibles. Arrêtons-nous ici, & ne pouffons pas plus loin nos reflections: laiffons à ceux, qui écriront dans un tems auffi éloigné de celui-ci, que le moment où j'écris l'eft de la guerre de fucceffion, à dire ce qu'ils penferont de l'intérêt, que les Theologiens Moliniftes & Janfeniftes prennent aujourdhui au bien de l'Etat.

Avant de finir cette note, difons un mot d'un ouvrage, où le fanatifme eft pouffé au dernier point; il eft écrit fur la revocation de l'Edit de Nantes, & l'on y trouve une longue apologie de la journée de St. Barthelemi: l'indignation publique, que ce livre a excitée dans toute l'Europe, auroit bien du reveiller celle des Magiftrats. Il eft auffi criminel de foutenir, qu'un pere peut faire affaffiner fon fils cadet par fon fils ainé, que de prétendre que dans certaines occafions un enfant peut très faintement empoifonner ou poignarder fon pere : voila où fe reduit le point de la queftion du maffacre de la St. Barthelemi. De même que le Parlement s'eft élevé avec horreur contre tant de livres, qui permettent & qui confeillent dans certaines occafions de tuer un Roi, de même auffi auroit-il dû condamner aux yeux de l'univers un ouvrage, qui juftifie un Souverain, qui fait affaffiner fes fujets. Pourquoi le crime d'un homme, qui tue fon Roi eft-il fi grand ? ce n'eft pas parcequ'il donne la mort à celui qui commande, à celui qui eft le plus riche, le plus puiffant de l'Etat, mais c'eft qu'il tue le Pere commun du peuple, & par conféquent le fien ; fon crime eft un parricide plus grand, que s'il tuoit fon propre pere ; tous fes concitoyens font en droit de lui demander compte, non feulement du fang de fon pere, mais du fang du leur. Lorfque les Prefidents, & les Confeillers du Parlement de Paris firent pen-

dre

dre Guignard, & chafferent les Jefuites, c'étoient
des enfans qui puniffoient les attentats commis contre la vie du pere de l'Etat, & par conféquent du
leur. S'il eft donc clair, que ce qui rend les attentats contre la vie des Rois fi criminels, c'eft qu'ils
font les peres de leurs fujets; cette même qualité de
pere, ne rend-elle pas horribles les affaffinats que les
Rois font executer, dans un feal jour, fur une partie de leurs fujets par l'autre partie? Ce crime n'eft-
il pas auffi horrible que feroit celui d'un pere, qui
aiant cinq enfans ordonneroit à trois de maffacrer
les deux autres, pendant qu'ils feroient endormis : &
combien deviendroit plus affreux ce crime, s'il avoit
affuré fes enfans avant leur fommeil de fon amitié
paternelle? Un auteur, qui feroit un pareil livre en
Angleterre, feroit obligé de faire une reparation au-
tentique à la nation, qu'il livreroit par fon fyfteme à
la cruauté d'un Roi, qui pourroit un jour être auffi
méchant que Charles IX; & fi un homme s'avifoit
de publier un femblable ouvrage dans les Etats du
Roi de Pruffe, je ne doute pas que ce Prince, un des
plus grands hommes du monde, le plus illuftre Souverain qu'il y ait eu depuis Jules Cefar, le pere du
peuple, l'ami des citoiens, le compagnon d'armes de fes foldats, le protecteur des Lettres, l'apui
de la Societé, enfin la gloire de l'efprit humain
malgré les croaffemens de quelques frenetiques, &
de quelques vils fcribes mercenaires: je ne doute
pas, dis-je, que ce Heros n'ordonnat qu'on mit cet
auteur entre les mains de quatre Medecins, pour le
traiter & pour le guerir de la frenefie & de la rage la
plus dangereufe. Les Journaliftes de Trevoux ont
donné de grandes louanges à cet écrivain, & en ont
pris la deffenfe contre Mr. de Voltaire: j'en ferois
plus etonné, fi je n'avois pas vû que dans le primitif

de

§. 6. Ὅθεν ἁμαρτάνουσι πολλοὶ μὴ πρὸς τὸ μέγεθος τῆς τύχης, μηδὲ πρὸς τὸ συμφέρον τῷ κοινῷ συνιστάντες τοὺς γάμους, ἀλλὰ πρὸς τὸν πλοῦτον, ἢ τὴν ὑπεροχὴν τοῦ γένους ἀπο-

§. 6. Beaucoup de gens font des mariages sans avoir 7 égard à la gloire & à l'utilité publique. Ils ne considerent que les richesses & la noblesse de la race, *à laquelle ils s'allient*, au lieu de prendre une jeune & belle βλέ-

de l'arret, prononcé par le Parlement contre les auteurs, partisans des assassins des Rois, les Journalistes de Trevoux y sont nommés comme favorisant cette affreuse doctrine : voici les termes du primitif de l'arrêt, *en Août* 1729. *par les Jésuites auteurs du Journal de Trevoux, contenant les éloges du Livre des dits Busembaum & la Croix.* Il est encore fait mention une seconde fois des Journalistes de Trevoux dans cet arrêt. On doit donc être peu surpris de voir que des gens, qui permettent aux fils de tuer leurs peres, ne fassent pas un crime aux peres de faire assassiner leurs enfans.

Voila les erreurs dans les quelles peut jetter le fanatisme : parmi toutes les diférentes sectes où il regne, il produit égalemeut des opinions, qui vont au renversement de la societé & de la tranquilité des Etats : c'est ce que remarque judicieusement Mr. de Voltaire, en faisant le portrait des auteurs des *Nouvelles Ecclesiastiques*, après avoir fait celui des Journalistes de Trevoux. Voici comment il s'explique. „ Si le Jour-
„ nal de Trevoux excite le mépris & l'indignation, ce
„ n'est

femme ils en prennent
une âgée; ou au lieu
d'époufer une perfon-
ne, dont l'humeur res-
femble à la leur & fim-
patife avec elle, ils s'u-
niffent à une femme
illuftre par fa race &
fort riche, mais enfuite
difputant bientôt tous

βλέποντες. ἀντὶ μὲν
γὰρ τοῦ νέαν καὶ ὡ-
ραίαν συναρμόζεσθαι,
συνηρμόσαντο ἂν τὴν
ὑπερηλικεςέραν· ἀντὶ
δὲ τοῦ συμπαθῆ τὴν
ψυχὴν καὶ ὁμοιοτά-
την, ἐπίδοξον τῷ γέ-
νει, ἢ περιχρήματον.

,, n'eft pas qu'on ait moins d'horreur pour fes adver-
,,faires les auteurs de la Gazette ecclefiaftique,
,,eux qui ont outragé fi fouvent le célébre Mon-
,,tesquieu & tant d'honnetes gens, eux qui dans
,,leurs libelles féditieux ont attaqué le Roi, l'E-
,,tat, l'Eglife, qui fabriquent cette gazette fcan-
,,daleufe comme les filoux executent leurs larcins,
,,dans les tenebres de la nuit, changeant perpetuel-
,,lement de nom & de demeure, affociés à des
,,receleurs, fuiant à tout moment la juftice, &
,,pour comble d'horreur fe couvrant du manteau
,,de la religion, & pour comble de ridicule fe
,,perfuadant qu'ils rendent fervice."

7 Οὖν ἁμαρτάνειν πολλοὶ μὴ πρὸς τὸ μέγεθος τῆς τύ-
χης, μηδὲ πρὸς τὸ συμφέρον τῶ κοινῶ συνιςάντες τοὺς γά-
μους. Beaucoup de gens font des mariages fans avoir
égard à la gloire & à l'utilité publique. Ce reproche
d'Ocellus étoit fans doute fondé dans fon tems, mais
il l'eft bien plus aujourdhui; l'on peut dire que dans
tous les diférents états il n'en eft pas un feul, ou le
bien de la patrie entre, pour la moindre chofe, dans

O

τοι γὰρ τοι ἀντὶ συμφωνίας διαφωνίαν, ἢ ἀντὶ ὁμοφροσύνης, διχοφροσύνην κατασκευάξουσι, περὶ ἡγεμονίας διαμαχόμενοι πρὸς ἀλλήλους. ἡ μὲν γὰρ ὑπερέχουσα πλούτῳ καὶ γένει καὶ φίλοις,

les deux sur la préeminence de leur noblesse, au lieu de vivre dans la concorde & dans l'union, *ils passent leurs tristes jours*, dans la discorde & dans la dèsunion. La femme ayant plus de richesses, de noblesse, & d'amis pré--

ἄρ-

les mariages que l'on contracte : l'argent est le but ordinaire qu'on s'y propose, & quelquefois la protection pour parvenir à de plus grands honneurs, que ceux dont on jouit. Qu'arrive-t-il de ces mariages faits purement par des vues d'intérêt? les dèsordres dans les familles dont parle Ocellus, & plusieurs autres dont il ne fait pas mention, l'abandon total de l'éducation des enfans, l'adultere, la perte des mœurs, & le mépris de la vertu. Toute femme riche, dit Juvenal, qui épouse un avare, jouit des privileges d'une veuve: elle a acheté la liberté de tout faire en présence de son mari, & même d'écrire à son amant.

Inde faces ardent, veniunt a dote sagittæ ;
Libertas emitur : coram licet innuat, atque
Rescribat ; vidua est, locuples quæ nupsit avaro.
Juvenal. Sat. 6.

Les mêmes inconveniens se trouvent presque toujours dans les mariages faits pas des vues d'ambition; une femme, qui épouse un homme d'une naissance inferieure à la sienne, méprise ordinairement son

mari:

tend comander à son mari contre la loi de la nature ; & le mari combattant juſtement, & voulant être dans ſa maiſon non le ſecond mais le premier, ne peut obtenir la primauté.

ἄρχειν προαιρεῖται τοῦ ἀνδρὸς παρὰ τὸν τῆς φύσεως νόμον· ὁ δὲ διαμαχόμενος δικαίως, ἢ οὐ δεύτερος, ἀλλὰ πρῶτος θέλων εἶναι, ἀδυνατεῖ τῆς ἡγεμονίας ἐφικέσθαι.

O 2 §. 7.

mari : elle veut en être reſpectée, toute idée d'égalité la bleſſe : il y a peu de bourgeois, ou de financiers, qui ayant épouſé une fille d'une maiſon diſtinguée, n'ait dit cent fois en ſa vie ; que n'ai-je pour femme une bonne bourgeoiſe, elle rendroit mes jours heureux, & la mienne avec toute ſa nobleſſe me donne envie vingt fois par jour de m'en ſeparer, la crainte de ſa famille me retient, & je ſuis obligé de dévorer en ſecret tous les chagrins que j'eſſuie. Combien n'y-a-t-il pas de maris à Paris qui pourroient dire avec Juvenal, s'ils étoient les maîtres de renvoier leur femme. „Je préfere une bonne „paiſane de Venuſe à vous Cornelie, mere des „Gracques, ſi avec toute votre nobleſſe vous me „regardés d'un œil mépriſant ; ſi pour dot vous ne „me paiés que des triomphes de vos ancêtres ; al- „lez je vous prie conter ailleurs la défaite d'An- „nibal, & de Syphax forcé dans ſon camp, allez „vous promener vous, & toute vôtre Carthage.

Malo Venusinam, quam te, Cornelia mater
Gracchorum, ſi cum magnis virtutibus affers

Grande

§. 7. Ὧν δὲ γενο-μένων, οὐ μόνον τοὺς οἴκους κακοδαίμονας, ἀλλὰ καὶ τὰς πόλεις συμβαίνει γενέσθαι. μέρη γὰρ τῶν πόλεων οἱ οἶκοι, ἐκ δὲ τῶν με-ρῶν, ἡ τοῦ ὅλου χ

§. 7. Il arrive [8] de toutes ces difputes que non feulement les familles particulieres, mais les Villes font malheureufes, & ces chagrins domeftiques inondent pour ainfi dire l'Univers. Car les familles font les parties des τοῦ

Grande fupercilium, & numeras in dote triumphos.
Tolle tuum, precor, Annibalem, victumque Syphacem
In caftris, & cum tota Carthagine migra.

Juvenal. Sat. 6.

[8] Ὧν δὲ γινομένων ου μονον τ̃υς οικ̃υς κακοδαιμονας, αλλα και τας πολεις συνβαινει γινεσθαι. *Il arrive de toutes ces difputes que non feulement les maifons des particuliers, mais les villes font malheureufes.* On voit toujours le bon fens, la fageffe, & la verité marcher d'un pas égal dans les décifions d'Ocellus ; partout il parle en homme inftruit à fond de tout ce qui a raport au bien de la fociété, & c'eft avec raifon qu'il remarque que les difputes, qui arrivent dans les maifons des particuliers, les rendent non feulement infortunés, mais influent beaucoup fur le bonheur ou le malheur des Villes. Combien n'y-a-t il pas eu de gens, qui demandoient une grace à un Miniftre, renvoiés avec dureté, parcequ'il étoit dans ce moment de mauvaife humeur contre fa femme ? Combien de plaideurs ont été mal écoutés, rebutés, parceque le Magi-ftrat

Villes, & ces mêmes parties entrent dans la composition du *Tout*, ou du monde; & il est naturel qu'un tout, qui est composé de parties *défectueuses*, soit tel que le sont ses parties.

§. 8. De même que la construction des pre-

τοῦ παντὸς σύνθεσις.

εἰκὸς οὖν ὁποῖα τὰ μέρη τυγχάνουσιν ὄντα, καὶ τὸ ὅλον καὶ τὸ πᾶν τὸ ἐκ τοιούντων συντιθέμενον, τοιοῦτον εἶναι.

§. 8. Καὶ ἐν (ταῖς) πρώταις δὲ αἱ πρῶται

O 3

οἶτο-

strat, à qui ils avoient à faire, venoit de découvrir qu'il étoit cocu? Combien d'avocats, de procureurs ont negligé les causes de leurs parties, parceque leur épouse avoit fait la veille, au bois de Boulogne, un soupé avec un de leurs clercs? Combien de militaires, utiles à l'Etat, ont quitté le service pour éclairer de plus près la conduite de leur femme? Combien de financiers ont redoublé leurs rapines pour contenter l'orgueil, & le luxe des filles de condition qu'ils avoient épousées? Combien de négocians ont fait banqueroute par la mauvaise économie, & par la dépense de leur femme? Combien de paisans ont abandonné leur village, pour laisser la leur, & sont allés se faire laquais, quittant l'état de laboureur, qui est le plus necessaire, pour augmenter celui qui est le moins utile, & dont on devroit avoir depuis longtems retranché la moitié? Enfin que l'on parcoure tous les diférents ordres du Royaume, l'ón verra toujours qu'il est de la derniere importance que l'union, que la paix, que la modestie soient culti-

vées

οἰκοδομαὶ μεγάλα συν-
εργοῦσι πρὸς (τὸ) κα-
λῶς ἢ κακῶς τὸ ὅλον
ἔργον συντελεσθῆναι.
οἷον ἐπὶ μὲν οἰκοδομίας,
θεμελίου καταβολή·
ἐπὶ δὲ ναυπηγίας, τρό-
πις· ἐπὶ δὲ συναρμο-
γῆς καὶ μελοποίας,

mieres parties contri-
bue beaucoup à la per-
fection ou au défaut
d'un ouvrage; comme
par exemple la posi-
tion du fondement
dans les édifices, la
quille dans la construc-
tion d'un Vaisseau, le
relachement de la voix
τάσις

vées dans toutes les maisons des particuliers, pour
que ces vertus puissent se repandre ensuite dans le
général de la societé.

Les mariages des citoyens, surtout de ceux qui sont
en place, font un si grand objet pour l'Etat, qu'il devroit n'être permis à aucun Magistrat de se marier
sans le consentement d'un tribunal, qui seroit établi
pour juger, si son mariage peut être utile ou nuisible
au public. Lorsqu'un Conseiller au Parlement voudroit épouser une fille laide, bossue, & très-riche,
le tribunal lui diroit, on vous refuse la permission que
vous demandés, parcequ'on prévoit que bien loin
de vivre comme il faut avec vôtre femme, vous vous
servirés de son argent pour entretenir une jolie fille;
malheur au plaideur qui ne lui fera pas des présens,
& qui ne l'aura pas dans ses intérêts. La même reponse seroit faite à tous les gens en place. Mais les
mariages, aux quels on auroit le plus d'attention, ce
seroit à ceux des Ministres d'Etat : on leur choisiroit
des femmes vertueuses, qui loin d'exciter l'orgueil &
l'ambition de leur mari, leur representeroient sans
cesse

dans l'harmonie & dans la melodie : de même aussi l'arrangement, & l'ordre des familles contribuent beaucoup à rendre un gouvernement bien policé ou mal administré.

§. 9. Ceux qui pensent à avoir des enfans

τάσις φωνῆς ἠ λῆξις. οὕτως οὖν καὶ ἐπὶ πολιτείας εὐνομυμένης τε ἠ κακονομουμένης, οἴκων κατάσασις ἠ συναρμογὴ μέγισα συμβάλλεται.

§. 9. Περὶ γενέσεως οὖν σκοπουμένους,

O 4

cesse la chûte de leurs prédesseurs, leur feroient apercevoir le mépris que le public a pour les Ministres disgraciés, quand ils ont agi durement, qu'ils ont fomenté des divisions pour se faire un parti qui les soutint ; & tout au contraire l'estime que l'on fait de ceux, qui n'ont emploié leur credit, que pour le soulagement des particuliers, pour l'honneur de la nation, tels qu'ont été les Machauts, & les Maurepas dont les noms seront toujours cheris des gens vertueux. S'il existoit un tribunal, pareil à celui dont je parle, on s'apercevroit de ce que dit Ocellus, *qu'il est naturel qu'un tout, qui est composé de parties, soit tel que le sont ses parties.* Εἰκὸς νυν ὁποῖα τα μίρη τυγχανουσιν οντα και το ολον και το παν το εκ τοιυτων συντιθιμινον τοιυτον ιιναι, & l'on verroit bientôt, non seulement quelques Villes ; mais tout l'Etat changer de face ; la vertu y regneroit autant que le luxe y domine aujourdhui, la modestie prendroit la place de l'insolence, la fermeté raisonnable celle d'une fierté cruelle, & la temperance celle d'une débauche qui va jusqu'à la crapule.

Καλο-

τάδε χρὴ πράτ]ειν. κα- doivent mettre en pra-
θόλου μὲν δὴ φυλάτ. tique les préceptes *que*
τεσθαι χρὴ πᾶν τό *je viens d'établir.* Il
ἀνό-

9 Καθολυ μεν δη φυλατ]εσθαι χρη παν το ανομοιον και ατελις. *Il faut qu'ils évitent soigneusement tout ce qui est imparfait.* Il n'y a rien de plus contraire à la génération, que les mariages qui sont contractés entre deux personnes d'un temperamment également foible, ou d'un age trop peu avancé. Dans l'accouplement, fait entre deux personnes débiles & incommodées, l'action de la génération n'acquiert jamais la force qu'elle doit avoir, les semences sont défectueuses, & si par hazard elles produisent un enfant, il se ressent toujours de la foiblesse de son origine ; la race des hommes dégénere, s'abatardit ainsi que celle de tous les autres animaux, dès qu'elle n'est pas soignée, & qu'on n'obvie pas à ce qui peut la détériorer. Les mariages, contractés dans un âge encore trop tendre, sont aussi infructueux à la societé, ils accoutument au seul plaisir les mariés dans un tems où les organes de la génération ne sont point encore assés formés, ils usent ces organes, qui n'aiant pas la force, qu'ils doivent avoir pour la génération, periclitent au lieu d'augmenter, & il arrive que quand l'homme & la femme parviennent à un certain âge, loin qu'ils acquierent la puissance necessaire à une parfaite génération, ils sont déja énervés, & ne produisent rien ; ou s'ils ont des enfans, ces enfans sont foibles & se ressentent de la debilité de leur origine. „ Dans les „ jeunes gens, dit Hipocrate, les veines étant foibles „ & remplies, elles empêchent le passage de la gé- „ nération, & le chatouillement qu'ils sentent n'est „ pas

faut encore 9 qu'ils ἀνόμοιον καὶ ἀτελές.
évitent soigneusement
tout ce qui est impar-   οὔτε γὰρ τῶν ζώων εὔ-

O 5   καρ-

„ pas semblable à celui d'un homme formé : ensorte
„ que l'humide n'est point assés secoué dans le corps
„ pour produire la secretion de la génération.‟
Τοῖσι δὲ παιδίοισι λεπτὰ τὰ φλέβια ἐόντα κὴ πληρεύμε-
να κωλύει τὴν γονὴν ἰέναι, κὴ ὁ κνησμὸς οὐχ ὁμοίως πα-
ραγίνεται, διὰ ταῦτα οὐδὲ κλονέιται ἐν τῶ σάματι τὸ
ὑγρὸν ἐς ἀπόκρισιν τῆς γονῆς. *At vero pueris venulæ
tenues, & repletæ existentes, genituræ transitum
impediunt, & pruritus ipsis non similiter accidit; &
propterea neque conquassatur in corpore humidum
ad genituræ secretionem.* Hipocrat. Tom. 1. de
genitura pag. 12.

C'est par la même raison, que les chatrés ne sauroient être propres à la génération, & que par conséquent tout mariage doit leur être interdit. „ Les
„ Eunuques, *dit Hipocrate*, ne peuvent pas engen-
„ drer, parceque le passage de la génération leur a été
„ ôté : c'est par les testicules que se fait ce passage ; il
„ y a dans eux une quantité de nerfs delicats, qui ser-
„ vent par leur tension au coit, & par lesquels la
„ partie génitale est élevée & relachée ensuite. Or
„ ces nerfs sont coupés lorsque l'on chatre, & c'est
„ ce qui rend les Eunuques inutiles à la génération,
„ car ces nerfs étant brisés, la voie de la génération
„ est bouchée & endurcie, il se forme un calus aux
„ nerfs des testicules, qui devenus durs & engourdis
„ ne peuvent plus donner la tension, & la detension
„ necessaire au membre viril pour la génération. Οἱ
δὲ εὐνοῦχοι διὰ ταῦτα οὐ λεγνεύχσιν ὅτι σφίων ἡ διοδος
ἀμαλθύνεται τῆς γονῆς; ἔτι γὰρ δι᾽ αὐτῶν τῶν ὀρχίων
ἡ ὁδὸς

καρπα γίνεται. ἀλλὰ fait : car parmi les
δεῖ γενέσθαι τινὰ χρό- plantes & parmi les
animaux les choses im-
νου

ἡ ὁδὸς, κ̀ νεῦρα τείνει λεπ]ὰ κ̀ πυκνὰ εἰς τὸ αἰδοῖον ἐκ
τῶν ὀρχίων, οἷσιν ἀείρεται καλ]ίεται ; κ̀ ταῦτα ἐν τῇ το-
μῇ, ἀποτέμνεται, διότι κ̀ οὐχ ὑπαρχοῦσιν οἱ εὐνεῦχοι
χρησοι. τῶν δὲ τάδε ἐκ]ριβεντων, ἡ ὁδὸς τῆς γονῆς ἐμ-
πίφρακται. πωροῦν]αι γὰρ οἱ ὄρχιες, καὶ τὰ νεῦρα σκληρά
κ̀ μωρὰ γινόμενα ὑπο τοῦ πώρυ οὐ δύναται τείνειν κ̀ χαλᾶν.
*Cæterum eunuchi propterea non coeunt quia genituræ
transitus ipsis sublatus est : est enim per ipsos testes
via ejus, & nervi tenues ac crebri ex testibus in pudendum tendunt, quibus & elevatur, & demitti-
tur : atque hi nervi in exsectione dum castrantur res-
cinduntur. Quapropter non sunt utiles eunuchi, nam
nervis ipsorum extritis, genituræ via obturata est,
callus enim obducitur testibus, & nervi duri ac torpen-
tes a callo facti pudendum neque tendere, neque laxare
possunt.* Hipocrat. T. 1. de genitura, pag. 16.
Les Theologiens ont beaucoup agité la question
de la validité du mariage des Eunuques. „Les cha-
„trés, *dit Sanches*, qui ont le membre génital sain
„& entier, quoiqu'il leur manque un testicule, peu-
„vent se marier, puisqu'ils repandent une semence
„parfaite. Un seul testicule suffit pour exercer le
„ministere de la génération, retenant les esprits, &
„pouvant mettre tous les membres en mouvement,
„de même qu'un seul œil donne à un homme l'acte
„complet de la vue : un seul testicule sert même
„quelquefois plus que deux, car la vertu seminale,
„qui seroit dispersée dans les deux, est reunie en
„un seul, & en devient plus forte. Aussi voit on
„ordinairement qu'un homme qui n'a qu'un testi-
„cule

parfaites ne font pas νον πρὸς τὰς καρπο-
fertiles. Il y a un cer-
tain tems fixe pour la φορίας, ὅπως ἐξ ἰσχυ-

όντων

„cule eft beaucoup plus vigoureux qu'un autre.
*Quid fentiendum fit de matrimonio Eunuchorum, qui
fana & integra virilia habent, at altero feu utroque
tefticulo carent? Et quidem quando folo altero tefticulo orbati funt, nemini dubium eft, eos aptos effe
ad matrimonium; quod verum femen idoneumque generationi emittant. Tefticulus enim ille poteft minifte-
rium generationi neceffarium exercere, fpiritus ad illam requifitos retinens, & tamquam follis membra
commovens. Sicut alter folus oculus videndi actum
perfecte exercet. Imo cum virtus unita fit fortior fe
ipfa difperfa, & in illum unum tefticulum omnes fpiritus generationi neceffarii coeant, qui in utrumque
confluere deberent, folent ii ad generandum potentio-
res effe.* Sanches de Matrim. lib. 7. pag. 336.

„La difficulté confifte donc à favoir fi les per-
„fonnes, à qui les deux tefticules manquent, peu-
„vent fe marier: plufieurs Docteurs font de l'opi-
„nion qu'ils le peuvent s'ils ont l'érection du mem-
„bre génital, & qu'ils puiffent le mettre dans le vafe
„de la génération, quoiqu'ils n'y repandent pas la
„femence. Car la feconde fin du mariage eft effec-
„tuée, puifqu'ils peuvent fatisfaire la concupifcen-
„ce de la femme: & quant à la premiere fin, qui eft
„la procréation des enfans, elle n'eft pas abfolument
„neceffaire. D'ailleurs Ariftote prétend, dans fon
„Hiftoire des animaux, que les tefticules ne font pas
„d'une neceffité indifpenfable à la génération, mais
„qu'ils la favorifent beaucoup, étant comme les
„poids fufpendus au metier d'un tifferan, qui empê-
„chent

ὄντων τε καὶ τελειου   production des fruits,
μένων τῶν σωμάτων τὰ   afin que ces fruits &
leur semence soient
σπέρ-

„chent que le cours de la trame ne soit arreté & in-
„terrompû. Aristote prouve son opinion par l'exem-
„ple d'un bœuf qui étant chatré recemment, &
„couvrant une vache la rend fertile. D'ailleurs les
„serpens & les poissons engendrent sans testicules :
„& l'on voit dans la Genese chapitre 37 que Puti-
„phar, qui y est apellé Eunuque de Pharaon, engen-
„dre cependant une fille que Joseph épousa. C'est
„sur ces autorités qu'une foule de graves Docteurs,
„cités par Sanches, concluent que pourvu que la
„femme y consente les chatrés peuvent se marier.
*Difficultas autem est de Eunuchis utroque testiculo ca-
rentibus. Quidam censent hos ad matrimonium ineun-
dum idoneos esse, si virgam erigere valeant, ac subinde
coire, quamvis semen emittere nequeant. Ducuntur,
quod hi satisfacere valeant concupiscentiæ mulieris, &
ita obtinetur finis matrimonii secundarius ; nec prima-
rius, nimirum generatio prolis, ad ejus valorem desideratur, ut in sterilibus constat. Secundo probari potest
ex doctrina Aristotelis l. I. de gen. anim. c. 4. ubi tradit testiculos non desiderari ad generationem, quamvis
expediant, tamquam pondera textrinis appensa confe-
runt, ne liciatorii cursus inter stamina impediatur.
Idque comprobat experientia tauri, qui recens castra-
tus cum vacca coiens, illam prægnantem reddidit. Item
quia serpentes & pisces coeunt : cum tamen testiculis ca-
reant. Tertio persuaderi potest, quod Gen. 37. Puti-
phar appelletur Eunuchus Pharaonis, cum tamen ge-
nuerit filiam, quam duxit Josephus. Hugolinus de matrim. c. 16. n. 1. cum hac limitatione, quando alter con-
jux id impedimentum novit, Id. ib.*   „Il

σπέρματα ϗ καρποὶ produits par les corps
γίνωνται.   fortifiés & perfection-
nés.

§. 10.

„ Il y a beaucoup d'autres Docteurs, qui deman-
„ dent une condition de plus, que le confentement
„ de la femme, pour la validité du mariage des cha-
„ trés; ils veulent, qu'ils puiffent repandre une efpe-
„ ce de femence, quoiqu'elle ne foit pas propre à la
„ génération, parceque cela fuffit dans le mariage,
„ puisque les perfonnes fteriles ne repandent qu'une
„ pareille femence. (Or nous remarquerons ici en
„ paffant que presque tous les chatrés ont une fem-
„ blable femence.) “ *Alii vero docent eos valide con-
trahere, fi poffint aliquale femen emittere, quamvis
ad generationem ineptum; quoniam vera copula femi-
ne intra vas emiffo, quamvis inefficaci ad generationem, contenta eft, ut in fterilium copula evenit.*
Id. ib. pag. 337.

Après avoir examiné les diférents fentiments des
Theologiens favorables au mariage des chatrés, Sanches, toujours guidé par la raifon, conclud que malgré l'autorité de ces Docteurs tous les chatrés, privés des deux tefticules, ne peuvent jamais contracter
un mariage valable, parceque dans l'union conjugale
„ il faut abfolument que la femence, qui eft repandue
„ dans le vafe de la femme, foit propre à la généra-
„ tion. Or quoique les chatrés aient l'érection du
„ membre génital, & qu'ils repandent quelquefois
„ une femence aqueufe, cependant cette femence ne
„ peut jamais devenir parfaite; il ne fe fait aucun
„ mouvement dans les principaux membres du corps,
„ par le défaut de tefticules, qui font comme des fouf-
„ flets qui mettent en mouvement tous ces mem-
„ bres.

§. 10. Ὅθεν δεῖ   §. 10. C'est par cet-
τοὺς παῖδας ἢ τὰς   te raison qu'il faut éle-
παρθένους ἐν γυμνασί- ver les garçons & les
                                    οις

„bres. Car le cœur, le foye & le cerveau, qui sont
„les trois principales parties du corps, envoient leurs
„esprits aux testicules, qui ont la vertu de retenir ces
„esprits, par les quels tout le corps est échauffé.
„Mais ils se perdent par le manque de testicules, &
„la chaleur necessaire n'est plus repandue dans le
„corps: c'est la principale raison qui rend les chatrés
„incapables de la génération, ainsi que le prouve
„Galien & plusieurs autres célébres écrivains. Il
„faut donc établir comme une verité constante, que
„les eunuques sont incapables de se marier. Le pape
„Sixte-quint a deffendu expressement le mariage
„aux chatrés, il écrit à son Nonce Apostolique:
„*Nous chargeons Vôtre Fraternité, & nous lui man-*
„*dons d'interdire toute sorte de mariage aux chatrés,*
„*privés des deux testicules. Vous devez les en declarer*
„*par nôtre ordre incapables, deffendre à tous les Prê-*
„*tres de les marier, faire séparer d'abord ceux qui*
„*pourroient l'être, & déclarer nul & invalable leur*
„*mariage.*" *Sed indubitata sententia est, Eunuchos u-*
troque testiculo carentes esse matrimonii incapaces, ac
proinde irritum esse matrimonium, quod inierint. Quia
ad matrimonii veritatem desideratur potentia verum
semen intra vas femineum emittendi. Eunuchi quamvis
membrum erigant, atque quandam aquosam materiam
emittant, ea tamen non est verum semen nec ejusdem
rationis cum vero semine: nec agitatio fit in principali-
bus membris, deficientibus testiculis, qui sunt tanquam
*folles omnia membra commoventes. Nam cor, iecur & *
cerebrum, quæ sunt tres nostri corporis præcipuæ partes,

trans-

filles dans des exercices οἷς τε καὶ καρτερίαις
convenables qui soient ταῖς προσηκούσαις τρέ-
continués, & leur don- φειν, κ̀ τροφὴν προσ-
φέ-

transmittunt suos spiritus ad testes, qui virtutem ha-
bent hos spiritus retinendi, ex quibus totum corpus ca-
lefit. At si testes deficiant, spiritus non retinentur, sed
evanescunt illuc transmissi: nec calor per totum corpus
reflectitur: unde frigidiores fiunt, & inepti ad verum
semen emittendum, ut optime probant ex Galeni doctri-
na Ant. Musa & Nicol. Florentinus. Atque Aristote-
les vocat spadones seminis expertes. Sunt ergo Eunuchi
incapaces matrimonii. Quare ita declaravit Sixtus V.
in quodam motu proprio edito an. 1587. quem verbo ad
verbum referunt Gutier. & Petrus de Ledesma statim
allegandi, cuius verba directa sunt ad Nuntium Apo-
stolicum, & ita ipse declaravit. Verba hoc decidentia in
eo motu proprio sic se habent; Committimus Fraterni-
tati tuæ, & mandamus, ut conjugia per dictos & alios
quoscunque Eunuchos, & spadones utroque teste
carentes, cum quibuslibet mulieribus defectum præ-
dictùm sive ignorantibus sive scientibus contrahi
prohibeas: eosque ad matrimonia contrahenda inha-
biles auctoritate nostra declares: & tam locorum
ordinariis, ne hujusmodi conjunctione de cetero
fieri quoquo modo permittant, interdicas: quam eos
etiam qui sic de facto contraxerint separi cures, &
matrimonia ipsa sic de facto contracta nulla, irrita,
& invalida esse decernas. *Quare hodie dubitari nequit*
hos Eunuchos esse incapaces veri matrimonii, quamvis
femina ejus defectus conscia velit juri suo cedere. Sanches Matrim. lib. 7. pag. 338.

Après avoir sagement établi la nullité du mariage
des chatrés, Sanches examine encore une question,
c'est

φέρεσθαι (τὴν) ἁρμό- ner une éducation [10]
ζουσαν φιλοπόνῳ τε convenable à une vie
καὶ

c'eſt celle où un chatré repandroit une ſemence propre à la génération. Il y a des Docteurs qui preten-
dent qu'il ſeroit alors habile à contracter le mariage
par la nature, mais inhabile par la déciſion de Sixte-
quint : Sanches dit que ces Theologiens ſe trompent,
car Sixte a ſeulement renouvellé l'ancienne loi, qui
privoit les chatrés du mariage, & n'en a point établi
une nouvelle, il a donné des forces au reglement, qui
déclaroit incapables de ſe marier tous ceux, qui ne
peuvent pas repandre une ſemence propre a la génération : cependant en admettant l'hipotheſe impoſſible, ajoute Sanches, qu'un eunuque put repandre
une veritable ſemence, la loi de Sixte quint ne le re-
garderoit pas : ainſi quelques auteurs ont raiſon de dire, que les chatrés, dont la ſemence eſt prolifique,
ſont capables de ſe marier. Mais comme il eſt impoſſible que des chatrés privés des deux teſticules puiſſent jamais engendrer, la déciſion de Sixte-quint eſt
fort juſte. *Non tamen approbo quod tradit* Enriquez
lib. 12. de matrim. cap. 1. *nempe, ſi daretur aliquis*
Eunuchus verum ſemen emittens, eum non eſſe jure na-
turæ inhabilem ad matrimonium, ſed motu proprio Sixti
V. eſſe matrimonii incapacem. Sed hoc non approbo :
quod Sixtus V. in eo motu proprio nil novum ſtatuerit,
ſed ſolum jus antiquum & naturale declararit, ut con-
ſtat ex illis verbis : Autoritate noſtra declares. *Item*
quia non ſola matrimonia in poſterum contrahenda
irrita declaravit, ſed etiam jam contracta, quod pon-
tificem efficere non poſſe conſtat, ſi valida fuerant.
Quare mens Pontificis fuit declarare attento omni jure
matrimonium Eunuchorum eſſe irritum, ac eos ſemper
fuiſſe matrimonii incapaces : utpote qui verum ſemen
emit-

penible, sage, & con- καὶ σώφρονι καὶ καρ-
stante dans la vertu. κερικῷ βίῳ.

§. II.

emittere non possunt. At admissa hypothesi impossi-
bili, ut daretur quispiam rarus Eunuchus veri se-
minis emittendi compos, is non excluderetur jure an-
tiquo à matrimonio, ac subinde nec eo motu pro-
prio, qui nil denuo statuit, sed solum ius antiquum
declarat. Quare Auctores n. 15. relati verum dixe-
re, asserentes Eunuchos, qui seminare possunt, es-
se aptos ad matrimonium: si quod supponunt esset
verum. At cum id sit impossibile, jure optimo Six-
tus V. in universum matrimonia Eunuchorum utro-
que testiculo carentium irrita esse declaravit. Id. ib.

Sanches se trompe ici dans une chose, à la verité
très rare, mais qui n'est pas sans exemple : il dit
qu'il est impossible qu'un chatré, privé des deux
testicules, puisse jamais être propre à la génération.
Il arrive quelquefois que certains hommes ont
trois testicules; or si on lui en avoit ôté deux,
il seroit cependant capable du mariage par
les raisons, que Sanches allegue pour prouver
qu'un chatré, qui a un testicule, peut se marier.
Lorsque j'étois à Rome, il y a trente deux ans,
un chatré, fils d'un domestique du Cardinal Ot-
toboni, à qui l'on avoit ôté les deux testicules,
s'aperçut un jour d'un troisieme, qui dans sa jeunesse avoit été attaché à la racine des bourses, &
qui par la suite du tems s'étoit détaché, & avoit
occupé la place d'un de ceux qu'on lui avoit en-
levés. Cette découverte, à ce que l'on prétend, fit
perdre la voix à ce chatré, qui pouvoit avoir vingt
quatre ans lorsque ce nouveau testicule parut.

¹⁰ Καὶ τροφην προσφιρεσθαι (την) αρμοζ·υται φι-
λοτωιν τε και σωφρονι, και καρτεριχω βιω. *Et leur don-*

ner

§. 11. Πολλὰ δὴ   §. 11. Il y a beau-
τῶν κατὰ ἀνθρώπινον coup de choſes dans
βίον

ner une éducation convenable à une vie penible ſage,
& conſtante dans la vertu, mot à mot και προσφε-
ρεσθαι (την) τροφην αρμοζευσαν βιω φιλοπονω και σωφρονι και καρτερικω & leur porter la nourriture aran-
gée à une vie penible, ſage, & perſeverante.

Le plus bel heritage, que les peres de famille
puiſſent donner à leurs enfans, c'eſt une bonne
éducation, qui leur aprenne à cherir la vertu, qui eſt
la principale reſſource, non ſeulement contre tous
les maux de la fortune, mais contre ceux de l'âge.
Quiconque eſt vertueux trouve toujours des ſecours
dans toutes les diférentes ſituations de la vie, il a
un préſervatif contre l'orgueil dans la proſperité,
& un aide contre les chagrins dans l'adverſité.
„ Lorsque l'on a cultivé la vertu, *dit Ciceron*, dans
„ toute la ſuite de la vie, on en recueille de merveil-
„ leux fruits dans la vieilleſſe ; & non ſeulement ces
„ fruits ſont toujours preſents jusqu'au dernier mo-
„ ment de la vie, ce qui ſeroit toujours beaucoup
„ quand il n'y auroit que cela ſeul, mais ils ſont ac-
„ compagnés d'une joie perpetuelle, que produit le
„ temoignage d'une bonne conſcience, & le ſouvenir
„ de tous les biens que nous avons faits." *Exercita-*
tiones virtutum quæ in omni ætate cultæ cum multum
diuvixeris, mirificos efferunt fructus, non ſolum quia
nunquam deſerunt, ne in extremo quidem tempore
ætatis (quamquam id maximum eſt) verum etiam
quia conſcientia bene actæ vitæ multorumque bene-
factorum recordatio jucundiſſima eſt. Cicer. de Se-
nect. cap. 3. pag. 14.
Si un pere laiſſe à ſon fils les biens les plus conſi-
déſ-

la vie humaine , au βίον τοιαῦτα ἐςὶν, ἐν
sujet des quelles la con-   οῖς βέλτιον ἠ ὀψιμα-
                 P 2   θία.

fidérables, qui peuvent lui procurer la plus grande
aifance, & les plus grands emplois ; il ne lui donne
rien, s'il ne l'a pas formé à la vertu , le plus précieux
de tous les biens & de tous les honneurs. Y en a-
t-il qu'on puiffe mettre en comparaifon avec une
confidération, qui eft la recompenfe du merite ?
quel eft l'homme raifonnable qui n'aime mieux a-
voir la reputation d'être jufte, raifonnable, bon
citoien, charitable envers les pauvres, attentif à
tous les devoirs de la focieté, que de jouir des revenus mal acquis de tant de financiers, ou d'avoir
des emplois dans les quels le peuple malheureux en-
fence malgré lui l'idole qu'il hait, & qu'il voudroit
détruire ? Mais, dira-t-on, la vertu, quelque grande qu'elle foit, n'eft pas fans inquietude : j'en conviens, & je demande fi les richeffes & les dignités
font exemptes de troubles, & de chagrins. C'eft au
milieu d'elles qu'ils naiffent & qu'ils féjournent.
Voiés ce Général, qui croit être au comble de la
gloire, disgracié de la fortune & de fon Souverain
au moment qu'il s'y attend le moins, dechiré par
l'ambition, mortifié par la perte de fa gloire, & ne
trouvant d'autre confolation, que l'efperance de
voir bientôt ceux, qui lui ont fuccédé, auffi malheureux que lui. Confiderés ce Miniftre fi fier, fi
hautain, dont la bouche diftile le fiel de la plus cruelle plaifanterie, qui joint l'infulte au refus des graces,
que le malheureux n'aproche qu'en tremblant, &
dont le riche redoute les caprices ; il tombe dans le
moment où il fe croioit le plus affuré ; il emporte
dans fon exil le mépris du public, il ne lui refte pas
                                        mê-

θία. διὸ καὶ πρὸς τὴν noiſſance tardive eſt la
τῶν ἀφροδισίων χρῆσιν meilleure. Il faut élé-
οὕτως

même la conſolation d'être plaint de ceux, qui par
leur lache complaiſance avoient attiré ſes bienfaits.
Mettés à la place de ces gens, tombés du faite des
grandeurs, un philoſophe, qui à l'abri de tous les
coups de la fortune cultive les Sciences, & cherit la
verité dans un état mediocre, où il n'a que le neces-
ſaire, & jugés après cela, ſi les foibles inquietudes,
que peut avoir la vertu, aprochent de celles des
hommes à qui elle eſt, pour ainſi dire, inconnue.

Tous les bons citoiens, dans les Etats bien poli-
licés, n'ont jamais eu en vue, dans l'éducation de
leurs enfans, les richeſſes & les dignités, mais la vertu de leur famille qu'ils ont cherché à conſerver: de
même que leurs peres les avoient faits gens de bien
par leurs inſtructions, il ſe ſont efforcés de laiſſer à
leurs deſcendans le dépot ineſtimable de la probité.
„Je demande, dit Ciceron, ſi ceux qui nous ont
„transmis cette Republique, ſagement établie, pa-
„roiſſent avoir jamais penſé ni à l'argent, qui eſt
„l'objet de l'avarice, ni à toutes ces diverſes ſortes
„de délices ou de magnificence, que la molleſſe &
„le luxe font rechercher, ni à ces délicateſſes de la
„table dont la volupté ſe repait." *Quæro enim a*
vobis num ullam cogitationem habuiſſe videantur ii,
qui hanc rempublicam tam præclare fundatam nobis
reliquerunt, aut auri, aut argenti ad avaritiam aut
amœnitatum ad delectationem, aut ſupellectilis ad de-
licias, aut epularum ad voluptates. Cicer. paradox.
I. Cap. 2. pag. 174.

Il eſt évident qu'il n'y a aucun bien, qui puiſſe
l'emporter ſur la vertu, & qu'il ne peut y avoir
d'heu-

ver les jeunes gens οὕτως ἄγεσθαι χρὴ τὸν
à ne pas rechercher παῖδα, ὡς μηδὲ ὅπιζη-

P 3   τεῖν

d'heureuſe vie que celle qui lui eſt conforme; c'eſt
là une verité dont tous les hommes doivent être
convaincus, mais que les philoſophes ſont obligés,
par leur état, de mettre en pratique plus que les autres hommes: tous les inſtants de leur vie doivent
être emploiés à ſuivre la vertu, & à la faire pratiquer aux autres, autant qu'il leur eſt poſſible, ſoit
par leur exemple, ſoit par leurs inſtructions; auſſi
voions nous que tous les philoſophes, même ceux
qui ont nié la providence, comme les Epicuriens,
ont cependant admis la vertu pour baſe de la Societé. ,,Celui, *dit Lucrece*, que nous devons regarder
,, comme le veritable Titie, dechiré par les oiſeaux,
,, c'eſt l'homme qui ſe laiſſe conduire par une paſ-
,, ſion aveugle, & qui eſt tourmenté par ſes remords
,, & par ſes déſirs criminels. Syſiphe eſt encore pré-
,, ſent à nos yeux, c'eſt celui là qui dévoré par l'am-
,, bition demande ſervilement au peuple les faiſceaux
,, & les haches, & qui ſe livre à la triſteſſe parce-
,, qu'il n'a pu les obtenir.''

Sed Tityus nobis hic eſt, in amore jacentem
Quem volucres lacerant, atque exeſt anxius angor;
Aut alia quavis ſcindunt cupedine curæ.
Siſyphus in vita quoque nobis ante oculos eſt:
Qui petere a populo faſceis, ſævasque ſecureis
Imbibit: & ſemper victus triſtisque recedit.

Lucret. de rer. natur. lib. 3. v. 1005.

La morale des Epicuriens étoit ſi bonne, que S.
Auguſtin dit, qu'il auroit préferé Epicure à tous les
autres philoſophes, s'il eut cru l'immortalité de
l'ame. *Epicurum accepturum fuiſſe palmam in animo*
meo

meo niſi ego credidiſſem poſt mortem reſtare animæ vi-
tam, & tractus meritorum, quod Epicurus credere
noluit. Aug. Conf. lib. 7. cap. 16. Epicure n'a pas
été le ſeul philoſophe, niant la providence, à qui
les Peres de l'Egliſe aient donné de grandes louanges
par raport à la morale. S Jean Chryſoſtome a propoſé Diogene dans l'ouvage, qu'il a écrit contre
ceux qui mépriſoient la vie monaſtique, comme un
modele de beaucoup de vertus religieuſes. S. Baſile fait l'éloge du même Diogene, & le donne comme un exemple de moderation. ,, Diogene, *dit-il*,
,, n'a-t-il pas été juſtement loué, lui qui étoit ſi mo-
,, deré dans ſes beſoins, & ſi content des ſimples
,, biens de la nature, qu'il caſſa une taſſe fort ſimple,
,, dont il ſe ſervoit, après avoir vu un enfant qui bu-
,, voit, aiant baiſſé ſa tête dans le creux de ſes mains.
Τὸν δὲ Διογένην οὐδὲ ἐπαύσατό ποτε θαυμάζων τοῖς παρὰ τῆς φύσεως μόνοις ἀρκεῖσθαι φιλοτιμούμενον· ὡς κὴ
τὸ κισσύβιον ἀπερρίψαι ποτέ ἐπειδὴ παρὰ παιδὸς ἐδι-
δάχθη κοίλαις ταῖς χερσὶν ἐγκύπτων πίνειν. *Quin &*
Diogenem nunquam non celebravit, qui iis rebus tan-
tum vivere ac contentus eſſe conatus eſt, quæ eſſent
ex ipſa natura, ita ut & paſtorale poculum abjece-
rit, cum a puero quodam concavis manibus deflexo
capite bibere didiciſſet. D. Baſil. oper. Tom. II. Épiſt.
pag. 954. Mais S. Juſtin va encore bien plus loin,
que les Peres de l'Egliſe que je viens de nommer;
car après avoir dit que les philoſophes, qui avoient
ſuivi une bonne morale avoient été ſauvés avant Jeſus-Chriſt, & quoique athées devoient être regardés comme chretiens : il ajoute que ceux qui vivent
bien après la venue de Jeſus-Chriſt ſont également
chretiens, & ne doivent avoir aucune inquietude ni
aucune crainte ſur leur état. Il ne s'agit point ici de
nier la verité de ce fait : voici les propres paroles de
                                                        S.

S Juſtin κỳ οἱ μέlὰ λόγɤ βιώσανlες χριτιανοί εἰσι, κᾱ̈ν ἄллοι ἐνομίσθησαν. *Et quicunque cum ratione vixere Chriſtiani ſunt , quamvis ἄθεοι & nullius numinis cultores habiti ſunt.* Voila la premiere propoſition de S. Juſtin, voici la ſeconde qui eſt auſſi claire. οἱ δὶ μετὰ λόγɤ βιώσαντες, κỳ βιοῦντες, χριτιανοὶ καὶ ἄφοβοι, καὶ ἀτάραχοι ὑπάρχɤσι. *At qui cum ratione vixerunt , atque etiam nunc vivunt , chriſtiani & extra metum & perturbationem omnes ſunt.* Juſt. Martyr. apolog. 2. pag. 83. edit. Col.

Quand je conſidere la tolerance, que S. Juſtin a eue pour les philoſophes qui l'ont précédé, & pour ceux qui vivoient de ſon tems, lorſqu'ils ont fait profeſſion d'une morale pure & ſans reproche, je ne puis aſſés blâmer les Theologiens de nos jours, qui pour quelques opinions philoſophiques ou theologiques, diférèntes de celles qu'ils ſoutiennent, voudroient, s'il leur étoit poſſible, détruire la moitié de l'Europe. Un Inquiſiteur en Portugal, en Eſpagne, en Italie fait bruler un très galant homme, parcequ'il a mangé des pieds de cochon, ou des cotelettes de veau le vendredi, ou parcequ'il doute du miracle fait par les anges, qui transporterent l'Egliſe de *Lorette*: & S. Juſtin diſoit qu'un philoſophe, qui ne reconnoiſſoit aucune providence, pouvoit vivre, s'il étoit juſte, honnête homme, & ſuivant une bonne morale, ſans crainte & ſans inquietude : il le regardoit même comme un chrêtien. Οἱ δὲ μετὰ λόγɤ βιώσαντες καὶ βιοῦντες, χριτιανοὶ καὶ ἄφοβοι καὶ ἀτάραχοι ὑπάρχɤσι. Cela eſt fort clair. Tous les ſectateurs de l'intolerance ont beau ſe tourmenter, malgré leurs cris & leurs injures les philoſophes qui croient, qu'il faut regarder tous les hommes comme freres, dès qu'ils ſont vertueux, qu'il faut les convaincre par la raiſon & non par les ſuplices, quand

même

même ils nieroient une providence, les philosophes dis-je, auront toujours pour eux le sentiment d'un des plus savans & des plus illustres Peres de la primitive Eglise, & qui vivoit presque dans les tems apostoliques. Journalistes de Trevoux, auteurs vils de la Gazette ecclesiastique, vous ne ressemblerés jamais en rien à S. Justin : du moins suis-je bien convaincu, que vous ne serés point martirs ainsi qu'il l'a été ; si vous étes un jour conduits devant les Juges ce sera, vous Journalistes de Trevoux, pour avoir favorisé l'assassinat des Rois, en louant les livres qui en enseignent la doctrine ; & vous Gazetiers ecclesiastiques, pour avoir insulté, calomnié vôtre Roi, ses Ministres, les Eveques, & les plus respectables citoiens.

Après avoir montré par le temoignage des auteurs payens, & de plusieurs Peres de l'Eglise, que les anciens philosophes, même ceux qui ont nié la providence, avoient cependant suivi & établi une morale aussi saine que favorable à la societé ; j'avance ici hardiment, que parmi tous les modernes, je n'excepte pas ceux qui ont eu les opinions les plus condamnables sur les dogmes de la religion, tels que Spinosa, Hobbes, Toland, Collins, Pomponace, Berigard, Cardan, on ne pourra jamais en nommer un, qui n'ait pas condamné, avec autant de force que les Theologiens les plus austeres, les vices que nous avons rangés dans nos catechismes sous sept classes diférentes ; l'orgueil, l'avarice, l'impudicité, la gourmandise, l'envie, la colere, & la paresse. Qu'on parcoure tous les ouvrages des philosophes, qui ont écrit le plus hardiment sur les dogmes de speculation, l'on verra toujours que tous ces vices, si contraires au bien de la societé, y sont fortement condamnés. Comment est-ce qu'un homme, qui a

de

de la raison , pourroit en faire affés peu d'ufage pour
vouloir ne pas s'opofer à des défauts, qui vont à la
deftruction de la focieté. Choififfons parmi les philofophes un Epicurien, & voions comment il parle-
ra fur la *gourmandife*. ,, S'occuper perpetuellement,
,, *dit Lucrece*, à fatisfaire l'avidité de la nature ingra-
,, te; lui donner avec profufion toute chofe, fans
,, pouvoir remplir fon infatiabilité, épuifer les fai-
,, fons dans le retour reglé de leurs productions nou-
,, velles, & de leurs beautés diférentes, fans que ja-
,, mais il naiffe un moment raifonnable dans l'hom-
,, me, pour fonger qu'il doit penfer à mourir après
,, s'être fi fort raffafié des commodités de la vie :
,, c'eft reffembler aux Danaides occupées inceffam-
,, ment à verfer de l'eau dans un tonneau percé, qui
,, ne peut jamais être rempli.``

Deinde animi ingratam naturam pafcere femper ,
Atque explere bonis rebus , fatiareque nunquam ,
Quod faciunt nobis annorum tempora , circum
Cum redeunt , fœtusque ferunt , variosque lepores ,
Nec tamen explemur vitai fructibus unquam ;
Hoc , ut opinor , id eft , ævo florente puellas
Quod memorant , laticem pertufum congerere in vas ;
Quod tamen expleri nulla ratione poteftur.

Lucret. de Rer. Nat. L. 3. V. 1026.

Ecoutons parler le même Epicurien fur *l'orgueil*.
,, Briguer un empire qui n'a que la vanité du nom,
,, fouffrir tout ce qu'il y a de plus indigne pour par-
,, venir à l'autorité du commandement, n'eft ce pas
,, l'ouvrage laborieux de l'infortuné Sifyphe, qui rou-
,, le au haut d'une montagne le rocher, que la pente
,, fait redefcendre dans la plaine ?``

Nam petere imperium , quod inane'ft , nec datur un-
    quam ,
Atque in eo femper durum fufferre laborem ,

P 5

Hoc

Hoc est adverso nixantem trudere monte
Saxum, quod tamen à summo jam vertice rursum
Volvitur, & plani raptim petit æquora campi.

id. ib. v. 999.

Voions ce qu'un autre Epicurien dit de *l'avarice.*
,, Un défir infenfé d'amaffer du bien trompe la plû-
,, part des hommes, on n'en a jamais affés, difent-ils,
,, parceque l'on n'eft eftimé qu'à proportion de ce
,, que l'on eft riche : que faire à ces gens là ? le meil-
,, leur eft de les abandonner à leur malheur, puisqu'ils
,, veulent être malheureux. Tel étoit un certain A-
,, thenien, homme fort riche & fort avare, qui fe
,, mettoit peu en peine d'être la fable de la ville : le
,, peuple me fifle, difoit-il, & moi je m'aplaudis,
,, quand je fuis chez moi, & que je contemple mes
,, écus. Tantale dans un fleuve ne peut fe dèfalterer.
,, Qu'avez-vous à rire ? ce Tantale de la fable c'eft
,, vous; il n'y a qu'à changer de nom: étendu, la bou-
,, che béante, fur des tas d'or & d'argent, vous n'o-
,, fez non plus y toucher qu'à des chofes facrées.

At bona pars hominum decepta cupidine falfo,
Nil fatis eft, inquit: quia tanti, quantum babeas, fis.
Quid facias illi ? jubeas miferum effe ; libenter
Quatenus id facit. Ut quidam memoratur Athenis
Sordidus, ac dives, populi contemnere voces
Sic folitus ; Populus me fibilat, at mihi plaudo
Ipfe domi, fimul ac nummos contemplor in arca.
Tantalus a labris fitiens fugientia captat
Flumina : quid rides ? mutato nomine de te
Fabula narratur : congeftis undique faccis
Indormis inhians : & tanquam parcere facris
Cogeris, aut pictis tanquam gaudere tabellis.

Horat. Sat. I. L. 1.

Qui peut condamner plus fortement *la colere* qu'Epicure. ,, Le Sage, *dit-il,* peut être outragé par la
hai-

,, haine, par l'envie, & par le mépris des hommes ;
,, mais il croit, qu'il depend de lui de se mettre au
,, dessus de tout préjudice par la force de la raison. La
,, sagesse est un bien si solide, qu'elle ôte à celui qui
,, l'a en partage toute disposition à sortir de son état
,, naturel, & l'empeche de changer par la colere de
,, caractere, quand même il en auroit la volonté. A
,, la verité le sage est sujet aux passions, mais leur im-
,, petuosité ne peut rien contre sa vertu.'' Βλάβας ἐξ
ἀνθρώπων, ἢ διὰ μῖσος, ἢ διὰ φθόνον, ἢ διὰ καταφρόνησιν
γίνεσθαι. ὧν τὸν σοφὸν λογισμῷ περιγίνεσθαι. ἀλλὰ ϗ
τὸν ἅπαξ γενόμενον σοφὸν, μηκέτι τὴν ἐναντίαν λαμβά-
νειν διάθεσιν, μηδ' ἐπαλλάτ]ειν ἑκόντα. *Detrimenta quæ
ex hominibus, sive odii, sive invidiæ, sive contemp-
tus causa fiunt, sapientem autumat ratione superare.
Eum vero qui semel fuerit sapiens, in contrarium ha-
bitum transire non posse nec sponte variare. Perturbationibus obnoxium quidem fore : sed nullo inde ad
sapientiam impedimento. Diog. Laert. de vitis &
dogmatibus philosophorum, Lib. X. seg. 117. pag.
652.*

Voions encore Epicure deffendre *l'adultere*, &
même la *simple fornication*. ,, Le Sage, *dit il*, doit
,, éviter d'avoir commerce avec toute femme, dont
,, l'usage est prohibé par les loix : il doit même être
,, insensible aux aiguillons de l'amour, qui n'est point
,, envoié du Ciel sur la terre ; les plaisirs de cette pas-
,, sion ne furent jamais utiles, au contraire on est
,, trop heureux lorsqu'ils n'entrainent point après
,, eux des suites, qu'on auroit sujet de déplorer. Le
,, Sage peut cependant se marier pour procréer des
,, enfans, & avoir la consolation de se voir renaî-
,, tre dans sa posterité.'' Γυναικί τε οὐ μιγήσεσθαι τὸν
σοφὸν, ἢ οἱ νόμοι ἀπαγορεύουσιν . . . ἐρασεσθαι τὸν σοφὸν οὐ δοκεῖ αὐτοῖς . . . οὐδὲ θεόπεμπτον εἶναι τὸν ἔρω-
τα.

τα . . . . συνυσία δὲ (φασὶν) ὤνησι μὲν οὐδέποτε, ἀγα-
πητὸν δὲ εἰ μὴ κỳ ἔβλαψεν. *Mulieri item non congreſ-
ſurum ſapientem quam leges attingere vetant . . .*
amaturum ſapientem negant . . . neque a deo amo-
rem immitti . . . concubitus, inquiunt, nihil quidem
unquam profuit, optabile vero ſi non nocuerit. Diog.
Laert. lib X. ſeg. 118. & 119. Καὶ μὴν ⊂ γαμήσειν
⊂ τεκνοποιήσειν τὸν σοφόν. ὡς Ἐπίκουρος ἐν ταῖς διαπο-
ρίαις ⊂ ἐν ταῖς περὶ φύσεως. *Uxorem tamen ducturum, ac liberos procreaturum ſapientem, ut Epicu-*
rus in ambiguis, & in libris de natura. id. ib.

Venons à *l'envie.* ,, Le Sage, *dit Epicure*, n'eſt
,, point jaloux de la ſageſſe d'un autre." Οὐ κινεῖται
τι ἑτέρου ἕτερον σοφώτερον· *Non commotum iri ſi alter*
altero dicatur fuiſſe ſapientior. id. ib. ſeg. 121. pag.
684. Quant à la *pareſſe*, elle à été condamnée ſi ſouvent dans les ouvrages de tous les philoſophes,
qu'il eſt inutile d'en donner ici une preuve. Je dirai
cependant qu'Epicure étoit ſi fort l'ennemi de l'oi-
ſiveté, qu'il ne permettoit aux philoſophes d'acquerir du bien que par l'étude. ,, Le gain, *dit-il*, eſt
,, permis au ſage dans le beſoin, pourvu qu'il l'ac-
,, quiere par la ſcience " Χρηματίσεσθαί τι, ἀλλ'
ἀπὸ μόνης σοφίας, ἀπορήσαντα. *Quæſtum facturum,*
ſed ex ſapientia ſola, ſi inopia laboret. id. ib. ſeg.
121. pag. 684.

Voila donc quelle a été la morale des philoſophes
qui ont nié la providence. On juge aiſément, que
ceux qui l'ont connue ont eu des principes auſſi utiles à la ſocieté : c'eſt ce qu'on peut voir dans Ciceron, dans Epictete & dans Seneque. Quant aux
philoſophes modernes, ils ont vecu dans des tems
trop éclairés, pour ne pas avoir établi dans tous leurs
ouvrages les fondemens de la plus rigide morale. On
n'a qu'à voir, pour en être convaincu, ce que Spi-
noſa,

noſa, Hobbes & Collins ont écrit, quad ils ont parlé de la vertu.

Je vais repondre à la ſeule objection qu'on pourroit me faire, détruire en même tems les reproches
amers, que le delire d'un écrivain a attirés depuis
quelques années aux philoſophes, & rendre inutiles
tous ces libelles, qu'on a repandus & qu'on repand
encore dans toute l'Europe, avec autant de mauvaiſe foi que de ridicule oſtentation. On voit bien que
je veux parler du Medecin La Mettrie. Cet homme, comme l'a ſagement dit un philoſophe qu'on
avoit attaqué à ſon ſujet, compoſa dans les accès de
ſa folie pluſieurs livres, où les mœurs, la probité, &
les regles les plus eſſentielles de la morale étoient atta-
quées. Ces ouvrages ſouleverent l'indignation du
public. En effet quel eſt le bon citoien, qui ne fre-
miſſe d'horreur en liſant ces affreux ſentiments?
,, O toi, qu'on apelle communement malheureux,
,, & qui l'es en effet vis à vis de la ſocieté, devant
,, toi-même tu peux donc être tranquile. Tu n'as
,, qu'à étouffer les remords par la reflection, ſi elle
,, en a la force, ou par des habitudes contraires beau-
,, coup plus puiſſantes. Si tu euſſes été élevé ſans
,, les idées qui en ſont la baſe, tu n'aurois point eu
,, ces ennemis à combattre. Ce n'eſt pas tout, il
,, faut que tu mépriſes la vie, autant que l'eſtime
,, publique. Alors en effet, je le ſoutiens, parrici-
,, de, inceſtueux, voleur, ſcelerat infame, & juſte
,, objet de l'execration des honnêtes geus, tu ſeras
,, heureux cependant. Car quel malheur, ou quel
,, chagrin peuvent cauſer des actions, qui, ſi noires
,, & ſi horribles qu'on les ſupoſe, ne laiſſent aucu-
,, ne trace de crime dans l'ame du criminel? Mais
,, ſi tu veux vivre, prens y garde, la politique n'eſt
,, pas ſi commode que ma philoſophie. La juſtice
,, eſt

„eſt ſa fille ; les bourreaux & les gibets ſont à ſes
„ordres ; crains les plus que ta conſcience & les
„Dieux.“ *La Mettrie Diſcours ſur le bonheur &c.
pag. 133.

Voila les raiſonnemens faux & inconſéquens d'un homme, que les ennemis de la philoſophie diſent être un philoſophe Epicurien. Détruiſons donc de fond en comble les ſentimens affreux de ce frenetique par ceux d'Epicure : dira-t-on après cela qu'il ait été ſon diſciple ? „Le juſte, *dit ce ſage Philoſophe*, eſt „le ſeul de tous les hommes qui puiſſe vivre ſans „trouble & ſans déſordre : l'injuſte au contraire eſt „toujours dans la crainte & dans l'agitation.“ ‘ο δίκαιος ἀταρακτότατος· ὁ δ' ἄδικος πλείστης ταραχῆς γέμων. *Juſtus a perturbationibus maxime liber eſt : injuſtus autem a plurimis perturbationibus obſidetur,* Diog. Laert. lib. X. pag. 668.

Avant que d'en venir à ce qui regarde perſonnellement ce fou, érigé en philoſophe par ceux qui étoient charmés de pouvoir faire retomber l'horreur, qu'inſpirent ſes ſentimens, ſur des gens qui les déteſtent, comparons encore ſes opinions avec celles de Lucrece ſur la volupté & ſur la temperance. „Et toi voluptueux, *dit l'auteur freneti-* „*que*, puiſque ſans plaiſirs tu ne peux parvenir à „la vie heureuſe, laiſſe là ton ame & Seneque, „chanſons pour toi que toutes les vertus Stoiques ? „ne ſonges qu'à ton corps. Ce que tu as d'ame ne „merite pas en effet d'en être diſtingué. Les pré- „jugés, les pédans, les fanatiques s'armeront con- „tre toi : mais quand tous les élemens s'y join- „droient ? . . . Que faiſoient à Tibulle dans les „bras de de ſa Cloris la pluie, la grêle & les vents dé- „chainés ; ils ajoutoient à ſa felicité qui les bravoit. „Prens donc le bon tems, quand, & partout où il
„vient

„vient, jouis du préfent, oublies le paffé qui n'eft
„plus, & ne crains point l'avenir. Songes que le
„bled, qui eft femé hors du champ, eft toujours
„du bled; qu'un grain perdu n'eft pas plus pour
„la nature, qu'une goutte d'eau pour la mer; que
„tout ce qui la delecte eft plaifir, & que rien
„n'eft contre elle que la douleur; que la pollution
„& la jouiffance, lubriques rivales, fe fuccédant
„tour à tour, & faifant nuit & jour fondre de
„volupté, rendent ton ame, s'il fe peut, auffi gluan-
„te & lafcive que ton corps. Enfin puifque tu
„n'as point d'autres reffources? tires en parti: bois,
„manges, dors, ronfles, reves; & fi tu penfes
„quelquefois, que ce foit entre deux vins, & tou-
„jours ou au plaifir du moment prefent, ou au
„défir ménagé pour l'heure fuivante. Ou, fi non
„content d'exceller dans le grand art des volup-
„tés, la crapule & la débauche n'ont rien de trop
„fort pour toi, l'ordure & l'infamie font ton par-
„tage; vautres toi, comme font les porcs, & tu
„feras heureux à leur maniere." *Difcours fur le bon-*
heur, pour fervir de préface au traité de la vie heu-
reufe de Seneque. pag. 137.

Un fou né & élevé dès fon enfance dans le plus
mauvais lieu de Paris, pourroit-il parler autrement?
O vous, qui cherchés à calomnier les philofophes,
comment pouvez-vous établir vos reproches fur les
difcours d'un homme, dont la folie paroit à chaque penfée, & dont le ftile démontre l'yvreffe de
l'ame. Ecoutés parler un veritable philofophe fur les
mêmes matieres, qui font l'objet de vos reproches.
„Il faut, *dit Epicure*, s'habituer à manger fobrement
„& fimplement, fans rechercher toutes ces viandes
„délicatement preparées; la fanté trouve dans cette
„frugalité fa confervation, & l'homme par ce moyen
„de-

„devient plus robuste, & beaucoup plus propre à
„toutes les actions de la vie. Cela est cause que s'il se
„trouve par intervales à un meilleur repas, il y man-
„ge avec plus de plaisir : mais le principal, c'est que
„par ce secours nous ne craignons point les vicissi-
„tudes de la fortune, parcequ'étant accoutumés à
„nous contenter de peu, quelque abondance qu'elle
„nous ôte, elle ne fait que nous remettre dans un état
„qu'elle ne nous peut ravir, par la louable habitude
„que nous avons prise. Ainsi lorsque nous assurons
„que la volupté est la fin d'une vie bien heureuse, il
„ne faut pas s'imaginer que nous entendions parler
„de plaisirs, qui se trouvent dans la jouissance de
„l'amour, ou dans le luxe & l'excès des bonnes ta-
„bles, comme quelques ignorans l'ont voulu insi-
„nuer, aussi-bien que les ennemis de nôtre secte,
„qui en ont imposé sur cette matiere, par l'inter-
„pretation maligne qu'ils ont donnée à notre opi-
„nion. Cette volupté, qui est le centre de notre
„bonheur, n'est autre chose que d'avoir l'esprit sans
„aucune agitation, & que le corps soit exempt de
„douleur ; l'ivrognerie, l'excès des viandes, le com-
„merce criminel des femmes & des garçons, la dé-
„licatesse des boissons, & tout ce qui assaisonne les
„bonnes tables, n'ont rien qui conduise à une agréa-
„ble vie, il n'y a que la frugalité & la tranquilité
„de l'esprit qui puisse faire cet effet heureux ; c'est
„ce calme qui nous facilite l'éclaircissement des
„choses qui doivent fixer nôtre choix, ou de cel-
„les que nous devons fuir ; & c'est par lui qu'on
„se défait des opinions, qui troublent la dispo-
„sition de ce mobile de notre vie " Τὸ συνεθι-
ζειν οὖν ἐν ταῖς ἁπλαῖς καὶ οὐ πολυτελέσι διαίταις,
καὶ ὑγιείας ἐστὶ συμπληρωτικον, καὶ πρὸς τὰς ἀναγ-
καίας τοῦ βιόυ χρήσεις ἄοκνον ποιεῖ τὸν ἄνθρωπον. καὶ
τοῖς

τοῖς πολυτελέσιν ἐκ διαλειμμάτων προσερχομένους κρείττονας ἡμᾶς διατίθησι, κ̀ πρὸς τὴν τύχην ἀφόβους παρασκευάζει· ὅταν οὖν λέγωμεν ἡδονὴν τέλος ὑπάρχειν, οὐ τὰς τῶν ἀσώτων ἡδονὰς κ̀ τὰς τῶν ἐν ἀπολαύσει κειμένας λέγομεν, ὥς τινες ἀγνοοῦντες κ̀ οὐχ ὁμολογοῦντες, ἢ κακῶς ἐκδεχόμενοι, νομίζουσιν. ἀλλὰ τὸ μήτε ἀλγεῖν κατὰ σῶμα, μήτε ταράττεσθαι κατὰ ψυχὴν συνείροντες. οὐ γὰρ πότοι κ̀ κῶμοι, οὐδ' ἀπολαύσεις παίδων κ̀ γυναικῶν, οὐδ' ἰχθύων κ̀ τῶν ἄλλων ὅσα φέρει πολυτελὴς τράπεζα, τὸν ἡδὺν γεννᾷ βίον, ἀλλὰ νήφων λογισμὸς, κ̀ τὰς αἰτίας ἐξερευνῶν πάσης αἱρέσεως κ̀ φυγῆς, κ̀ τὰς δόξας ἐξελαύνων, ἀφ' ὧν πλεῖστος τὰς ψυχὰς καταλαμβάνει θόρυβος. *Itaque simplicibus & non magnifice paratis cibis assuescere, & salubritatis efficiens est, & hominem ad necessaria vitæ ministeria impigrum reddit : & sumptuosas ad epulas per intervalla accedentes meliores nos efficit, atque adversus fortunam parat interritos. Cum itaque dicimus voluptatem finem esse, non luxuriosorum voluptates, easque quæ in fruendo sunt positæ dicimus, ut quidam ignorantes, aut a nostra sententia dissentientes, aut male eam accipientes arbitrantur; sed non dolere, corpore animoque tranquillum esse conjungimus. Non enim convivia & comessationes, non puerorum mulierumque congressus, non piscium esus, & cæterorum quæ affert pretiosior mensa, suavem gignit vitam, verum ratio sobria, causasque perscrutans cur quæque vel eligenda, vel fugienda sint, opinionesque expellens, per quas animos ut plurimum occupat tumultus.* Diog. Laert. de vit. philosoph. lib. 10. p. 657.

Voions encore une fois la comparaison des sentimens de la raison avec ceux de la folie. „Tous les „mechants, *dit La Mettrie*, peuvent être heureux, „s'ils peuvent être mechans sans remords. J'ose dire „plus, celui qui n'aura point de remords dans une

tel-

„ telle familiarité avec le crime, que les vices soient
„ pour lui des vertus, sera plus heureux que tel au-
„ tre, qui après une belle action se repentira de
„ l'avoir faite.“

Voila le vice qui s'explique par la voix de la dé-
mence: voici la vertu qui va parler par l'organe de
la sagesse. „ La philosophie, *dit Epicure*, est la sour-
„ ce de toutes les vertus, qui nous enseignent que la
„ vie est sans agrément, si la prudence l'honnêteté &
„ la justice ne dirigent tous nos mouvemens; mais
„ en suivant toujours la route qu'elles nous tracent,
„ nos jours s'écoulent avec cette satisfaction dont le
„ bonheur est inséparable; car ces vertus sont le pro-
„ pre d'une vie pleine de felicité & d'agrément, qui
„ ne peut jamais être sans leur excellente pratique.“

Τούτων δὲ πάντων ἀρχὴ καὶ τὸ μέγιστον ἀγαθὸν, ἡ Φρό-
νησις· διὸ καὶ Φιλοσοφίας τὸ τιμιώτερον ὑπάρχει ἡ Φρό-
νησις, ἐξ ἧς αἱ λοιπαὶ πᾶσαι πεφύκασιν ἀρεταί· δι-
δάσκουσαι ὡς οὐκ ἔστιν ἡδέως ζῆν ἄνευ τοῦ Φρονίμως, καὶ
καλῶς, καὶ δικαίως, ἄνευ τοῦ ἡδέως. συμπεφύκασι γὰρ
αἱ ἀρεταὶ τῷ ζῆν ἡδέως· καὶ τὸ ζῆν ἡδέως, τούτων ἔστιν
ἀχώριστον. *Horum autem omnium initium, maximum-
que bonum prudentia est. Quocirca ex philosophiæ
bonis prudentia antecellit, ex qua reliquæ virtutes
omnes oriuntur: docentes quod jucunde vivere possit
nemo, nisi prudenter, & honeste justeque vivat: nec
contra prudenter, & honeste, justeque, quin & vivat
jucunde. Virtutes enim jucundæ vitæ conjunctæ sunt;
jucundaque vita separari a virtutibus nequit.* Id. ib.
seg. 132. La Mettrie n'est donc pas un Epicurien.
Et l'on a tort de le reprocher avec tant d'aigreur aux
philosophes. Cet homme ressemble aux sectateurs
d'Epicure, comme le Pere Malagrida ressemble aux
Ministres d'Etat de la Cour de Portugal.

Après avoir démontré combien la saine morale
d'un

d'un fage eft eloignée de celle d'un fou , qui en a voulu prendre le mafque ; je prouverai que non feulement La Mettrie ne doit pas nuire aux philofophes ,
mais qu'il n'a pu fe nuire à lui-même parcequ'il étoit
fou ; mais fou au pied de la lettre : il n'y avoit aucune
idée, quelque fauffe & quelque extravagante qu'elle
fut, qui fe préfentat à fon efprit, qu'il ne fuivit. Un
jour il fe figura, qu'il devoit prouver à toute l'Europe qu'un des plus fcavants, des plus fpirituels, & des
plus vertueux Ecrivains, que l'Allemagne ait produit (c'eft Mr. Haller) étoit un athée : fur le champ,
dans l'accès de fa folie, il compofa une hiftoire, où
il dit qu'il avoit eu occafion de faire connoiffance
avec ce Savant dans un mauvais lieu, & que là il
l'avoit affuré qu'il étoit athée. Ce que je dis ici paroîtra fi extraordinaire & fi ridicule aux lecteurs,
qu'ils auront peine à y ajouter foi. Je raporterai
donc les propres termes de cet infenfé, érigé en philofophe par les ennemis de la philofophie. ,, Il n'y
,, a pas, *dit-il*, jufqu'aux Dames de l'Univerfité de
,, Gœttingen, chez qui nôtre Profeffeur fe montre
,, auffi brillant que profond philofophe. Je me fou-
,, viendrai toute ma vie du dernier & fingulier fou-
,, per de filles, que nous fimes enfemble, La * *
,, H * * & moi. La * * m'y mena, il a toujours
,, aimé le beau fexe ; & d'ailleurs, fectateur d'un
,, maître charmant, il fe faifoit un plaifir de le fuivre
,, partout, jufques en ces lieux où la volupté regne,
,, fans fentimens a la verité, mais auffi fans contrain-
,, te. Le célébre Docteur préfidoit à une table,
,, ornée par les Nymphes du Dieu des Jardins, avec
,, cette plaifante gravité de Magifter de Village, que
,, vous lui connoiffez. Il fut d'abord queftion des
,, preuves de l'exiftence de Dieu par les merveilles
,, de la nature ; j'avois fous ma main deux de ces

Q 2

,, preu-

„ preuves là ; & nos P . . . fe regorgeoient, croiant
„ que c'étoit des leurs qu'on parloit : mais quel fut
„ leur étonnement quand elles entendirent *leur gros*
„ (comme elles l'appelloient) philofopher, & fe li-
„ vrer à des reflections auffi bien placées, que cel-
„ les de Trimalcion fur la mort."

*Helas ! difoit H * * *, plus on devine la nature,
& plus fon auteur difparoit ; le fil, au quel tenoit ja-
dis fon exiftence, s'extenue de jour en jour, il fe brule
au flambeau de la phyfique, qui n'eclaire que l'incre-
dulité. On a beau dire, faire, calculer même des
x x x ; ils ne prouveroient pas d'avantage, fuffent ils
algebraiquement multipliés à l'infini. En effet dans
l'infinie combinaifon du mouvement & des chofes, combien de fois les dez dû hazard n'ont ils pas pu produire
tout ce qui vous paroit fi marqué au coin d'une intelligence, que nos yeux n'imaginent ou croient voir, que
parcequ'ils font miopes & bornés. Telle fut auffi l'opinion du Pere de l'ancienne philofophie Epicure, que
Lucrece prit pour fon Dieu, n'en connoiffant point
d'autre. Quels genies, mes enfans, quels puiffans genies que ces anciens ! ils ont tout connu, jufqu'aux
globules organiques de Buffon qui n'eft qu'un nouvel
Anaxagoras. Voyez Lucrece, voiez la favante préface, dont j'ai orné la traduction allemande de l'Hiftoire naturelle de cet auteur françois, dont je fais cependant affez de cas.*

„ Enfuite entaffant tous ces argumens rebattus,
„ refacés, ou plutôt refutés cent fois : *s'il y avoit une*
„*providence*, ajoutoit nôtre incredule Amphitrion,"
*les mechans feroient punis, les bons recompenfés, les
Mœurs n'auroient pas été condamnés au feu, dans un
pais où l'on fe pique d'en avoir ; l homme machine n'auroit pas fait fortune, Boindin feroit mort, & Ba-
couill caffé. Je ne fais pas au refte comment font gou-*
ver-

vernés l's autres mondes (s'il y en a :) mais il me pa-
roit que celui-ci le seroit fort mal sans la ferule des *Juges* & des *loix*. Le merite encore, dans l'hypothese du
Tien, comme parlent les Pré-*Adamites Chinois*, seroit
autrement pensionné; les hommes utiles seroient mieux
payés que des faiseurs de cabrioles, ou d'agréables ma-
rionettes, poursuivit-il, en regardant nos sœurs,
qui penserent se fâcher; *& pour tout dire en un mot,
moi Haller, moi, qui ai tant de lecture, de memoire;
& de faits, quoique stériles, dans la tête, je le demande aux plus éclairés; pourquoi n'ai-je de reputation qu'en Allemagne? donc tout est hazard, donc
rien n'est conduit, donc rien n'est gouverné.* ,,Voyez
,,si l'on peut juger des auteurs par leurs ouvrages!
,,Qui eut cru celui-ci un Epicurien si déterminé,
,,en voyant ce qu'il a si politiquement inseré çà &
,,là dans ses écrits?'' *Le Petit-homme à longue queue*
pag. 42.

La surprise de Mr. Haller fut égale à son indignation, en voiant l'accusation & le roman imposteur
de La Mettrie; mais l'horreur qu'en eurent tous les
gens de Lettres le vangea mieux, que tout ce qu'il
auroit pu faire & écrire.

On verra dans le passage, que je viens de citer,
que La Mettrie affectoit de mépriser les allemands.
Cet homme étoit de la plus grande ignorance, n'a-
voit aucune lecture; toute son érudition consistoit
en quelques vers de Comedie. Il écrivoit en françois
comme un énergumene, & savoit à peine assés de
latin pour entendre les livres de medecine; ignoroit
toutes les autres langues, surtout l'allemande, & jugeoit du merite des auteurs allemands. Et quel est le
païs où il y ait aujourdhui plus de gens de merite dans
les Lettres qu'en Allemagne? qui peut s'empecher
d'admirer cet Haller, indignement outragé par La

Q 3

Met-

Mettrie? qui unit les talens de Lucrece à ceux de Pindare & d'Anacreon; poete philofophe, poete fublime, poete galant; grand homme dans tous les diférents genres qu'il a également cultivés: phyficien profond, habile Medecin, & célébre anatomiste. Qui peut encore ne pas cherir ce Gellert, qui joint la brieveté & l'énergie de Phedre à l'efprit de La Fontaine, & dont la modeftie & la douceur égalent les talens? quel eft l'homme de genie qui ne foit enchanté de Rabner, attaquant dans fes fatires fi fpirituellement le vice, fans outrager, comme l'ont fait les autres fatiriques, les particuliers qui ont le malheur d'y être enclins? Quelles obligations la phyfique n'a-t-elle pas à un Tralles, Medecin admiré de tous ceux, à qui l'art fi utile & fi difficile des Hipocrate, des Boerhave, & des Sidenham eft connu? Ce Tralles fi refpectable fut encore l'objet des indécentes, & des infenfées fatires de La Mettrie. Quel eft le favant qui n'admire les connoiffances d'un Ernefti, & qui ne s'intéreffe à la confervation, & au bonheur d'une perfonne auffi remplie d'érudition, & auffi neceffaire à la Republique des Lettres, dans un tems où un nombre de gens du bel air, & qui veulent donner le ton, font plus de cas de quelque mauvaifes fatires, ou de quelque roman ordurier, que de Sophocle & de Thucidide? Si la France a eu Vaugelas, l'Allemagne a Gottfched: & la langue françoife n'a pas plus d'obligation au premier que l'allemande n'en a au dernier. Quelle foule de favans ne trouverois-je pas, fi je voulois placer ici tous ceux qui vivent aujourdhui en Allemagne, & dans les païs de la Suiffe, où l'on parle allemand? un Euler, le rival de Neuton; un Bernouilli, admiré des plus profonds geometres; un Merian, joignant la plus grande érudition à la plus fublime metaphifique;

que ; un Sulzer, rendant les sciences aimables & respectables par sa probité, & par sa douceur ; un Marg-
graf élévant la chimie jusqu'au plus haut point de
perfection ; un Meckel portant de nouvelles lumieres dans l'anatomie ; un Heinius, rival de l'érudition
de l'éclairé Thomasius, un Formey, unissant un
nombre de connoissances, dont chacune semble devoir être le partage d'un seul savant ; un Pot, aux
yeux du quel la nature se décompose, lorsqu'il le
veut ; un Pfaff détruisant avec clarté & avec préci-
sion tous les sophismes de l'élégant Schefmacher ; un
Erman émule de Saurin ; un Sac, theologien éclairé, savant, modeste, & ennemi de la persecution ;
un Cothenius, joignant à la pratique la plus sure dans
son art la theorie la plus savante. Enfin tant de
grands hommes, qui sont dans toutes les Universi-
tés, & dont un seul suffiroit pour honorer un pais
moins fertile en savans que l'Allemagne. Les françois, tels que les L'Enfant, les Beausobre, les La
Croze, les Peloutier, les Achard, les Premontval,
les Francheville, qui ayant beaucoup de merite se
sont distingués par des talents diférents, se sont bien
gardés, en venant en Allemagne, d'en méprifer les
savans ; ils savoient trop, qu'ils meritoient l'estime
des veritables connoisseurs : ce ridicule est le partage
de quelques ignorants semblables à La Mettrie,
dont l'érudition est puisée dans le Mercure galant,
dont le goût est formé par quelques feuilles volantes,
& par quelques satires ; telles que les *quant*, les *mais*,
les *car*, les *si*, &c. singuliere nation, que celle à qui
tous les monosillables de sa langue servent à former
des Dictionnaires d'injures, & de calomnie !

Revenons à La Mettrie : après avoir exercé sa folie sur les gens les plus respectables, il en fit tomber
sur lui les plus dangereux effets. Aiant pris une in-

dige-

digeſtion, pour avoir mangé exceſſivement d'un pâté, il prit la fievre ; un Chirurgien lui conſeilla de prendre l'émetique : non, dit-il, je veux acoutumer l'indigeſtion à la ſaignée, & démentir tous les raiſonnemens des medecins allemands : il ſe fit donc ſaigner, quelque choſe que put lui dire le Chirurgien, quatre heures après la fievre redoubla, & devint inflamatoire, toute la nourriture, qui étoit dans l'eſtomac, aiant paſſé aiſément dans le ſang, par la facilité que la ſaignée lui en avoit donnée. Il vecut encore trois jours preſque toujours dans le délire, & mourut dans la maiſon de l'Envoié de France plutôt plaint, que regretté des gens qui l'avoient connu. Dans les intervales de ſa folie il avoit pluſieurs vertus civiles, & dans la ſocieté il étoit amuſant, lorſque ſa gaieté n'étoit pas pouſſée juſqu'à l'extravagance, ce qui arrivoit aſſez ſouvent : il jettoit tout à coup ſa perruque par terre, & on l'a vu pluſieurs fois ſe dèshabiller, & ſe mettre preſque tout nud au milieu d'une compagnie qui rioit de ſa folie, comme elle auroit fait de celle d'un inſenſé renfermé aux petites maiſons.

Voila quel a été l'homme, que les adverſaires des philoſophes leur reprochent tous les jours avec tant d'aigreur. A les entendre on diroit, que La Mettrie étoit un perſonnage tel qu'Epicure ou Platon, & qu'il avoit fait une ſecte conſidérable. Mais il n'étoit pas plus philoſophe qu'un certain fou, nommé Quiſant, qu'on a vu ſi longtems à Verſailles amuſer les Courtiſans, étoit Cardinal, quoiqu'il fut habillé de rouge, qu'il portat une épée & une Calotte de la même couleur, & qu'il ſe nommat *Cardinal d'épée*. Les philoſophes ne ſe croient pas plus offenſés de ce qu'un fou s'eſt apellé philoſophe, que les Cardinaux le furent de ce que le bouffon de la Cour de France

se disoit être Cardinal. Quelle injustice n'y auroit-il
pas, à faire repondre les Societés les plus respectables des folies d'un homme, qui publieroit qu'il est
membre de ces Societés, quoiqu'elles ne le regar-
dassent pas comme tel ?

On ne peut rien repondre à cela de raisonnable ;
mais enfin pour finir toute dispute, & pour anéantir
à jamais les reproches de ceux, qui pensent rendre
les philosophes odieux, en leur imputant d'avoir eu
La Mettrie parmi eux : qu'on nous dise quel est l'Ordre le plus respectable, & l'état le plus saint où il n'y
ait pas eu, dans le cours des siecles, plusieurs hommes plus méprisables par les mœurs & par les sentimens que La Mettrie. Est-ce que le sacré College
des Cardinaux en doit être moins respecté, parcequ'il a eu dans son sein le Cardinal Cocia, le Cardinal Du Bois, & plusieurs autres qui leur ont res-
semblé ? Est-ce que les Pontifes, qui occupent la
Chaire de S. Pierre, en doivent être moins en veneration à tous les catholiques, parceque beaucoup
de Papes ont commis de fort mauvaises actions, &
se sont rendus indignes de la place qu'ils occupoient?
Clement IV. persuada à Charles d'Anjou Roi de
Naples, de faire mourir Conradin, fils de Conrad
IV, qui étoit venu en Italie pour se mettre en pos-
session de l'heritage de ses peres. Ayant donné une
bataille il la perdit, & fut pris en fuiant. Le Pape,
Ministre de paix dans les tems de colere, oubliant
son caractere, écrivit à Charles d'Anjou, *la vie de
Conradin est la mort de Charles, & la mort de Conradin est la vie de Charles.* Etienne VII, homme
d'un caractere violent & séditieux, fit deterrer le
corps du Pape Formose, son avant-prédecesseur &
son ennemi ; après que par son ordre on l'eut depouillé de ses ornemens pontificaux, & revetu d'ha-

Q 5

bits

bits laiques, il le fit condamner juridiquement, on lui coupa la tête, & ensuite on le jetta dans le Tibre. Cette action rendit Etienne si odieux, que les citoyens se souleverent, le chargerent de fers, & l'étranglerent en prison. Jean IX, élu Pape après Etienne, fit pêcher le corps de Formose, mais Sergius III. ennemi de Jean IX, & qui fut un de ses successeurs, fit rejetter Formose dans le Tibre. Ce Sergius III. eut, étant Pape, un fils de Marosie sa Maîtresse qu'il éleva publiquement dans son palais, & qui fut Pape dans la suite.

Après la mort de Sergius III. Marosie, & Theodora sa sœur, procurerent la Chaire de S. Pierre à un de leurs favoris, nommé Landon: ce favori étant mort fort jeune, Theodora fit élire son amant Jean X. Evêque de Rome. Mais Marosie, toute puissante dans cette ville, aiant conspiré contre le Pape, ancien amant de Theodora sa sœur, le surprit, le mit aux fers, & le fit étouffer entre deux matelats: ensuite Marosie, maîtresse dans Rome, fit élire un nommé Leon, qu'elle fit mourir en prison au bout de quelques mois. Après elle donna le siege pontifical à un homme obscur qui ne vecut que deux ans. Enfin elle plaça parmi les successeurs de S. Pierre son propre fils, qu'elle avoit eu de son adultere avec Sergius III, & que ce Pape avoit fait élever publiquement dans son palais: ce bâtard, qui n'avoit que vingt quatre ans quand sa mere le fit Pape, prit le nom de Jean XI. Un fils du premier lit de Marosie, s'étant mis à la tête d'un parti contre sa mere, la renferma avec le Pape son bâtard dans le chateau S. Ange, où il mourut empoisonné. Etienne IX, allemand de naissance, élu Pape en 939, regna fort peu de tems: les Romains ne pouvant souffrir un Pape né en Allemagne, lui balafrerent

rent le visage dans une sédition, & ce Pontife balafré ne put jamais depuis reparoître en public.

Quelque tems après un petit fils de Marosie fut élu Pape, à l'age de dix-huit ans, par le credit de sa famille, il prit nom de Jean XII, en memoire de Jean XI son oncle le bâtard, empoisonné par son frere uterin dans sa prison du chateau S. Ange. Ce Jean XII aiant voulu soulever les Romains contre l'Empereur Othon, ce Prince le fit déposer dans un Concile, pour avoir donné l'ordination à des Diacres dans une écurie, commis inceste avec ses deux sœurs, bû à la santé du diable, & imploré son secours en jouant aux dez. Leon VIII. fut élu à la place de Jean XII. mais l'Empereur étant retourné en Allemagne, Jean souleva les Romains, & fit à son tour déposer Leon VIII. dans un Concile. Un Cardinal, qui avoit écrit les accusations dans celui qui avoit deposé Jean, eut la main coupée, on arracha la langue, on coupa le nez & deux doigts au greffier du Concile. Ce Pape auroit sans doute porté sa vangeance plus loin, mais il fut assassiné trois mois après être remonté sur la Chaire de S. Pierre, dans les bras d'une femme mariée, dont l'époux le surprit dans cet adultere. Je crois qu'il n'y a point d'ennemi des Philosophes qui ne convienne, que La Mettrie auroit mieux figuré parmi ces Papes, que parmi Locke, Neuton, Leibnitz, Gassendi, Descartes, s'Gravesande, & Wolf.

Les désordres des successeurs de S. Pierre ne se sont pas bornés à ceux, que nous venons de parcourir succinctement. Dans ces derniers siecles, & peu de tems avant Luther & Calvin, l'on vit à Rome des Papes faire des cruautés plus grandes, que celles des Caligula & des Neron. Urbain II. fit apliquer à la torture plusieurs Cardinaux, & plusieurs Evêques

qui avoient voulu le quitter à Naples : il conduiſit à
Genes, ſur les galeres de cette Republique, ces Evêques & ces Cardinaux eſtropiés & enchainés ; un
de ces Evêques demi-mort ne pouvant gagner le ri-
vage aſſez tôt, au gré du Pape, il le fit égorger ſur
le chemin, & lorſqu'il fut arrivé à Genes, il fit mourir par divers ſuplices cinq de ces Cardinaux priſon-
niers. Après tant de cruautés Urbain mourut paiſi-
blement & ſans remords à Rome. Voila un Pape,
digne d'être l'éleve d'un philoſophe, qui veut qu'on
étoufe les remords. En voici un autre, qui prati-
quoit les preceptes de la même philoſophie. Le Pape Sixte IV. favoriſa une conſpiration, excitée par
l'Archevêque de Piſe contre Laurent & Julien de
Medicis, qui furent aſſaſſinés à l'Egliſe, dans le moment où le Prêtre levoit l'hoſtie. La mort des Medicis fut vangée par les Florentins, & l'Archevêque
fut pendu aux fenêtres de la Maiſon de Ville.

Après Sixte IV. vint Innocent VIII. qui d'un caractere plus doux que ſon predeceſſeur ne fit aſſaſſiner perſonne, & ſe contenta de piller les biens de
l'Egliſe, de tirer ſecretement une penſion conſidérable de Bajazet Empereur des Turcs, pour retenir à
Rome priſonnier Zizim ſon frere, qui s'étant retiré
chez les Chevaliers de Rhodes avoit cru trouver un
azile, & non pas l'eſclavage, chez des gens qui ſe
diſoient les deffenſeurs de la religion. Les Chevaliers de Rhodes conduiſirent Zizim en France, &
le Pape obtint de Charles VIII. que ce Prince lui ſeroit remis. Innocent avoit eu à Naples, avant ſon
Pontificat, deux enfans d'une Demoiſelle, il les
laiſſa très riches, maria l'ainé à une fille de Laurent
de Medicis : l'amour paternel, diſent les Hiſtoriens,
lui fit faire beaucoup de choſes peu équitables. Il
eut pour ſucceſſeur Borgia, qui prit le nom d'Alexandre

dre VI. Ce Pape fut le plus mechant & le plus luxu-
rieux des hommes. Il avoit un bâtard appellé Cesar
Borgia, qu'il vouloit faire Souverain. Il vendit des
indulgences pour une grande somme, afin d'avoir
l'argent necessaire pour paier l'armée, destinée à
prendre dans la Romagne les places qu'il vouloit
lui donner. Il n'y eut point de violence, de cruauté,
ni de sceleratesse que ce bâtard, veritablement digne de son pere, n'emploia pour reussir dans ses des-
seins. Enfin Louis XII, pour obtenir du Pape la
cassation de son mariage, consentit de donner à Cesar Borgia une compagnie de cent hommes d'armes,
une pension de cent mille livres, & le Duché de Valentinois. Il lui fit ensuite épouser Charlotte, fille du
Seigneur d'Albret. Ce mariage étant fait, Cesar
Borgia envoia à Rome un courier à son pere pour
lui aprendre, qu'il avoit rempli, la premiere nuit des
noces, huit fois de suite le devoir du mariage. Cet
acte de vigueur plut si fort au S. Pere, qu'il en fit
faire des feux de joie dans toute la ville de Rome.
L'Historien, qui raporte ce fait, étoit grand Maître
de Ceremonies d'Alexandre VI, & il ajoute que ces
feux de joie causerent un grand dès-honneur au très
saint Pere & au saint Siege. *Feria quinta vigesima
tertia venit cursor ex Francia, qui nuntiavit sanc-
tissimo Domino nostro Cæsarem Valentinum Ducem,
filium suum, olim Cardinalem, contraxisse matrimonium cum magnifica Domina Allebreto a die presentis
mensis, & illud dominica duodecima ejusdem consum-
masse, & fecisse octo vices successive. Fuerunt propterea ex mandato Pontificis facti multi ignes per urbem
in signum lætitiæ, sed in magnum dedecus, & vere-
cundiam sanctissimi Domini nostri, & ejus sanctæ se-
dis. Specimen Historiæ Arcanæ, sive anecdotæ de
vita Alexandri VI. Papæ, seu excerpta ex Diario*
Joan-

Joannis Burchardi Argentinenſis capellæ Alexandri Sexti Papæ Clerici Ceremoniarum Magiſtri , edente G. G. L. Hanovriæ MDCXCVI. pag 61.

Ce Pape avoit une inclination naturelle à ſe rejouir de tout ce qui pouvoit exciter les plaiſirs & les devoirs du mariage. Il couchoit avec ſa fille Lucrece , qu'il enleva ſucceſſivement à trois maris , dont il fit aſſaſſiner le dernier (Alphonſe d'Arragon) pour la donner enfin à l'heritier de la maiſon d'Eſte. Comme il craignoit qu'un époux , qui prenoit une femme qui avoit paſſé par tant de mains , n'eut pas l'ardeur requiſe pour la premiere nuit des noces , il voulut l'exciter dans ſon gendre. L'Hiſtorien Burchard , ſon grand Maître de ceremonies , nous a laiſſé la relation d'une fête , qu'il donna à ce ſujet. ,, Le der-
,, nier Dimanche du Mois d'Octobre, *dit cet Au-*
,, *teur*, cinquante courtiſanes honnêtes ſouperent
,, avec le Duc de Valentinois, dans ſon apartement
,, au Palais Apoſtolique, (au Vatican) elles danſe-
,, rent après le repas avec les gens du Duc , & les
,, autres perſonnes , qui étoient preſentes d'abord ha-
,, billées, enſuite toutes nues. Après qu'on eut ſoupé,
,, on rangea par terre les chandeliers de la table, &
,, l'on mit devant eux des chataignes , que les cour-
,, tiſanes nues ramaſſoient en paſſant entre les chan-
,, deliers. Le Pape, le Duc de Valentinois & Lu-
,, crece ſa ſœur étoient preſents , & regardoient avec
,, attention. Enfin l'on expoſa les prix du combat,
,, ce furent des étoffes de ſoie, des chauſſures faites
,, en brodequin, diférentes coeffures qui devoient
,, être diſtribuées à ceux qui connoîtroient charnel-
,, lement le plus de ces courtiſanes , qui le firent à la
,, vue de tous ceux qui ſe trouvoient dans le Palais ,
,, ſuivant la fantaiſie des combattans qui reçurent en-
,, ſuite le prix de leurs proueſſes.'' Convenons que
le

le philosophe La Mettrie auroit été un excellent dan-
seur dans ce balet, mais que le pauvre Epicure y auroit joué un triste personnage, ainsi que Lucrece &
ses autres disciples. Je crois pouvoir encore assurer,
que Spinosa, Colins, & Hobbes ne s'y seroient gueres amusé. Mais pour qu'on ne croie pas, que nous
avons embelli la narration de cette fête, nous placerons ici, suivant nôtre coutume, les paroles origina-
les de l'historien. *Dominica ultima mensis Octobris in
sero fecerunt coenam cum Duce Valentinensi in camera
sua in Palatio Apostolico quinquaginta meretrices ho-
nestæ, cortesianæ nuncupatæ, quæ post cœnam chorea-
runt cum servitoribus, & aliis ibidem existentibus,
primo in vestibus suis, deinde nudæ. Post cœnam po-
sita fuerunt candelabra communia mensæ cum candelis
ardentibus, & projectæ ante candelabra per terram
castaneæ, quas meretrices ipsæ super manibus & pedibus nudæ, candelabra per transeuntes, colligebant,
Papa, Duce, & Lucretia sorore sua præsentibus &
aspicientibus : tandem exposita dona ultimo, diploides
de serico, paria caligarum, bireta & alia, pro illis qui
plures dictas meretrices carnaliter agnoscerent, quæ
fuerunt ibidem in aula publice carnaliter tractatæ
arbitrio præsentium, & dona distributa victoribus.*
Id. ib. pag. 77.

Il falloit que cette petite fête galante eut produit
un bon effet; car quelque jours après le très Saint
Pere en donna encore une seconde, dans un gout diférent, qui n'étoit pas moins propre à faire naitre
l'envie de remplir les devoirs du mariage. Voici la
description de cette nouvelle fête. ,, Le 15. du mois
,, de Novembre, un paisan entra dans la Ville par la
,, porte des jardins, conduisant deux jumens chargées
,, de bois: lorsqu'elles furent dans la place de S. Pier-
,, re, les domestiques du Pape accoururent, coupe-
,, rent

„ rent le poitrail, enleverent les bats, mirent à terre
„ le bois que portoient ces jumens, & les conduisi-
„ rent ensuite dans la petite place, qui est entre le pa-
„ lais & la porte. Alors on lâcha quatre superbes
„ chevaux entiers, qui libres de tout frein coururent
„ auprès des jumens, & commencerent par un com-
„ bat entre eux, se battant avec les pieds & les dents:
„ ensuite ils monterent sur les jumens & les couvri-
„ rent, mais non pas sans les avoir blessées aupara-
„ vant. Le Pape étoit à la fenêtre de sa chambre, qui
„ donne sur la porte du palais ; Lucrece sa fille étoit
„ avec lui, & tous les deux voioient ce spectacle avec
„ de grands éclats de rire & beaucoup de plaisir.“ Si
le philosophe La Mettrie avoit été à cette scene, il
auroit bien jetté sa perruque par terre & crié, voila
qui est admirable ! cela vaut mieux que la représenta-
tion du Misantrope : mais Epicure eut détourné les
yeux d'indignation ; Colins se fut sauvé du Vatican ;
Spinosa si modeste, dont les mœurs étoient si pures,
eut regretté de n'avoir pas auprès de lui la piscine du
Temple de Jerusalem, pour s'y plonger tout entier,
& laver son corps de la souillure, que ses yeux auroient contractée *Feria quinta undecima mensis No-*
vembris intravit Urbem per portam Viridarii quidam
rusticus, ducens duas equas lignis oneratas, quæ cum
essent in plateola S. Petri accurrerunt stipendiarii Papæ,
incisisque pectoralibus & lignis projectis in terram cum
bastis, duxerunt equas ad illam plateolam, quæ est in-
ter palatium juxta illius portam ; tum emissi fuerunt
quatuor equi cursorii liberi suis frenis & capistris ex
palatio, qui occurrerunt ad equas, & inter se propterea
cum magno strepitu & clamore morsibus & calceis con-
tendentes adscenderunt equas & coierunt cum eis, &
eas graviter pistarunt & læserunt ; Papa in fenestra
cameræ supra portam palatii & domina Lucretia cum
exis-

ixiſtente magno riſu & delectatione præmiſſa vi-
dentibus. Id. ibid. pag. 78.

Alexandre VI. aimoit autant l'argent que les femmes. Il fit un traité avec Bajazet Empereur des
Turcs, qui lui payoit une penſion annuelle; il lui
envoya un Ambaſſadeur, & lui écrivit pour l'avertir, qu'il devoit lui payer exactement la ſomme,
qu'il lui avoit promiſe à condition qu'il retiendroit
toujours priſonnier ſon frere Zizim; il l'avertiſſoit
que le Roi de France Charles VIII. vouloit détroner Alphonſe Roi de Naples, & après s'être ſaiſi de
ſon Royaume déclarer la guerre aux Turcs, & conduire le Prince Zizim à cette guerre. Voyons les
propres termes des inſtructions de l'ambaſſadeur du
Succeſſeur de S. Pierre au Succeſſeur de Mahomet.
Ideo hac de cauſa prædictus Rex Franciæ effectus ini-
micus noſter, qui non ſolum properabit ut dictum Gem
Sultan capiat & ipſum regnum acquirat, ſed etiam in
Græciam transfretare & patrias Celſitudinis ſuæ de-
bellare queat prout ſuæ M. innoteſcere debet; & di-
cunt quod mittant dictum Gem Sultan cum claſſe in
Turchiam. Et cum nobis opus ſit reſiſtere, & nos de-
fendere a tanta Regis Franciæ potentia, omnes conatus
noſtros exponere oportet, & ſe bene præparare: quod
cum jam fecerimus, opusque ſit facere maximas im-
penſas, cogimur ad ſubſidium præfati Sultan Bajazet
recurrere ſperantes in-amicitia bona quam ad invi-
cem habemus, quod in tali neceſſitate juvabit nos: quem
rogabis & nomine noſtro exhortaberis, ac ex te per-
ſuadebis, cum omni inſtantia, ut placeat quam citius
mittere nobis ducatos quadraginta millia in auro Ve-
neto pro annata anni præſentis, quæ finiet ultimo
Novembris venturi, ut cum tempore poſſimus nobis
ſubvenire, in quo Majeſtas ſua faciet nobis rem gra-
tiſſimam. Id. ib. pag. 15. & 16.

R Charles

Charles VIII. s'étant fait rendre Zizim, & l'ayant conduit avec lui à Naples, Alexandre VI. fut fidele à ses engagemens avec Bajazet, & il fit empoisonner son frere infortuné. Quelques uns disent qu'il l'étoit deja lorsqu'il le rendit à Charles VIII. mais il y a aparence par ce qu'assure Burchard, que ce fut à Naples où ce Prince devint la victime de l'avarice du Pape; cet historien dit plaisamment, moitié en gaulois moitié en latin, *le 15. de Feburier le filz du grand Turc mourut à Naples ex usu sive potu, non convenienti naturæ suæ, & consueto;* c'est à dire d'une nourriture ou d'une boisson qui ne convenoit pas à sa nature & à sa coutume.

Quoi que Bajazet eut paié cet empoisonnement par des sommes considérables : Alexandre VI. & son fils Borgia, toujours plus avides de richesses, resolurent d'empoisonner le Cardinal Adrien leur ami, pour s'aproprier son bien après sa mort. Ils le firent prier à souper dans un jardin, mais, par l'imprudence de celui qui versoit à boire, le poison fut donné au Pape, & à son fils Cesar Borgia. Le S. Pere en mourut, & Cesar en fit une longue maladie, qui le mit aux portes du trépas. Ainsi, dit le Cardinal Bembe, qui étoit contemporain de ce Pape, on voit la volonté & la justice des Dieux immortels, qui permit que ces deux hommes, qui avoient empoisonné beaucoup de Princes & de leurs cliens, pour avoir leurs biens, périssent par le poison, qu'ils avoient preparé, pour joindre leur hôte & leur éleve aux autres qu'ils avoient fait périr. *Alexander veneno, quod furtim dari Adriano Cardinali familiari suo jusserat, cujus in hortis una cum Cæsare filio cænabat, per ministri imprudentiam epoto, quinto decimo Calendas Septembris excessit e vita. Cæsar eodem haustu pene absumptus, difficilem in morbum in-*

incidit. Qua in re Deorum immortalium mens & voluntas, visa est magnopere affuisse, cum ii, qui plurimos & Romanæ reipublicæ principes, & clientes suos, ut eorum opibus & thesauris potirentur, veneno necaverant, & tunc suum hospitem atque alumnum adjungi ad reliquos, necarique mandaverant, eo ipso in ministerio semet ipsos pro illo interficerent. Cardin. P. Bembi Historiæ Venetæ lib. sext. pag. 244.

Ce Cardinal Bembe, que je viens de citer, étoit un Savant illustre, il a écrit en latin & italien plusieurs beaux ouvrages, qu'il a donnés au public en l'une & l'autre langue. Il est vrai qu'il avoit un defaut, surtout pour un Cardinal, c'est qu'il ne croioit pas à la Religion. Monsieur de Thou dit pour excuser Bembe: „ Le Pape Leon X. son maître, dont „ les mœurs étoient trés-depravées, est la principa- „ le cause des endroits licentieux, que l'on trouve „ dans certains ouvrages de Bembe.‟ Quoi qu'il en soit, il est certain, que ni le Pape, ni le Cardinal ne croioient à rien. Leon X. se mocquoit de la Religion, & s'entretenant avec Bembe, il avoit coutume de dire, que la fable de Christ lui avoit été extremement utile & profitable. „ Ce Pape, *dit Teissier,* „ avoit été disciple d'Angelo Politio, qui étoit un „ homme fort savant, mais abandonné aux vices les „ plus infames, & qui préferoit les Odes de Pindare „ aux Pseaumes de David. Il disoit qu'il n'avoit lû „ qu'une seule fois l'Ecriture Sainte, & que le tems, „ qu'il avoit le plus mal emploié pendant sa vie é- „ toit celui qu'il avoit mis à cette lecture. Après „ cela il ne faut pas s'étonner que Bembe, étant Do- „ mestique & Secretaire d'un tel Pape, ait donné „ au public des écrits si peu dignes de son caractere, „ & du rang qu'il tenoit dans l'Eglise; qu'il ait en- „ tretenu un commerce criminel avec une belle

fem-

„femme qui le rendit pere de trois enfans. &
„qu'il ait été accusé de parler avec mépris des Epi-
„tres de S. Paul, les appellant *Epistolaccias*. L'on
„dit même, qu'il conseilloit à un de ses amis de ne
„les pas toucher, ou en cas qu'il eut commencé à
„les lire, de cesser cette lecture, s'il avoit de l'a-
„mour pour la politesse & pour l'éloquence" *Eloges des hommes savans tirés de l'Histoire de Mr. de Thou avec des remarques & des additions, par Ant. Teissier, Tome I. pag. 10.*

Remarquons ici que l'envie que Leon X. eut de ramasser de l'argent, pour fournir à son luxe & à ses plaisirs, lui fit vendre les indulgences contre les quelles Luther s'éleva si fort, & qui furent cause que l'Eglise Romaine perdit plus de la moitie de l'Europe.

Voila dans l'espace de cinq cens ans assés de mauvais Papes pour prouver, que dans les états les plus respectables il peut se trouver des hommes fort méprisables, sans que leurs vices puissent tomber sur ceux, qui étant vertueux, sont dans le même état, & dans le même poste. Qu'importe donc à tous les philosophes, qui de quelque secte qu'ils soient ont toujours eu une excellente morale, qu'il se soit trouvé parmi eux dans l'espace de trois mille ans un seul homme, qui ait permis le crime, qui ait encouragé & rassuré ceux qui le commettoient. Mais les philosophes n'ont pas besoin de cette raison, quelque convaincante qu'elle soit, car ils nient avec justice que La Mettrie ait jamais eu la moindre notion de la philosophie; ils le prouvent en montrant, que ses sentiments sont directement oposés à ceux de tous les philosophes, au nombre des quels leurs ennemis veulent le placer.

C'est

C'eſt au contraire parmi certains Theologiens qu'il faut mettre La Mettrie, c'eſt avec un Samuel Sa avec un Delrio, avec un Aquapontanus, avec un Bellarmin, avec un Molina, avec un Salmeron, avec un Gregoire de Valence, avec un Mariana, avec un Scribani, avec un Jean Azor, avec un Gretzer, avec un Vasquez, avec un Suarez, avec un Jean Lorin, avec un Leſſius, avec un Tolet, avec un Santarel, avec un Tonner, avec un Becan, avec un Pirot, avec un Eſcobar, avec un Tirin, avec un Buſembaum, avec un La Croix, avec les Journaliſtes de Trevoux, apologiſtes & panegyriſtes des dits Buſembaum & La Croix, c'eſt parmi tous ces Theologiens, enſeignant qu'on peut tuer un Souverain, que La Mettrie doit être placé; car au lieu de parler comme les philoſophes, aux quels il a toujours été opoſé, comme nous l'avons montré; il a préciſement ſoutenu le même ſentiment, que les auteurs de ces livres, convaincus par l'arrêt du Parlement, d'enſeigner qu'il eſt permis de tuer un Roi. Sur ce chapitre La Mettrie s'explique auſſi clairement que ces Theologiens. Ecoutons-le parler, nous croirons lire un paſſage de Mariana ou de Buſembaum. ,, Prince, ,, je ne t'arrache point au maudit penchant qui t'en- ,, traine. Eh le puis-je ? il eſt la ſource de ton bon- ,, heur. Les ours, les lions, les tigres aiment à dé- ,, chirer les autres animaux; feroce comme eux, il eſt ,, trop juſte que tu cedes aux mêmes inclinations. ,, Je te plains cependant de te repaitre ainſi des cala- ,, mités publiques; mais qui ne plaindroit encore ,, plus un état, où il ne ſe trouveroit pas un homme ,, aſſez vertueux pour le délivrer, anx dépens même ,, de ſa vie, d'un monſtre tel que toi ? '' *Diſcours ſur le bonheur* pour ſervir de préface au Traité de la vie heureuſe de Seneque, pag. 136.

R 3

Voila

τεῖν πρὸ τῶν εἴκοσιν l'ufage des plaifirs
ἐτῶν τὴν τοιαύτην χρῆ- amoureux avant l'âge
de vingt ans. Et il
σιν,

Voilà qui eft raifonner en Theologien molinifte;
mais fi La Mettrie avoit voulu parler en Philofophe
epicurien, il auroit dit avec Epicure, que le Sage
ne doit point fe mêler des affaires de l'Etat, & qu'il
doit toujours obéir à fon Prince. Οὐδὲ πολιτεύσεσθαι,
οὐδὲ τυραννεύσειν; neque acceſſurum ad rempublicam,
neque tyrannidem quæſiturum. Diog. Laert. de vit.
philoſ. L. 10. S. 119. Καὶ μόναρχον ἐν καιρῷ θερα-
πεύσειν, Principem in tempore obſequio culturum. Id.
ib. S. 121.

Terminons cette note par un paſſage des Lettres
Juives. „Peut-être me demandaras-tu jufqu'à quel
„point je crois que les fujets doivent être fideles à
„leurs Rois? je te repondrai que je penfe qu'il ne
„leur eft jamais permis de juger celui que Dieu a
„établi leur juge. C'eft à cet Etre tout-puiſſant de
„punir les mauvais Rois. Les peuples doivent prier
„la Divinité de changer leurs défauts : mais contens
„de lever les mains au Ciel, fi elle n'exauce pas leurs
„prieres, ils ne peuvent fans un crime énorme fe re-
„volter contre l'Oint du Seigneur. Dieu fe fert des
„mauvais Souverains comme d'un fléau femblable à
„la pefte & à la famine. Les tirans naiſſent pour la
„punition du genre humain. Il faut flechir fous la
„main du Seigneur qui nous punit ou nous recom-
„penfe, felon que nous le meritons. La colere divi-
„ne fit regner les Caligula & les Neron dans Ro-
„me. Les excès où ces monftres fe porterent, fu-
„rent un chatiment des crimes des Romains." *Lettres Juiv. Tom. 2. pag. 243.*

Il Ἀλλὰ

faut les acoûtumer , σιν, ἀλλὰ ἢ χρησά-
lorsqu'ils s'en servent ; μενον, σπανίως χρῆ-
à s'en servir rarement. σθαι.

R 4

¹¹ Ἀλλα και χρησαμενον, σπανιως χρησθαι. *Il faut
les acoutumer lorsqu'ils s'en servent à s'en servir rarement* Le trop grand uſage des plaiſirs de l'amour
eſt nuiſible , non ſeulement à la ſanté , mais encore
à la force de l'eſprit , qu'il énerve ainſi que le corps :
le ſage doit donc uſer avec modération de ſes plaiſirs
dans le matiage. Les Medecins ont remarqué ,
qu'il y a des ſaiſons qui ſont beaucoup plus propres
que d'autres à l'acte de la génération. Celſe dit , que
dans l'hiver Venus n'eſt point nuiſible , qu'elle eſt
très favorable dans le printems, & qu'elle n'eſt point
utile ni dans l'été ni dans l'automne : cependant elle
eſt moins nuiſible pendant cette derniere ſaiſon ,
mais on doit y renoncer tout l'été ſi cela eſt poſſible.
Venus hyeme non pernicioſa , vere tutiſſima : neque æ-
ſtate vero neque autumno utilis eſt : tolerabilior tamen
per autumnum eſt : æſtate in totum , ſi fieri poteſt , ab-
ſtinendum. Aur. Cornel. Celſi oper. lib. 1. cap. 4.
pag. 35.
Hipocrate entre dans un plus grand detail ſur les
jours , qui ſont favorables ou nuiſibles aux plaiſirs de
l'amour. ,, Depuis le 12 de Novembre, *dit-il* , juſ-
,, qu'à la fin de Decembre, ce tems augmente la pi-
,, tuite ; il faut faire uſage des bains , exciter la ſueur
,, par les exercices , & prendre les plaiſirs de l'amour;
,, depuis le premier de Janvier juſques au quinze ou
,, vingt de Mars, l'humidité & la quantité du ſang
,, s'accroiſſent , alors les alimens ſecs , les promena-
,, des , & les plaiſirs de l'amour ſont utiles ; depuis le
,, 24 de mars juſqu'au 13 de May le ſang eſt conſidé-
,, ra-

εϑαι. ἔϛαι δὲ τοῦτο, S'ils suivent ces ma-
ἐὰν καλὸν ἦ τίμιον   ximes, & observent
                une continence loua-
                            εἶναι

„ rablement augmenté ; il faut boire du bon vin, fai-
„ re de l'exercice, & goûter les plaisirs de l'amour ;
„ depuis le 13 de May jusques au 24 de Juin la bile
„ jaune devient plus considérable ; il faut faire usage
„ de nourritures aqueuses, tenir le ventre lache,
„ s'abstenir des travaux & des plaisirs de l'amour ; de-
„ puis le 24. de Juin jusqu'au 25 de Septembre la
„ bile noire est augmentée ; il faut prendre des nour-
„ ritures froides & aqueuses & ne faire aucun usage
„ des plaisirs amoureux ; depuis le 25 de Septembre
„ jusqu'au 12 de Novembre la corruption des hu-
„ meurs s'accroît ; il faut se servir de nourritures ai-
„ gres, faire de l'exercice & goûter les plaisirs de l'a-
„ mour.“ Hipocrate adresse ces préceptes, dont
nous avons perdu l'original grec à Perdicas Roi des
Macedoniens ; & l'assure que s'il les met en pratique,
il passera le reste de sa vie exempt de tristesse & de
douleur. *A vergiliarum occasu ad hyemale solstitium,
dies unde-quinquaginta, hoc est a duodecimo Novembris ad finem Decembris, sunt. Hi quidem dies pitui-
tam ; balneis autem jejunus, sudores excitando, deter-
gendoque, & venereis ac laboribus uteris. Ab hyemali
solstitio ad vernale æquinoctium, dies quatuor & octo-
ginta : a prima videlicet Januarii ad quintum supra
vigesimum Martii : hi dies humiditatum & sanguinis
exuberantiam peragunt, deambulationibus, & siccis
quæ ad victum pertinent, deliciisque ac veneriis, be-
neque alentibus utendum. A vernali æquinoctio ad
vergiliarum ortum, dies unde-quinquaginta : scilicet
a vigesimo quinto Martii ad tertiumdecimum Maji :*

ble, ils se formeront
un excellent tempera-
ment.

εἶναι νομίζῃ τὴν ἐυεξίαν

κ̀ τὴν ἐγκράτειαν.

R 5   S. 12.

hi dies sanguinem augent, redolenti vino, & venereis, ac laboribus uteris. A vergiliarum autem exortu ad æstivum solstitium, dies quadraginta duo : tertia decima Maji ad vigesimum tertium Junii : hi enim dies flavæ bilis augendæ facultatem obtinent, dulcibus & aquosis utendum, ducendæ alvi cura agenda, & a veneris, ac laboribus abstinendum est. Ab æstivo vero solstitio ad æquinoctium autumnale, dies nonaginta tres : ab vigesimo quarto Junii, ad vigesimum quintum Septembris, hi dies atram bilem augent, frigidis & aquosis, redolenti vino, ac salitis uti opus est : a venereis vero abstinendum censemus. Ab autumnali æquinoctio ad vergiliarum occasum, dies duodequinquaginta : a vigesimo quinto Septembris ad duodecimum Novembris : hi enim dies saniem augent : acetosis, acerbisque, & venereis, ac laboribus uti expediet.

Si ad hæc observanda curam, o Rex, impenderis, circa omnem tristitiam doloremque in reliquum vita frueris. Hipocr. de structura hominis ad Perdiccam Macedonum Regem. Hipocr. Oper. tom. 1. pag. 284.

S'il est dangereux, selon les plus grands Medecins, de se livrer trop, pendant certains tems, aux plaisirs amoureux, il ne l'est pas moins aux gens mariés de n'en pas faire usage dans les tems où ils sont utiles, & même necessaires. ,, Si une trop grande continen-
,, ce, *écrit un fameux medecin,* empêche l'évacuation
,, des humeurs, elles s'arrêtent dans le corps & y cau-
,, sent plusieurs maladies ; elles donnent des vapeurs,
,, elles occasionnent des maux de tête, des douleurs
,, d'estomac, & des foiblesses de cœur, elles affoi-
,, blissent

§. 12. Δεῖ δὲ καὶ   §. 12. Il doit être
παιδεύειν τὰ τοιαῦτα   deffendu [12] dans les
           villes grecques, (par
           τῶν

„blissent tous les membres, & jettent le corps dans
„une espece de langueur, elles causent enfin autant
„de ravage qu'un venin subtil; celui d'une vipere ne
„fait pas un plus grand mal. Car il arrive quelque-
„fois à plusieurs personnes (surtout aux veufs & aux
„veuves) qu'elles meurent subitement par une trop
„grande repletion de Semence.‟ *Si superfluitas ag-*
gregata in corpore ex spermate non egreditur per coi-
tum, coarctatur in corpore, & generantur ex ea ægri-
tudines. Male quidem est, quia coarctatione seminis
generantur ex eo vapores mali, qui ascendunt ad cor,
& cerebrum, & stomachum, & corrumpunt sanitatem
illorum membrorum, & generant ægritudinem; &
fortassis ex eo est aliquid simile veneno viperino, sicut
accidit ei qui consuevit coitum, & dimittit eum longo
tempore, ex debilitate appetitus cibi, & pigritia a mo-
tibus, a generatione humoris melancholici Et fortasse
corrumpitur & exsiccatur ex eo quod est simile virtuti
veneni, sicut illud quod accidit viduis ex suffocatione
matricis, & multis virorum qui moriuntur ex eo subito.
Hali Rodoan. Tertio Tegni, Commentar. XXXI.

Les préceptes de ce Medecin sont puisés dans les
sentiments d'Hipocrate: & tous les grands phisi-
ciens conviennent de leur solidité. Ainsi si nous voulons conserver nôtre santé, nous devons songer,
qu'il faut de la moderation dans toutes choses, & user
des plaisirs de l'amour dans le mariage, en reflechis-
sant qu'ils sont aussi nuisibles, lorsqu'ils sont poussés à l'extreme, qu'ils sont utiles & profitables,
quand on les prend avec mesure.

Les

les préceptes qu'on τῶν νομίμων ἐν ὑαῖς
donna aux jeunes gens ʽΕλληνικαῖς πόλεσι,
dans leur enfance)

τὸ

Les Medecins ont regardé comme très essentiel
de connoître non seulement le tems de l'année,
mais celui de la journée, où les gens mariés pouvoient remplir le devoir du mariage avec le plus d'u-
tilité; ils ont prescrit des regles sur cela. „Aprés le
„travail, *dit Galien*, il faut boire & manger; après
„avoir bu & mangé il faut dormir; après avoir dor-
„mi il faut remplir le devoir du mariage.“ *Post la-
bores sequi debent cibi & potus, deinde somni, postea
vero venerea.* Galen. II. de regimine sanitatis.

¹² Δει δε και παιδευειν τα τοιαῦτα των νομίμων ἐν
ταις Ελληνικαις πολιτι, τὸ μητε μητρι συγγινεσθαι, μητε
θυγατρι, μητε αδελγη Il doit être deffendu dans les
villes grecques de coucher avec sa mere, avec sa fille,
avec sa sœur. Il étoit permis chez les Atheniens à un
frere d'épouser sa sœur; c'est ce que nous voyons par
l'exemple de Cimon fils de Miltiade, Athenien,
qui avoit épousé sa sœur *Elpinice* non seulement par
amour, mais parceque c'étoit la coutume du pais,
qui permettoit à un frere de prendre sa propre sœur
en mariage. *Habebat autem in matrimonio sororem
germanam suam nomine Elpinicen, non magis amore,
quam patriæ more ductus, nam Atheniensibus licet
eodem patre natas uxores ducere.* Cornel. Nepos de
vit. excellent. Imperat. in vit. Cimonis. Cependant
Ocellus condamne cette coutume, non qu'il y eut
rien contre la loi naturelle; (car ce si mariage avoit
été criminel en lui même, Dieu ne l'auroit point
permis dans les premiers tems, & il eut crée plutôt
plusieurs hommes & plusieurs femmes;) mais c'est

qu'il

qu'il eſt contraire en général au bien de la ſocieté ; parcequ'il faut établir autant qu'il eſt poſſible des loix , qui augmentent l'union parmi les diférentes familles , & qui raprochent tous les citoiens les uns des autres. C'eſt ce qu'a remarqué ſagement S. Thomas. ,, Il eſt neceſſaire, *dit il*, d'établir l'a- ,, mitié autant qu'il eſt poſſible dans la ſocieté : or ,, lorsque des perſonnes, qui ne ſont pas parens, ſe ,, marient, c'eſt une nouvelle amitié qui ſe forme ; ,, donc il faut établir, que les mariages doivent ſe ,, faire entre les étrangers, & non point entre des ,, proches qui ſont deja liés d'amitié." *In ſocietate humana hoc eſt maxime neceſſarium, ut ſit amicitia inter homines , dum perſonæ extraneæ per matrimonia colligantur : conveniens fuit igitur legibus ordinari , quod matrimonia contraherentur cum extraneis perſonis , & non cum propinquis.* S. Thomæ ſumma catholicæ fidei l. 3. cap. 125.

Cette raiſon eſt trés bonne, & c'eſt auſſi celle qu'Ocellus a eu en vue. Mais S. Thomas en ajoute une autre, qui me paroit de très peu de poids. ,, Comme il importe, *dit il*, que les hommes ne ,, ſoient pas adonnés exceſſivemenr aux plaiſirs ,, de l'amour, parceque la trop grande volupté dé- ,, truit la force de l'eſprit, il s'enſuivroit un trop ,, grand uſage de cette volupté, s'il étoit permis aux ,, perſonnes, qui habitent enſemble comme les fré- ,, res & les ſœurs de ſe marier entre eux. Il a donc ,, fallu deffendre cette union." *Adhuc delectatio coitus maxime corrumpit æſtimationem prudentiæ : multiplicatio igitur talis delectationis repugnat bonis moribus : talis autem delectatio augetur per amorem perſonarum quæ conjunguntur : eſſe igitur contrarium bonis moribus , propinquis conjungi , qui in eis conjungeretur amor , qui eſt ex communione originis , conjunctione*

tione amoris concupiscentiæ : & multiplicato amore ne-
cesse est magis animam delectationibus subdi. Id. ib.

S. Thomas se trompe, il n'y a rien qui diminue
plus les plaisirs de l'amour, que la liberté d'en jouir
aisément, & rien qui les rende plus vifs, que la difficulté de les obtenir. Si la coutume des mariages
entre les freres & sœurs subsistoit encore, on verroit
plus de maris vivre froidement avec leur femme
qu'on n'en voit aujourdhui, quoique le nombre mal-
heureusement pour la societé en soit excessif. Quant
au mariage entre les peres & les filles, les meres avec
les enfans, outre qu'il est revoltant en lui-même, &
qu'il fait, pour me servir des termes d'Ocellus, injure à la nature γενέσεις παρα φυσιν γινομενας μετα υβρεως,
il détruit toute subordination necessaire dans la societé. Il est contraire à la regle, dit S. Thomas, que
quelqu'un soit uni par un lien d'égalité à une personne, à laquelle par la nature il doit être soumis.
Or il est dans l'ordre de la nature, que l'on soit soumis à ses parens : donc, il ne doit pas être permis
qu'on contracte un mariage, qui forme un lien d'é-
galité avec ceux à qui l'on doit être soumis. *Incon-*
veniens est ut illis personis aliquis socialiter conjun-
gatur, quibus naturaliter debet esse subjectus : natu-
rale autem est quod aliquis parentibus sit subjectus, ergo
inconveniens esset quod cum parentibus aliquis ma-
trimonium contraheret, cum in matrimonio sit quæ-
dam conjunctio socialis. Id. ib. On n'a jamais vu de
peuples, je ne dis pas policés, mais ayant simplement quelque idée de l'ordre, où les mariages entre
les peres & les filles, les meres & les enfans n'ayent
été en horreur. Cependant il y a eu plusieurs peuples barbares, où cette coutume avoit lieu. Les
Auses, dit Herodote, n'ont point de femme en
particulier ; mais ils les voient toutes indiférem-
ment

ment à la maniere des bêres. Il étoit impoſſible que dans ce mélange, produit par le hazard, le fils pluſieurs fois ne ſe rencontrat avec ſa mere, & le pere avec ſa fille. Quinte-Curce parle auſſi d'un peuple barbare, qu'Alexandre ſoumit, où l'inceſte entre les filles & les peres, les meres & les fils n'étoit point interdit.

Ces horreurs montrent dans quels égaremens épouvantables tombent les hommes, quand ils ne ſont pas conduits par de bonnes loix. Que l'on vienne après cela vouloir établir les idées innées: n'eſt-il pas évident, que ſi Dieu avoit gravé dans l'ame des hommes un certain nombre d'idées & de principes de morale, il s'enſuivroit neceſſairement que tous les hommes donneroient unaniment leur conſentement à ces principes innés de morale, parcequ'ils ſeroient également & univerſellement repandus dans tous les diférents entendemens humains, étant eſſentiellement gravés par leur eſſence dans toutes les ames. Nous voions au contraire des peuples entiers, chez les quels les idées les plus claires de la morale n'ont pu percer l'obſcurité des préjugés & de la coutume; comment veut-on donc qu'il ſoit poſſible, que ces peuples ne paroiſſent avoir aucune notion d'une choſe, qui doit avoir été gravée dans leur ame ? cela eſt abſurde, & auſſi directement contradictoire, que ſi l'on dit que la vue aiant été donnée aux hommes pour voir, & le goût pour ſavourer, il y a des peuples entiers qui marchent & agiſſent ſans ſe ſervir de leurs yeux, boivent & mangent ſans ſentir le moindre goût.

La raiſon que l'on aporte, pour excuſer l'oubli total de ces maximes de morale, eſt évidemment fauſſe, c'eſt, dit-on, les paſſions, le libertinage, la débauche qui empêchent certains peuples de connoî-

noître, & de s'apercevoir des notions, qu'ils ont a-
portées en venant au monde. On peut d'abord repondre, que si les passions, les préjugés de la naissance peuvent offusquer les idées innées à un tel point,
que des peuples entiers n'en aient aucune connoissance, il n'y a rien de plus inutile que ces idées, dont
l'ame ne fait aucun usage. N'est-il pas naturel de
croire, que si Dieu avoit voulu graver dans l'entendement des hommes certaines notions, pour être la
base de toutes leurs connoissances, ils les auroit gravées de maniere, que rien n'auroit pu offusquer, encore moins détruire ces notions. Mais on n'a pas besoin de cette raison évidente pour détruire l'objection que l'on fait sur l'effet des passions, qui empêchent celui des idées innées. Car certains principes
de morale les plus necessaires ont été entierement
ignorés parmi des nations, qui aimoient la vertu, qui
la respectoient, & qui même la déifioient. ,, Les
,, Nasomenes, peuple de la Libie, dit Herodote,
,, ont ordinairement plusieurs femmes & ont con-
,, noissance devant le monde, presque de la même
,, façon que les Massagetes, après avoir auparavant
,, planté devant eux un baton dans la terre : leur cou-
,, tume est que quand ils se marient, la premiere nuit
,, des noces la mariée va trouver tous ceux du festin,
,, pour coucher avec eux, & quand chacun l'a con-
,, nue il lui donne le présent, qu'il a aporté avec lui
,, de sa maison. Ils jurent par les hommes, qui ont été
,, estimés chez eux les plus justes & les plus gens de
,, bien, en mettant la main sur leur tombeau.'' Γυ-
ναῖκας δὲ νομίζοντες πολλὰς ἔχειν ἑκαϛος, ἐπίκοινον αὐτέων
τὴν μίξιν ποιῦνʒαι τρόπῳ παραπλησίῳ τῷ ϗ Μασσαγέ-
ται, ἐπεὰν σκίμπωνα προϛήσωνται, μίσγονται· πρῶτον δὲ
γαμέοντος Νασάμωνος ἀνδρὸς, νόμος ἐϛὶ τὴν νύμφην νυκʐὶ τῇ
πρώτῃ διὰ πάντων διεξελθῖν τῶν δαιτυμόνων μισγομέ-

γῆν· τῶν δὲ ὡς ἕκαστός οἱ μιχθῇ, διδοῖ δῶρον τὸ ἂν ἔχῃ
φερόμενος ἐξ οἴκου. ὅρκοισι δὲ καὶ μαντικῇ χρέωνται τοιῇδε·
ὀμνύουσι μὲν τοὺς παρὰ σφίσι ἄνδρας δικαιοτάτους καὶ
ἀρίστους λεγομένους γενέσθαι τούτους, τῶν τύμβων ἁπ-
τόμενοι. Uxores plures singuli e consuetudine habent,
& cum eis in propatulo coeunt, eodem pæne quo
Massagetæ modo, prius Scipione prætento. Nasa-
monibus mos est, quum quis primum ducit uxorem
prima nocte ut sponsa singulos convivas obeat concubitus gratia, & ut quisque cum ea concubuit do-
num det illi quod secum habet domo allatum. Jure-
jurando ac divinatione tali utuntur : per eos viros,
qui justissimi atque optimi apud illos fuisse dicuntur,
jurant illorum sepulcra tangentes.

Dira-t-on que des peuples, qui rendoient un
culte à la vertu, dans les gens qui l'avoient prati-
quée, cherchoient par leurs passions à étouffer cette même vertu, & rendoient par là inutiles les idées
innées. Les Nasomenes n'ont pas été les seul peuples chez les quels ces coutumes, détruisant totalement les notions des principes de la morale, aient
été en usage. Pomponius Mela nous aprend, que
les Augilomanes les pratiquoient : plus une femme avoit été connue par diférents hommes la premiere nuit des noces, & plus elle s'estimoit honorée,
après quoi elle vivoit avec son mari le reste de sa vie
dans la plus grande retenue, devenant un exemple
de chasteté. *Augilomanes . . . . . feminis eorum so-
lenne est, nocte qua nubunt, omnium stupro patere,
qui cum muneribus advenerint : & tum cum pluribus
concubuisse maximum decus : in reliquum pudicitia
insignis est.* Pompon. Mela de situ orbis. lib. I. cap.
VIII. Si c'étoit le libertinage, qui empechât simplement les idées innées d'agir, elles devroient surement
paroitre dans des femmes, qui ne se condui-
sent

sent qu'une seule fois contre la morale, par la coutume qui les y détermine, mais qui ensuite vivent dans la plus grande pureté de mœurs : que font dans leur ame ces caracteres gravés, dont elles ne s'aperçoivent jamais ? Qu'est-ce qu'ils faisoient dans celle de ces peuples, dont parle Pline, qui se nourrissoient de la chair humaine ? Que font ces mêmes notions innées dans les peuples de l'Amerique, qui de nôtre tems boivent encore tous les jours à la santé des Anglois dans le crane d'un François, dans le tems qu'un autre peuple, fort abondamment pourvu d'idées innées, fait rotir un Anglois, qu'il mange en aussi grande sureté de conscience, qu'un protestant mange le vendredi un gigot de mouton, & un Minime une carpe à l'étuvée ?

Il ne s'ensuit pas, dit-on, qu'une loi doive passer pour inconnue, parcequ'on la viole : cela est vrai ; mais ce n'est pas le cas dont il s'agit ici, car cette loi est au contraire entierement inconnue, & les peuples où le pere couche avec sa fille, où le guerrier mange un autre guerrier, qu'il a pris à la guerre, loin de croire manquer à une loi, qui condamne leur conduite, font au contraire très persuadés qu'ils se conforment à une loi très juste Il est impossible, dit le sage Locke, que les hommes pussent violer, sans crainte ni pudeur, de sang froid, & avec une entiere confiance, une regle qu'ils sauroient évidemment, & sans pouvoir l'ignorer, être un devoir, que Dieu leur a prescrit, & dont il punira certainement les infracteurs. Or c'est ce qu'ils doivent necessairement reconnoître, si cette regle est innée avec eux : car sans une telle connoissance, l'on ne peut jamais être assuré d'être obligé à croire une chose en qualité de devoir.

Dieu ne fait jamais rien d'inutile ; or il n'y a rien

de si inutile que ces idées innées, qui ne servent de rien à des peuples entiers, qui n'en ont aucune connoissance, & qui sont superflues aux nations qui font usage des principes qu'ils acquierent par les reflections, que leur fait faire la raison, & qui suffisent pour les faire vivre conformement à toutes les loix de la morale la plus pure. Car en niant les idées innées, on convient qu'il y a des verités si claires, que pour peu qu'on veuille y faire attention, on les aperçoit aisément par la seule lumiere naturelle. Mais il y a toujours une grande diférence entre une loi innée, & une loi de nature; entre une verité qui doit avoir été originairement gravée dans l'ame, & une verité que nous ignorons, mais que nous pouvons découvrir aisément, en nous servant comme il faut des facultés de la nature. Or il n'y a aucune regle de morale, qu'on dit être innée, qui ne puisse s'acquerir par la simple raison; il est même évident, qu'on ne parvient que par cette même raison à la connoissance de ces loix, puisque ceux, qui n'en font pas usage, ont beau avoir toutes les prétendues idées innées gravées dans leur ame, ils ne viennent jamais cependant à les apercevoir, ils continuent de manger des hommes, & de coucher avec leurs filles.

En verité n'est-il pas ridicule & absurde de prétendre! que Dieu ait mis dans l'ame, dès sa formation, des notions qui lui sont si peu utiles pour la connoissance du bien & du mal? S'il y avoit dans l'esprit des idées innées, sans que l'esprit en eut une connoissance actuelle, il faudroit du moins qu'elles fussent dans la memoire, d'où elles pussent être tirées dans l'occasion par la voie de la reminiscence: c'est à dire, être connues lorsqu'on en rapele le souvenir, comme des perceptions qui ont été auparavant dans l'ame,

me. Mais c'eſt ce qui n'arrive pas, car il eſt impoſſible, que qui que ce ſoit donne un exemple de quelque idée prétendue innée, qu'il a pu rapeller dans ſon
eſprit comme une idée deja connue, avant que d'en
avoir reçu aucune impreſſion par la voie des ſens.

Concluons donc, que toute idée, que l'eſprit n'a
jamais aperçue, n'a jamais été dans l'eſprit; & que
toute idée qui eſt dans l'eſprit, eſt ou une perception
actuelle, ou une perception qui a été aperçue autrefois par les ſens, qui peut & doit même redevenir
actuelle par la memoire. C'eſt ce qui n'arrive jamais
dans les idées innées, au grand détriment des hommes qui ſont mangés, des filles qui ſont engroſſées
par leur pere, & des femmes qui ſont fatiguées la
premiere nuit de leurs noces, par l'accouplement de
tous ceux qui ſont priés au feſtin.

S'il y avoit quelque idée dans l'ame, ce devroit
être celle de Dieu. Or l'idée de Dieu n'eſt point innée, donc toutes les autres ne le ſont pas. Pour que
l'idée de Dieu fut innée, il faudroit qu'elle ſe trou-
vat univerſellement repandue dans l'eſprit des hommes, qu'elle fut reçue dans tous les païs du monde,
& qu'elle fut connue généralement de tout homme,
qui ſeroit parvenu à un age mur : or c'eſt ce qui eſt
évidemment faux, car il y a eu anciennement des
peuples, qui n'ont eu aucune idée de la Divinité, &
qui vivoient ſur cet article comme des bêtes; c'eſt
ce que nous voions dans Pline, & ce que nos meilleurs voyageurs, & les plus dignes de foi, nous at-
teſtent encore aujourdhui. ,,On a découvert, *dit*
,,*Mr. Locke*, dans ces derniers ſiecles, par le moyen
,,de la navigation, des nations entieres, qui n'a-
,,voient aucune idée de Dieu, à la Baye de Soldanie,
,,dans le Brezil, dans les Isles Caribes &c. Voici
,,les propres termes de Nicolas del Techo, dans les

,,Let-

„Lettres qu'il écrit du Paraguai, touchant la con-
„verſion des Caaigues : *reperi eam gentem nullum no-*
„*men habere quod Deum & hominis animam ſignificet,*
„*nulla ſacra habet, nulla idola.* „J'ai trouvé que
„cette nation n'a aucun mot qui ſignifie Dieu, l'ame
„de l'homme, qu'elle n'obſerve aucun culte reli-
„gieux, & n'a aucune idole.“ Ces exemples ſont
„pris de nations, où la nature inculte a été abandon-
„née à elle même, ſans avoir reçu aucun ſecours des
„Lettres, de la diſcipline, & de la culture des arts &
„des ſciences. Mais il ſe trouve d'autres peuples,
„qui ayant joui de tous ces avantages dans un degré
„très conſidérable, ne laiſſent pas d'être privés de
„l'idée & de la connoiſſance de Dieu. Bien des
„gens ſeront ſans doute ſurpris, comme je l'ai été,
„de voir que les Siamois ſont de ce nombre. Il ne
„faut pour s'en aſſurer, que conſulter *La Loubere,*
„Envoyé du Roi de France Louis XIV. dans ce
„païs-là, le quel ne nous donne pas une idée plus
„avantageuſe à cet égard des Chinois eux-mêmes.
„Et ſi nous ne voulons pas l'en croire, les Miſſio-
„naires de la Chine, ſans en excepter même les Jeſui-
„tes, grands panegyriſtes des Chinois, qui tous s'ac-
„cordent unanimement ſur cet article, nous con-
„vaincront que dans la Secte des Lettres, qui ſont
„le parti dominant, & ſe tiennent attachés à l'an-
„cienne religion du païs, ils ſont tous athées. Voyez
„Navarette & le livre intitulé, *Hiſtoria cultus Si-*
„*nenſium*, Hiſtoire du culte des Chinois.“ *Locke*
Eſſais ſur l'entendement humain. Liv. 1. *ch.* 3.

Voila des preuves évidentes que l'idée de Dieu
n'eſt point innée, puiſque des peuples entiers n'ont
aucune notion de la Divinité. Mais quand il ſeroit
vrai que toutes les nations euſſent eu une idée de
Dieu, cela ne prouveroit pas que cette idée fut innée;

née ; car pour qu'elle le fut , il faudroit qu'elle fut
juste, & conforme à la veritable nature de Dieu ,
& c'est ce qui n'est pas.

Si le consentement général étoit la preuve de la
verité d'une notion, ce consentement auroit servi &
serviroit encore à établir le dogme impie de la pluralité des Dieux ; car pendant plusieurs siecles , tous
les peuples de la terre, excepté les Juifs, qui n'é-
toient qu'un point dans le monde, s'accordoient
universellement à soutenir, qu'il y avoit plusieurs
Dieux. Il faut donc convenir , que le consentement
général des nations, n'est point une marque de la
verité d'une notion, ou soutenir l'absurdité de la
pluralité des Dieux. Et si l'on dit que le consentement général n'a jamais eu lieu pour la pluralité des
Dieux, puisque les Juifs empêchoient que ce consentement ne fut général ; on repondra que jamais de
même , le consentement de l'existence de Dieu n'a
existé, puisqu'il s'est toujours trouvé des nations entieres, qui n'en avoient aucune idée.

Comment peut-on se figurer que les hommes
aient une idée innée de Dieu, gravée par lui même
dans leur ame, quand on voit toutes les notions
ridicules, criminelles, & monstrueuses que presque
tous les anciens ont eues de la Divinité, & qu'en ont
encore tant de peuples aujourdhui ? Les uns ont cru
honorer les Dieux en leur sacrifiant des hommes ,
les autres en se prostituant aux pieds de leurs autels,
& y commettant les plus grandes impudicités.
Dans quels travers honteux l'esprit humain n'a-t-il
pas donné, pour honorer, pour vanger, & pour
deffendre la Divinité, comme si elle avoit besoin
des secours humains ? Que de sang n'en a-t-il pas
couté, je ne dis pas parmi les nations barbares, parmi les payens, mais parmi les chrêtiens, pour savoir

S 3

com-

comment il falloit fervir Dieu ? Quel eft l'homme de
bon fens, qui refléchiffant fur tous ces excès, ne dife avec Mr. Locke : peut-on fe figurer que les idées,
que les hommes ont de Dieu, foient autant de caracteres de cet Etre fupreme, qu'il ait gravés dans leur
ame de fon propre doigt, quand on voit que dans un
même païs les hommes, qui le défignent par un feul
& même nom, ne laiffent pas d'en avoir des idées
fort diférentes, fouvent diamétralement opofées,
& tout-à-fait incompatibles ? dira-t-on qu'ils ont
une idée de Dieu, de ce qu'ils s'accordent fur le
nom qu'ils lui donnent ?

Mais, difent les partifans des idées innées, il eft
convenable que tous les hommes aient une idée de
cet Etre fupreme : donc Dieu a gravé cette idée dans
l'ame de tout le monde. Premierement je reponds,
que fi cela étoit abfolument convenable, tous les
hommes auroient cette idée; or ils ne l'ont pas,
comme l'expérience nous le montre, donc elle n'eft
pas abfolument neceffaire. Secondement, Dieu
pour être connu des hommes n'a pas eu befoin de
graver fon idée dans leur ame en caracteres innés,
parcequ'il a donné à ces mêmes hommes des facultés, qui fuffifent pour leur faire découvrir, &
connoître l'exiftence d'une Divinité, & des autres
chofes qu'il leur importe de favoir. Quand un homme refléchit, qu'il fait ufage de fa raifon, dans quelque païs qu'il foit né, il viendra bientôt à découvrir
la neceffité de l'exiftence d'une Divinité : tout l'annonce à celui qui veut bien la connoître, la nature
entiere n'a qu'une voix fur cet article, *Cœli enarrant
gloriam Dei.* Dans toutes les parties du monde les
fages ont connu la Divinité par la feule lumiere
naturelle.

Je ne fais pas à propos de quoi certains Theologiens,

giens, ignorans & perfécuteurs, ont depuis quelques tems voulu faire un crime à ceux, qui n'ad-
mettent point les inutiles idées innées; est-ce que
ces Theologiens ignorent que le dogme, qui rejette
les idées innées, a été soutenu par tous les philosophes anciens, surtout par Aristote, & que l'opinion
de ce philosophe, que rien n'est dans l'esprit qui
n'ait été auparavant dans les sens, *nihil est in intellectu quod primum non fuerit in sensu*, a été reçue par
tous les anciens Theologiens. C'est la doctrine de
S. Thomas, que Gassendi a soutenue contre Descartes, avec l'aprobation de la Cour de Rome, dans
la dispute qu'il eut avec ce philosophe, & alors les
Meditations de Descartes furent mises à Rome à
l'Index. Il faut bien avoir envie de trouver des crimes dans les gens, pour leur en imputer d'aussi faux,
que celui de chercher à détruire les preuves qui fa-
vorisent la religion, parcequ'ils pensent, comme S.
Thomas, & qu'ils disent avec Gassendi, un des plus
vertueux philosophes qu'il y ait jamais eu : „ toute
„ idée, qui est dans l'esprit, tire son origine des sens.
„ C'est pourquoi celui qui est né aveugle n'a aucune
„ idée des couleurs, parcequ'il est destitué du sens
„ de la vue ; celui qui est sourd n'a aucune idée
„ du son, parcequ'il est privé du sens de l'ouïe.
„ Ensorte que si un homme étoit privé de tous les
„ sens, (ce qui ne se peut pas, car celui du tact est
„ même necessaire à la vie) alors il n'auroit aucune
„ idée, & n'en pourroit imaginer aucune. C'est
„ donc ici qu'il faut établir ce fameux axiome ; *il n'y*
„ *a rien dans l'esprit qui n'ait été premierement dans*
„ *les sens*. Il faut donc regarder l'ame d'un enfant,
„ qui vient au monde, comme une table rase, dans la
„ quelle il n'y a encore rien de marqué ni de peint :
„ car quant à ceux qui disent, que la nature a gravé

„ cer-

„certaines idées, qui ne font pas acquifes par les
„fens, ils n'aportent pour prouver leur opinion au-
„cune raifon, qui ait l'ombre de vraifemblance.
*Idcirco enim, qui eft cæcus natus, nullam habet ideam
coloris quia fenfu vifus deftituitur, cujus interventu
eam habeat; qui furdus natus, nullam foni, quia ca-
ret fenfu auditus, cujus ope illam acquirat. Adeo
proinde, ut fi effe poffet, qui omni privatus fenfu viveret (fed nempe non poteft faltem fine tactu, qui unus
animalibus intra uterum competit) is nullius rei ideam
haberet, ficque nihil imaginaretur. Huc proinde fpec-
tat celebre effatum; nihil in intellectu eft, quod
prius non fuerit in fenfu. Spectat & quod dicunt intellectum, feu mentem, effe tabulam rafilem, in qua
nihil cælatum depictumve fit. Quippe qui illi effe dicunt ideas a natura impreffas, neque per fenfum ac-
quifitas, ii quod dicunt, minime probant. Gaffend.
Initit. log. part I. cap. 2. p. 6. edit. Londin.*

Il eft fâcheux pour l'auteur du Journal chrétien,
deffendant la Religion pour trente fols par femai-
ne, grand partifan des idées innées, que S. Thomas
& Gaffendi faffent fi peu de cas des idées innées.
Ne pourroit-il pas dire chrétiennement quelques injures groffieres, dans l'occafion, à ces deux grands
hommes, il excelle fi fort dans l'art des harangeres?
Il feroit à fouhaiter, qu'il poffédat auffi bien les connoiffances, qui font neceffaires à un homme, qui
veut s'ériger en favant, & qui plus eft en cenfeur.
Quand on le voit faire l'homme d'importance, les
gens qui le lifent ou qui le connoiffent difent d'abord:
Spectatum admiffi rifum teneatis amici.

Un fentiment de S. Auguftin fur la nature de l'a-
me a été caufe, que plufieurs Theologiens de ces
derniers tems; (furtout les Janfeniftes, qui ont voulu faire regarder comme des verités même les erreurs

reurs de ce Pere) ont soutenu les idées innées avec plus d'opiniatreté que de raison, avec plus de zele que de reussite. S. Augustin a prétendu, que de même que l'ame connoit les choses corporelles par le secours des sens, de même elle a des notions des choses incorporelles par elle même: il s'ensuit donc qu'elle se connoit elle même, par elle-même, puis qu'elle est incorporelle. *Mens sicut corporearum rerum notitias per sensus corporis colligit, sic incorporearum rerum per semet ipsam: ergo & se ipsam, & per se ipsam novit quoniam incorporea est.* August. de Trinit. Voila le germe de toutes les prétendues idées innées. C'est ce passage que l'auteur Janseniste de l'*Art de penser*, a commenté avec tant d'étendue: mais S. Thomas a refuté invinciblement cette opinion, & je m'étonne, qu'après ce qu'il a dit à ce sujet, il se soit encore trouvé des Theologiens, qui aient mieux aimé s'égarer dans des spéculations creuses, que de se rendre à la raison. Si l'ame se connoit par elle même, dit S. Thomas, comme tous les hommes ont une ame, il faut qu'ils aient tous une connoissance de leur ame, or c'est ce qui est évidemment faux. Secondement une connoissance que nous avons naturellement dans nous, doit paroître dans toutes les occasions, & nous devons en avoir une idée claire, comme nous en avons des principes certains, que nous connoissons par la lumiere naturelle; par exemple, un & un font deux: le tout est plus grand que sa partie. Si nous avons une connoissance de l'ame par elle même, nous devons donc la connoître avec autant de clarté, que nous connoissons ces principes: car dans les notions, que l'on aperçoit naturellement, personne ne peut se tromper; ainsi, il s'ensuit, que si nôtre ame se connoit par elle-même, personne ne doit se trom-

per

τὸ μήτε μητρὶ συγ- de coucher avec sa
γίνεσθαι, μήτε θυγα- mere, avec sa fille,
τρὶ, μήτε ἀδελφῇ, avec sa sœur, Il faut
μήτε

per à son sujet, & tout le monde doit avoir une idée
claire de sa nature & de son essence : c'est ce qui est
manifestement faux, puisque les uns on dit que l'ame
étoit un corps, les autres l'ont cru un rapport de
nombre, plusieurs l'ont regardé comme une harmonie, quelques autres comme un feu, un air subtil &c. *Si anima per se ipsam cognovit de se quid est :
omnis autem homo animam habet : omnis igitur homo
cognoscit de anima quid est : quod patet esse falsum.
Amplius, cognitio quæ fit per aliquid naturaliter nobis inditum, est naturalis : sicut principia indemonstra-
bilia quæ cognoscuntur per lumen intellectus agentis.
Si igitur nos de anima scimus quid est, per ipsam animam hoc erit naturaliter notum. In his autem quæ
naturaliter nota sunt, nullus potest errare : in cognitione enim principiorum indemonstrabilium nullus er-
rat : nullus igitur erraret circa animam quid est, si
hoc anima per se ipsam cognosceret : quod patet esse
falsum, quum multi opinati sint animam esse hoc vel
illud corpus : & aliqui numerum vel harmoniam : non
igitur anima per se ipsam cognoscit de se quid est. S.
Thomæ Sum. Cathol. fid. contra gentiles, lib. 3.
cap. 46. pag. 134.*

¹³ Μήτε ἐν ἱεροῖς, μήτε ἐν φανερῷ τόπῳ· *Il faut encore qu'il ne soit pas permis de jouir des plaisirs de l'a-
mour dans les temples & dans les places publiques.* Il
semble qu'Ocellus avoit prévu, ce qui arriva quelque tems après lui ; c'est qu'il y auroit des gens, qui
abusant de la logique, autoriseroient leur impudence
par quelques misérables sophismes. Diogene faisoit
pu-

encore [13] qu'il ne μήτε ἐν ἱεροῖς, μή-
ſoit pas permis de τε ἐν φανερῷ τό-
jouir *du plaiſir de* πῳ. καλόν γάρ ἐςι
καὶ

publiquement ſes fonctions naturelles, celle de manger auſſi-bien que les autres, & il s'excuſoit en diſant. S'il n'eſt pas déplacé de prendre ſes repas, il
ne l'eſt pas non plus de les prendre en plein marché :
or il n'eſt pas malhonnête de manger, donc il ne l'eſt
pas de manger en public. Après avoir établi ces
principes, les Cyniques les pouſſerent encore plus
loin. Ils dirent, ce qui eſt innocent & louable peut
ſe faire en public, or le devoir du mariage eſt innocent, donc il peut ſe rendre en public. Fondés ſur
ces ſophiſmes, on vit les Cyniques connoitre leur
femme à la vue de tout le peuple, & célébrer leurs
noces ſous les Portiques publics. S. Auguſtin pré-
,, tend, que dans ces accouplemens, faits aux yeux de
,, tous les aſſiſtans, Diogene & ceux qui l'ont ſuivi,
,, imitoient plutôt les mouvemens des perſonnes,
,, qui font l'acte du mariage, qu'ils n'en rempliſſoient
,, veritablement les fonctions : & qu'il trompoient
,, par ces mouvemens les yeux des ſpectateurs, qui
,, ne ſavoient pas ce qui ſe paſſoit ſous le manteau,
,, étant impoſſible de pouvoir jouir d'un plaiſir veri-
,, table dans l'accouplement, à la vue de ceux qui
,, nous regardent. Enſorte que ces philoſophes ne
,, rougiſſoient pas de paroître vouloir faire des cho-
,, ſes, où la concupiſcence même avoit honte de
,, prêter ſon miniſtere." *Inde & illum*, (Diogenem)
vel illos qui hoc feciſſe referuntur potius arbitror con-
cumbentium motus dediſſe oculis hominum neſcien-
tium, quid ſub pallio geretur, quam humano premen-
ſe conſpectu potuiſſe illam peragi voluptatem. Ibi enim
phi-

καὶ πρόσφορον τὸ ὡς *l'amour* dans les places publiques. Car il
est beau & utile que
πλεῖςα κωλύματα γί-
νεσθαι

philosophi non erubescebant videri se velle concumbere, ubi libido ipsa erubesceret surgere. Et nunc videmus adhuc esse philosophos Cynicos: hi enim sunt, qui non solum amiciuntur pallio, verum etiam clavum ferunt: nemo tamen eorum audet hoc facere: quod si aliqui ausi essent, ut non dicam ictibus lapidantium, certe conspuentium salivis obruerentur. Aug. de Civit. Dei lib. XVI. cap. XX.

Je pense que S. Augustin se trompe, & que les Cyniques ont fait réellement, ce qu'il croit qu'il ne faisoient que faire semblant d'executer. Nous avons deja vu, dans la remarque précedente, plusieurs peuples, entre autres les Nasomenes, qui ayant diférentes femmes, en avoient connoissance devant tout le monde, les Massagetes suivoient la même coutume. Pomponius Mela dit: ,, Les Garamen-,, tes n'ont point de femme qui leur soit propre, ,, mais ils se servent de toutes à mesure qu'ils les ren-,, contrent, & qu'ils en ont besoin. Ceux qui nais-,, sent d'un accouplement aussi tumultueux & aussi ,, confus, reconnoissent pour leur peres les hom-,, mes aux quels ils ressemblent d'avantage.`` *Apud Garamantas nulli certa uxor est; ex his qui tam confuso parentum coitu passim incertique nascuntur, quos pro suis colant, formæ similitudinis agnoscunt.* Pompon. Mela de situ orbis, lib. I. cap. VIII. Si des peuples entiers ont pu s'acoutumer à braver les regards de tous leurs concitoiens dans l'acte de la génération, pourquoi quelques hommes n'auroient-ils pas fait ce que faisoient des Nations entieres?

Quand

les obſtacles à ces plai- νεσθαι τῆς ἐνεργείας
ſirs ſoient en très-
grand nombre. ταύτης.

§. 13.

Quand à ce que dit S. Auguſtin, que de ſon tems, on voioit encore tous les jours des philoſophes Cyniques, mais que ſi quelqu'un d'eux avoit été aſſés effronté pour faire quelque choſe de ſemblable, on l'auroit lapidé ou du moins ont lui eut craché au nez, cela eſt vrai; mais du tems de S. Auguſtin les Empereurs & les principaux Magiſtrats étoient chrêtiens, ainſi ceux qui auroient maltraité les philoſophes Cyniques n'auroient eu rien à craindre. La choſe étoit diférente lorsque la ſouveraine puiſſance étoit dans les mains des payens, qui auroient puni quiconque eut inſulté un Cynique, puisqu'il étoit citoien, & par conſéquent libre de s'attacher à quelle ſecte de philoſophie il vouloit.

Il eſt des tems, où la même action, qui a pu ſe faire tranquilement, & ſans cauſer le moindre trouble, feroit ſoulever dans d'autres tout le peuple. Si aujourdhui un homme ſe dèshabilloit tranquilement tout nud, en préſence de ſon Evêque, & qu'il quittât ſa chemiſe devant tout le clergé de ce Prelat, on le mettroit aux petites maiſons : c'eſt cependant ce que fit S. François d'Aſſiſe, dans un mouvement, s'il faut en croire ſon Hiſtorien, de la grace efficace. ,, Ce pere terreſtre & charnel, dit S.
,, Bonavanture (parlant du pere de S. François,)
,, après avoir ôté l'argent au fils de la Grace, tachoit
,, de le mener devant l'Evêque de la ville, afin qu'il
,, renonçât entre ſes mains à tous les biens paternels,
,, & qu'il rendit tout ce qu'il avoit. François le fit,
,, &

§. 13. Καθόλυ δὲ   §. 13. Les généra-
δεῖ περιαναιρεῖν τάς τε tions faites contre 'la
παρὰ φύσιν γενέσεις, nature, ou faites avec
                                 καὶ

„il rendit même à son pere ses habits, sous les quels
„on trouva un cilice, dont il maceroit sa chair.
„Ensuite, poussé par une admirable ferveur d'esprit
„dont il étoit enivré, il se dépouilla tout nud de-
„vant tous les assistans, & tint ce langage à son pere:
„Jusqu'ici je vous ai apellé mon pere sur la terre;
„mais dèsormais je pourrai dire avec sureté: *nôtre*
„*pere qui es aux cieux*, puisque j'ai mis tout mon tré-
„sor & toute ma confiance en lui." *Ferand Reponse*
à l'apologie pour la Reform. pag. 361.

Voila des actions qui actuellement passeroient,
auprès de tous les gens sensés, pour aussi folles, que
celles que font les Convulsionnaires. Mais il faut
toujours regarder les hommes, lorsqu'on veut en
juger, selon le tems où ils ont vecu. Si un fon-
dateur d'Ordre aujourdhui se rouloit tout nud dans
la neige, comme S. François, s'il se faisoit, comme lui, une femme & des enfans de glace, il ne
parviendroit pas à rassembler quatre hommes capables d'être Capucins, quelque méprisables qu'ils
soient, même aux yeux de tous les catholiques.
Ce nombre considérable de Moines mandians,
à charge à tous les états, ayant la crasse des anciens Cyniques, sans en avoir les connoissances, ne se soutient encore, que parceque dans
ce siecle éclairé on se contente de condamner
les abus, sans avoir assés de force pour les détruire. Ajoutons ici, que Diogene se vautroit aussi, comme S. François d'Assise, tout nud dans la
neige, & qu'ils étoient vetus tous les deux de la
                                        mê-

injure à la nature, doi-vent être suprimées avec autant de soin, *καὶ τὰς μεθ' ὕβρεως γινομένας. καταλιμπάνειν δὲ τὰς κατὰ φύσιν,*

même maniere, quoique vivant dans des tems bien diférents.

¹⁴ *Καθόλυ δὲ δεῖ περιαιρεῖν τὰς τε παρὰ φύσιν γινέσεις, καὶ τὰς μεθ' ὑβρεως γινομένας. Les générations faites contre nature, ou faites avec injure à la nature, doivent être suprimées.* Il faut considerer ce passage d'Ocellus, comme disant la même chose de deux manieres diférentes. Ainsi par les générations faites contre nature, ou faites avec injure à la nature, Ocellus entend également les creatures qui naissent de l'accouplement de l'homme avec quelqu'autre animal. Il est donc certain qu'Ocellus, a cru, que la production des monstres étoit possible par le mélange de la semence humaine avec celle d'une bête. Je crois qu'il se trompe, & je pense sur ce sujet comme les philosophes Epicuriens, qui nioient absolument que cela fut possible. ,, Les Centaures, ,, *dit Lucrece*, ne furent jamais qu'une fiction. Ja-,, mais la Maîtresse des choses n'a souffert, parmi ses ,, êtres, une double nature, un double corps formé ,, de membres d'especes diférentes; parcequ'on pour-,, ra connoître, sans beaucoup de pénétration, que ,, la force & les facultés de ces prodiges n'auroient ,, point eu de rapport, pour le mutuel concours de ,, leurs actions & de leurs mouvemens. Un cheval ,, de trois ans fournit impétueusement une cariere, ,, & à cet âge un enfant ne se peut presque encore ,, soutenir; & dans le sommeil même le souvenir de ,, sa premiere nourriture lui fait chercher les mamel-,, les, qui l'ont alaité; le cheval aussi n'a pas plutôt ,, per-

φύσιν, ἢ μετὰ σω-   qu'il en faut aporter
φροσύνης ἐπὶ τεκνο-   pour conserver celles
ποιΐᾳ σώφρονί τε καὶ   qui, conformes aux
                         νομί-

,, perdu sa force par la vieillesse, que ses membres de-
,, viennent languissans, & qu'il court à sa fin, pen-
,, dant que le même enfant croit & se perfectionne,
,, & que ses joues se couvrent d'un poil follet, que
,, fait naitre la florissante jeunesse ; Ne vous imagi-
,, nés donc pas qu'il puisse naître un Centaure d'une
,, semence melangée de deux especes diférentes, ni
,, qu'il y ait tant d'autres monstres de cette sorte à
,, qui l'on donne des membres si disproportionnés,
,, qu'ils ne peuvent se perfectionner ensemble ni
,, augmenter également, encore moins ateindre à
,, la vieillesse.

     Sed neque Centauri fuerunt, nec tempore in ullo
     Esse queat duplici natura, & corpore bino
     Ex alienigenis membris compacta potestas,
     Hinc illinc par vis ut non sic esse potis sit
     Id licet hinc quamvis hebeti cognoscere corde.
     Principio, circum tribus actis impiger annis
     Floret equus, puer haud quaquam ; quin sæpe
           etiam num
     Ubera mammarum in somnis lactantia quærit.
     Post ubi equum validæ vires ætate senecta,
     Membraque deficiunt fugienti languida vita :
     Tum demum pueris ævo florente juventas
     Occipit, & molli vestit lanugine malas :
     Ne forte ex homine, & veterino semine equo-
           rum
     Confieri credas Centauros posse, nec esse :
     Aut rapidis canibus succinctas semimarinis
     Corporibus Scyllas, & cetera de genere horum ;
                                Inter

loix naturelles & à la νομίμω γινομένη, Δεῖ
temperance , produi- δὲ πάλιν πρόνοιαν ποι-
sent des enfans sobres, εῖσθαι τοὺς τεκνοποι-
ουμέ-

> Inter se quorum discordia membra videmus,
> Quæ neque florescunt pariter, neque robora su-
> munt
> Corporibus, neque proficiunt ætate senecta.
> *Lucret. de rer. nat. L. 5. v. 176.*

Il y a encore plusieurs raisons , puisées dans les principes de la meilleure physique, qui montrent l'impossibilité de l'existence de ces monstres , car la nourriture , qu'ils prendroient , en subsantant une partie de
leur corps à la quelle elle seroit propre , tueroit l'autre, pour qui elle seroit un venin mortel : les chevres
par exemple trouvent une grasse nourriture dans la
cigue, pendant que les hommes y rencontrent un
violent poison ; au contraire les chevres periroient ,
si on leur donnoit des nourritures où il y eut des sucs
de viande, & les hommes trouvent dans ces sucs leur
plus excellente nourriture : comment donc nourrir
un animal, de qui la moitié du corps doit recevoir
une nourriture qui est contraire à l'autre ?

La nature a prescrit des loix aux semences des diférents animaux ; ensorte que l'union de ces semences, lorsqu'elles sont reçues dans un vase qui ne
leur a pas été destiné, ne peut jamais rien produire. Chaque génération est necessairement effectuée
par les regles de sa premiere disposition, & il n'y a
rien dans la nature qui ne garde un ordre fixe, dans
l'obéissance des loix qu'elle même a établies.

Mais dira-t on, beaucoup d'anciens auteurs prétendent qu'il y a eu des Satyres, qui étoient moitié
homme & moitié chevre, & des Centaures qui é-

T
toient

ϑυμένους τῶν ἐσομένων & engendrés légitime-
τέκνων. πρώτη μὲν οὖν ment. Ceux qui veulent procréer des enfans,
με-

toient moitié homme & moitié cheval. S. Jerome l'assure dans la vie de S. Antoine. „Ce Saint solitai-
„re, *dit·il*, allant rendre une visite à S. Paul l'Ana-
„chorete, rencontra un centaure moitié homme &
„moitié cheval; saisi d'étonnement il fit d'abord le
„signe de la croix, ensuite il dit au centaure, aprends
„moi où reste le serviteur de Dieu; ce monstre pro-
„nonçant quelques paroles, mal articulées, chercha
„à prendre un ton doux, après quoi il montra à S.
„Antoine de sa main le chemin qu'il falloit suivre,
„& prit ensuite la fuite au grand galop. *Conspicit hominem equo mixtum, cui poetarum Hippocentauro vo-
cabulum indidit. Quo viso salutaris impressione signi
armat frontem. Et heus tu, inquit, quanam in parte
hic servus Dei habitus? at ille barbarum nescio quid
infrendens, & frangens potius verba quam proloquens,
inter horrentia ora, senis blandum quæsivit eloquium,
& dextræ prætentione manus cupitum indicat iter:
& sic potentes campos volucri transmittens fuga, ex
oculis mirantis evanuit* Hieron. Epist. Lib III. de vita Pauli primi Eremitæ. Avant de faire aucune re-flection sur ce passage de S. Jerome, nous verrons encore celui où il parle des Satyres, parceque ce que nous dirons sur l'un servira également de refutation à l'autre. „A quelque distance de là, *dit S. Jerome*,
„Antoine aperçut un Satyre, tel que les peintres les
„dépeignent, ayant la tête & le corps d'un homme,
„les cuisses & les jambes d'une chevre. Le Saint sur-
„pris d'une telle rencontre s'arma d'abord du bou-
„clier de la foi. Le Satyre ne fut point épouvanté de
la

doivent avoir de la μεγίςη φυλακὴ πρὸς
prévoiance, au sujet
de ces mêmes enfans; γένεσιν τῷ τεκνοποιεῖν

T 2

βου-

„ la vue d'un homme, il s'avance vers Saint Antoi-
„ ne, pour lui offrir des fruits de palmier, en signe
„ d'amitié. Cet Anachorete lui demanda qui il étoit?
„ je suis un mortel, lui dit-il, & un des habitans des
„ forêts, que les payens seduits par leur erreur ado-
„ rent sous le nom de Faunes, de Satyres, & d'Incu-
„ bes: je m'acquite auprès de vous de la deputation
„ de mon troupeau: nous vous prions tous, que vous
„ invoquiés en nôtre faveur le Dieu qui nous est
„ commun, que nous connoissons être venu pour
„ le salut du monde, & dont la reputation a rempli
„ toute la terre. Saint Antoine entendant ces dis-
„ cours, mouilla son visage de ses pleurs, causés par
„ la joie qu'il ressentoit. Il se rejouissoit de la gloire
„ de Christ, & de la défaite de Satan, admirant qu'il
„ pouvoit entendre le langage des Satyres; & fra-
„ pant la terre de son baton, malheur à toi, s'écria-
„ t-il, il, o Alexandrie qui honores des monstres au
„ lieu du vrai Dieu! malheur à toi Ville corrom-
„ pue, dans la quelle tous les demons de l'univers se
„ sont retirés! que diras tu maintenant? les bêtes par-
„ lent de Christ, & toi, tu rends à des monstres
„ l'homage que tu dois à Dieu." *Nec mora inter*
saxosam convallem haud grandem, homunculum vi-
det, aduncis naribus, fronte cornibus asperata cujus
extrema pars corporis in caprarum pedes desinebat. In-
fractusque & hoc Antonius spectaculo: scutum fidei
& loricam spei bonus præliator arripuit. Nihilominus
memoratum animal palmarum fructus eidem ad viati-
cum, quasi pacis obsides, offerebat. Quo cognito gra-

dam

*dum preſſit Antonius , & quisnam eſſet interrogans, hoc ab eo reſponſum accepit : mortalis ego ſum, & unus ex accolis Eremi , quos vario deluſa errore gentilitas Faunos , Satyrosque , & Incubas vocans colit. Legatione fungor Gregis mei : precamur ut pro nobis communem Deum depreceris , quem pro ſalute mundi veniſſe cognovimus , & in univerſam terram exiit ſonus ejus. Talia eo loquente longævus viator ubertim faciem lacrimis irrigabat quas magnitudo lætitiæ indices effuderat Gaudebat quippe de Chriſti gloria & de interitu Satanæ : ſimulque admirans , quod ejus poſſet intelligere ſermonem , & baculo humum percutiens ajebat : Væ tibi, Alexandria , quæ pro Deo portenta veneraris : væ tibi, civitas meretrix, in quam totius orbis dæmonia confluxere. Quid nunc dictura es ? beſtiæ Chriſtum loquuntur, & tu pro Deo portenta veneraris.*Id.ib.

Il eſt aiſé de voir, que tout ce que raconte là S. Jerome ſont des fables pieuſes, inventées pour occuper les jeunes veuves romaines, que ce Saint vouloit amuſer, pour les empêcher de ſe marier. Si on ne prenoit pas dans ce ſens tous les contes, que debite ſi gravement S. Jerome, il faudroit le regarder ou comme un homme de mauvaiſe foi, ou comme un eſprit foible, capable de ſe prêter à la croiance des contes les plus ridicules. Qui peut ſe figurer, qu'il y ait jamais eu un peuple de Satyres, qui ſavoit que Jeſus-Chriſt s'étoit incarné pour la redemption du genre humain, qui envoioit des deputés aux ſolitaires pour ſe recommander à leurs prieres ? mais ſi ce peuple *homme-chevre* a exiſté, ainſi que celui des centaures, que ſont devenus ces monſtres ? eſt-ce qu'ils ont imité dans leurs transmigrations les nations du Nord ? en abandonnant l'Egypte où ſe ſont ils donc retirés ? ſi l'on dit qu'ils ont peri, je demande comment cela a pu arriver, ſans qu'on ait eu aucune idée
de

de leur destruction, sans qu'on sâche comment, pourquoi, d'où vient ils ont peri ?

Nous voions que dans le tems même, où l'on parloit le plus de l'existence de ces peuples fabuleux, non seulement les philosophes s'en mocquoient : mais les plus habiles geographes, obligés par le genre de leur étude à aprofondir cette question, en plaisantoient. Strabon tourne en ridicule ce que l'on disoit de tous ces peuples monstrueux. Mais dira-t on, est il possible, que S. Jerome ait menti ? pourquoi n'a-t-il pû le faire puisque S. Augustin, ou l'auteur des Sermons qui portent son nom, a bien avancé un mensonge dans le même goût & aussi grossier ? Ce qu'il y a de pis, c'est que l'Evêque d'Hippone parle comme temoin oculaire, au lieu que S. Jerome ne ment qu'en qualité d'Historien. ,, J'étois deja, *dit* ,, *S. Augustin*, Evêque d'Hippone, lorsque je fis un ,, voyage en Ethiopie, accompagné de quelques ,, serviteurs de Christ, pour y prêcher l'Evangile. ,, Nous vimes dans ce pais beaucoup d'hommes & ,, de femmes qui étoient sans tête, mais qui avoient ,, deux gros yeux sur la poitrine, tous leurs autres ,, membres étoient faits comme les nôtres. Les prê- ,, tres de cette nation sans tête étoient mariés, mais ,, ils vivoient dans une si grande chasteté, que quoi- ,, qu'ils eussent des femmes, ils ne s'en servoient ,, qu'une fois l'année, & ce jour ils ne sacrifioient ,, pas. Nous vimes encore dans les païs les plus me- ,, ridionaux de l'Ethiopie un peuple, qui n'avoit ,, qu'un œil au front, dont les prêtres fuioient le ,, commerce des hommes, s'abstenoient de tous les ,, actes de la concupiscence pendant toute la semai- ,, ne, où ils offroient de l'encens à leurs Dieux, & ,, ne prenoient alors d'autre nourriture, qu'une cer- ,, taine quantité d'eau pure.`` *Ecce ego jam Episcopus*

Hip-

Hipponensis eram , & cum quibusdam servis Christi ad Ethiopiam perrexi, ut eis sanctum Christi evangelium prædicarem, & vidimus ibi multos homines ac mulieres capita non habentes, sed oculos grossos fixos in pectore, cætera membra æqualia nobis habentes : inter quos sacerdotes eorum vidimus uxoratos, tantæ tamen abstinentiæ erant, quod licet uxores sacerdotes omnes haberent, nunquam tamen nisi semel in anno eas tangere volebant, qua die ab omni sacrificio abstinebant. Vidimus & in inferioribus partibus Ethiopiæ homines unum oculum tantum in fronte habentes, quorum sacerdotes a conversationibus hominum fugiebant, ab omni libidine carnis se abstinebant, & in septimana in qua diis suis thura offerre debebant, ab omni labe carnis abstinebant se, nihil sumebant nisi metretum aquæ per diem, & sic contenti manentes digne sacrificium diis suis offerrebant. D. August. sermones ad fratres suos in eremo. Serm. XXXIII.

Comment S. Augustin, ou l'auteur qui pendant près de mille ans a emprunté son nom, & qui le porte encore aujourdhui, a-t-il pu se resoudre à débiter un pareil conte, de la verité du quel il ose se rendre garant aux yeux de l'Univers comme temoin oculaire ? Il est impossible (dès que l'on veut raisonner en philosophe) de croire à la creation d'Adam, & d'admettre l'existence de semblables peuples, je ne parle pas d'une nation sans tête, car cela est si absurde qu'il ne merite pas d'être refuté ; mais un peuple de Ciclopes, s'il y en a eu, n'avoit pas la même tige qu'un peuple à deux yeux : un seul œil au milieu du front change entierement l'ordre, l'harmonie, la configuration des parties du cerveau, & de tout l'interieur de la tête : une pareille organisation n'a rien de semblable avec celle de la tête des hommes descendus d'Adam.

L'on

L'on dira peut-être qu'il y a des hommes dont la couleur est diférente. Je reponds à cela, que la couleur de la peau ne change en rien l'organisation du corps : qu'un cheval ait le poil blanc, gris, noir, c'est toujours un cheval ; mais s'il n'avoit qu'un œil, placé au milieu de la tête, ce seroit une autre espece d'animal, puisqu'il faudroit que toute sa tête fut diféremment arrangée, que celle d'un veritable cheval ; la couleur noire dans les Negres doit avoir été produite par l'excessive chaleur du pais qu'ils habitent, & elle est devenue, par la suite des tems, comme naturelle à cette race d'hommes, chez qui elle a été transmise de génération en génération. L'on voit les hommes dans le Nord avoir le tein blanc, en France ils sont bruns en général, en Espagne ils ont le visage basané, sur les côtes d'Alger ils l'ont encore plus .enfin dans l'interieur de l'Afrique ils sont noirs. On aperçoit la couleur humaine s'éclaircir ou brunir, selon que la chaleur du Soleil est forte ou moderée dans certains pais.

Mais, dira-t-on encore, nous voions des semences, qui ne sont point homogenes, produire dans les bêtes des animaux, qui n'ont pas été créés dans l'arrangement général des choses. Un ane, qui couvre une jument, & un cheval qui couvre une anesse, font également un mulet, qui est une espece de monstre dans la nature. Je reponds à cela que les semences d'un cheval & d'une anesse sont infinement moins heterogenes entre elles, que celles d'un homme avec celles de quelque autre animal que ce soit. L'homme est un animal à deux pieds ainsi que tous les oiseaux, avec les quels il n'a rien autre chose de commun : il est par sa configuration, aussi éloigné de la forme des animaux *quadrupedes* que de la figure des animaux *bipedes*, par

con-

conféquent fa femence eft totalement heterogene avec celle de toutes les autres creatures. Un cheval & un ane n'ont d'autre diférence que les oreilles un peu plus longues ou plus courtes, & la queue plus ou moins garnie de crain : il n'eſt pas étonnant que dans deux animaux, qui font presque les mêmes, il fe trouve que les femences ne font point totalement heterogenes, & qu'elles peuvent produire quelque chofe, pour une feule & unique fois; car les nouvelles femences, qui viennent de ces premieres, n'ont plus aucune force, font fteriles, parcequ'elles n'ont pas été produites par des femences parfaitement homogenes.

Les hommes ne pouvant jamais produire un monſtre par leur accouplement avec certains animaux : d'où venoient donc ces enfans, qu'on a montré pluſieurs fois dans toutes les villes, & dans les foires, qui avoient des pieds de chevres, quelquefois de brebis, & qui reſſembloient aux Satyres anciens? Je reponds, que ces monſtres n'avoient pas été crées par un mêlange heterogene de femences, mais qu'ils avoient été formés, tels qu'ils étoient, dans l'uterus d'une femme : les parties du fœtus font toutes ébauchées dans l'œuf, mais elles ne croiffent pas toutes également, quelques unes fe font voir en peu de tems, au lieu que d'autres ne paroiffent que long-tems après, ou peut être jamais, fi elles rencontrent quelques obſtacles qui les empêchent; fi le fœtus eſt incommodé, les obſtructions privent aifément quelques parties de leur nourriture, les quelles reſtent dans un état difforme fans fe perfectionner, dans le tems que les autres parviennent a l'état de perfection où elles doivent être; les pieds & les jambes par exemple, au lieu de prendre leur veritable conformation reſtent

à deà demi formés, & reſſemblent en quelque maniere aux jambes & aux pieds d'une chevre. En voila aſſés pour faire d'abord crier au monſtre, & pour établir l'exiſtence de dix nations de Satires & d'autant de Centaures.

La mechante configuration de la matrice eſt, ſelon Hippocrate, la cauſe d'un nombre de difformités monſtrueuſes. ,, L'enfant dans la matrice. *dit ce* ,, *grand homme*, ſera difforme, s'il n'a pas aſſés d'eſ- ,, pace pour y demeurer à ſon aiſe. Il reſſemble en ,, cela à un vegetable, lequel trouvant une pierre ou ,, quelque autre choſe, qui le gene dans ſon accroiſ- ,, ſement, croit peu à peu tortu, de travers, mince, ,, entierement difforme d'un côté & épais de l'autre.''

Ἐπὴν ἐν τῇσι μήτρῃσι κατὰ τὸ χωρίον, καθ' ὅ, τι κ̀ ἐπηρώθη ςενὸν ἔη, ἀνάγκη, ἐν ςενῷ κινευμένῳ τοῦ σώματος, πηροῦσθαι κατ' ἐκεῖνο τὸ χωρίον ὥσπερ κ̀ τ̃ δένδρων ἄσσα ἐν τῇ γῇ ἐόντα μὴ ἔχη εὐρυχωρίην, ἀλλ' ὑπὸ λίθυ ἢ ὑπὸ τινος ἄλλυ ἀπολυφθῇ, ἀνατέλλον σκολιὸν γίνεται, ἢ πῆ μὲν παχὺ πῆ δὲ λεπτὸν. οὕτω δὴ ἔχει κ̀ τῷ παιδίῳ γίνεσθαι, ἢ ἐν τῇσι μήτρῃσι κατὰ τι τοῦ σώματος ςενότερον ἔη τὰ ἕτερον τοῦ ἑτέρυ. *Quum in utero, juxta locum in quo mutilatus eſt fœtus, anguſtia fuerit, neceſſe eſt corpus quod in anguſtia movetur mutilari juxta illum locum. Quemadmodum etiam arbores quæcunque in terra ſunt, & non habent ſatis amplum locum, verum a lapide, aut aliqua re impediuntur, quum emergunt, obliquæ ac tortuoſæ ſunt, aut hac parte craſſæ, altera tenues; ſic accidit etiam circa puerum ſi in utero juxta aliquam corporis partem, anguſtior altera uteri pars altera fuerit.* Hippocrat. de genitura Cap. IX. T. I. p. 132. Voila la ſeule & unique ſource, d'où ſortent tous ces prétendus monſtres, que la credulité populaire regarde comme la ſuite de l'accouplement d'un homme avec une bête. Les Medecins con-

T 5

βουλομένῳ, δίαιτα σω la précaution la plus
φρονικὴ καὶ ὑγιεινή· necessaire à celui
qui veut faire un en-
ὡς

connoissent la cause veritable de ces difformités,
mais eussent-ils la voix & les poumons de Stentor,
comment pourroient-ils se faire entendre à des gens
qui se bouchent les oreilles, pour ne pas ouir la
verité?

Si quelques enfans viennent au monde avec une
ressemblance de singe, de chien, ou de quelque chose de pis, on doit l'attribuer à ce que les levres, &
les joues ne sont pas arrivées à leur perfection, la
bouche est ouverte jusqu'aux oreilles dans les enfans qui ne sont pas entierement parfaits, & les o-
reilles alors presque imperceptibles. C'est ce qu'a
observé Harvey: *Oris rictus ad utramque aurem pro-
tensus cernitur.* Harvei Exercit. 69. Le poil épais,
qui ressemble à une espece de laine, que l'on voit
quelquefois sur les jambes & sur les pieds difformes
de quelques hommes, provient des humeurs qui s'y
portent, & ne trouvant pas assés de place pour s'é-
tendre, & pour s'évaporer par la transpiration, à
cause de la peau qui est prèsque toujours rude dans
les parties défectueuses, ces humeurs produisent le
même effet, que leur superfluité cause sur le menton,
& dans plusieurs parties du corps, où le poil croit en
plus grande abondance que dans les autres. C'est
cette même quantité d'humeurs, qui forme dans les
quadrupedes leur poil, dans les oiseaux leurs plumes;
ce qui fait dans ces derniers la diversité de leurs couleurs, c'est la diférence des excrétions, qui servent
de nourriture à leurs plumes, comme l'a fort bien
remarqué Bacon: *Verissima causa est quod humor ex-
cre-*

fant, c'eſt un regime ὡς μή τε πληρώσει
chaſte & ſain, & une
ſage retenue dans la χρῆσθαι τροφῆς ἀκαί-

ρου,

crementitius animantium, qui æque conſtituit plumas
in avibus ac pilos in beſtiis, in avibus tenuiori & de-
licatiori colatura transmittatur, quam in beſtiis,
plumæ enim transeunt pennas, pili vero cutem. Bacon. ſyl. ſylvar. Hiſt. nat. cent. I. art. V p. 4.

¹⁵ Πρωτη μεν ουν μεγιϛη φυλακη προς γενεσιν τω τεκ-
νοποιειν βυλομενω διαιϛα σωφρονεκη και υγιεινη ως μη τε
πληρωσει χρησθαι τροφας ακαιρυ, μητε μεθη. La précaution la plus neceſſaire à celui qui veut faire un
enfant, c'eſt un regime chaſte & ſain, une ſage retenue dans la quantité des alimens, & une attention au tems où ces alimens doivent être pris; il
faut encore éviter l'yvreſſe.

Tous les plus grands Medecins conviennent, qu'il
n'y a rien de plus capable d'alterer les ſemences &
de les rendre même totalement défectueuſes, que
l'intemperance dans les viandes & dans les boiſſons.
Quand les fonctions de l'eſtomac ſe font avec peine,
l'accouplement eſt non ſeulement pernicieux à l'enfant qui en eſt produit, & qui par ſa foibleſſe, ou par
ſa ſtupidité, ſe reſſent toujours de l'imperfection de
ſon origine, mais il eſt encore très nuiſible au pere.
„ Si un homme, *dit un ſavant Medecin*, rempli de
„ viandes & de vin s'accoûtume à faire uſage du coit
„ dans cet état, il contracte une debilité qui affoiblit
„ tout le corps: ſes nerfs ſe relâchent, il prend des
„ douleurs dans les jambes, il ſe forme une opilation
„ dans les viſceres, il diſſipe la chaleur naturelle, &
„ accroit conſidérablement les mauvaiſes humeurs,
„ ſa vue devient foible, & l'orbite de ſes yeux ſe
„ creu-

ρου, μήτε μέτη, μήτε quantité des alimens,
ἄλλη τῇ ταραχῇ ἐξ & une attention au
tems où ces alimens
ὧν

„creuse considérablement.“ *Si cibo homo repletus,
aut potu, coitu utatur, debilitas fit corpori, enerva-
tio nervis, dolor in genibus, aliarumque continuationum
ac viscerum opilatio, generanturque exinde humores
grossi .. calor naturalis dissolvitur, tenebratur visus,
oculi fiunt concavi.* Hali Rodoan V. Theoriæ c. 36.

Hippocrate est précis sur la necessité de la pureté
des semences, & il remarque qu'elles se forment des
sucs de toutes les parties du corps, soit des molles,
soit des solides, or les sucs ou les humides sont le
sang, la bile. l'eau, & la pituite. τὴν δὲ γονὴν φημὶ
ἀποκρίνεσθαι ἀπὸ παντὸς τοῦ σώματος, κὴ ἀπὸ τῶν στε-
ρεῶν, κὴ ἀπὸ τῶν μαλθακῶν, κὴ ἀπὸ τοῦ ὑγροῦ παντὸς
τοῦ ἐν ᾧ σώματι. εἰσὶ δὲ τέσσαρι; ἰδέαι τοῦ ὑγροῦ. αἷμα,
χολὴ, ὕδωρ, κὴ φλέγμα. *Porro genituram dico a toto
corpore secerni & a solidis & a mollibus partibus,
& ab humido omni in toto corpore; sunt autem humidi species quatuor, sanguis, bilis, aqua, & pituita.*
Hippoc. Tom. I. de genit. cap. 5. pag. 127. Si les
sucs, d'où se forme la semence, sont alterés & gatés,
il faut absolument qu'elle conserve dans elle les mêmes vices qui se trouvent dans les parties qui la
composent: c'est une chose évidente, à la quelle
tant de peres, qui procréent des enfans, qu'ils rendent malheureux dès le moment qu'ils les font, ne
pensent gueres. Il y a presque autant de crime à
donner la vie, par sa propre faute, à une creature
qu'on sait devoir languir dans la foiblesse, dans la
douleur, dans la stupidité, & quelquefois dans la
folie, qu'a l'oter à cette même creature: voila quelles

doivent être pris : il
faut encore éviter l'y-
vresse, & tous les trou- ὧν χείρους (αἰ) αὐτῶν

σωμάτων ἕξεις γίνον-

ται.

les font les triftes fuites du libertinage. O vous, qui
vous dites hommes, vous avez la cruauté d'un tigre,
& la brutale ferocité d'un ours, lorfque vous rem-
pliffez les devoirs du mariage, fans être affurés auparavant, que vous n'allez pas mettre un malheureux ou une malheureufe dans le monde! Il eft
plus effentiel à un homme, que la débauche a rendu malade, de connoître qu'il viole toutes les regles
de la probité, tous les principes de la focieté en
communiquant fon mal à fa femme, & à l'enfant
qu'il va faire, que de favoir fi la grace, qui l'empêche de commettre cette mauvaife action, eft
fuffifante ou efficace. Qu'importe de quelle efpece
elle foit, pourvu qu'elle garantiffe du crime. Theologiens, qui avés bouleverfé & troublé tant de fois
le plus beau Royaume de l'Europe, pour favoir
quelle étoit la nature de ce qui nous rendoit bons,
laiffés nous être vertueux, cela nous fuffira ; au lieu
de tant de livres, plus remplis d'injures contre vos
ennemis, que de raifons évidentes pour l'opinion
que vous foutenez, faites un ouvrage fur la pureté
du coït : la focieté en profitera, & vous repare-
rés envers elle les troubles, que vos difputes ont
caufés. Le monde entier les a toujours meprifées ;
la France feule a été affés malheureufe pour y
prendre part. Mais l'amour pour la nouveauté,
qui a fait lire vos ouvrages à un peuple frivole,
qui prend aujourdhui part, avec la même ardeur,
aux demêlés des Theologiens, & demain à ceux
des bouffons, fera bientôt tomber vos livres de

con-

ται. μάλιϛα δὲ πάν- bles & les mouvements
των προσήκει φυλάτlε. par les quels les habitudes du corps font
σθαι

controverfe, & vos recueils d'injures reciproques
dans cet oubli, où le bon fens les a condamné dès
le moment de leur naiffance. Qu'importe à l'Europe, que la Mere Louife, que la Sœur Dorothée,
& les autres Réligieufes de Port Royal aient eu des
images dans leurs cellules, ou n'en aient pas eu ? que
fait à cette même Europe, que le Pere Girard ait
couché avec la Cadiere, ou que ce foit le Pere
Carme ? cela eft auffi important à éclaircir, que de
favoir le refultat de la fameufe confultation, faite
pour tranquilifer la confcience d'une actrice de la
Comedie, qui a excité fi fagement le zele de tous les
Avocats, & attiré avec tant de raifon l'attention du
Parlement de Paris. O Anglois, ennemis éternels
d'un peuple, plus aimable que vous, mais bien
moins conféquent dans fes idées, que toutes ces pue-
riles & ridicules conteftations doivent vous amu-
fer, pendant que vous prenez les Indes Orientales
& Occidentales !

16 Μαλιϛα δε παντων προσηκει φυλατlεσθαι το της κα-
θεϛηκυιας της διανοιας τας μιξεις γινεσθαι εκ φαυλων γαρ
και ασυμφωνων και ταραχωδων εξεων μοχθηρα γινεlαι σπερ-
ματα. *Mais ce qu'il faut furtout obferver, c'eft de
prendre garde, que dans le moment où la femence eft
repandue, l'on ait l'efprit tranquille, car les femences font rendues mauvaifes par les affections folles
inconftantes & fougueufes.*

Les plus grands phyficiens conviennent tous, que
c'eft dans le moment où la femence eft repandue,
que la reffemblance de l'enfant au pere & à la mere
eft

endomagées. Mais ce qu'il faut furtout ob-ferver, [16] c'eft de σθαι τὸ τῆς καθεϛη-κυίας τῆς διανοίας τὰς μίξεις eft produite, foit pour le corps foit pour l'ame. La penfée ou l'imagination, dit Pline, du male & de la femelle paffant fubitement par l'efprit, forme la ref-femblance. *Cogitatio utriusque, (patris & matris) animum fubito transvolans, effingere fimilitudinem aut mifcere exiftimatur.* Plin. Hift. natural. lib. VIII. cap. 12.

Il eft aifé à prefent de connoître la caufe du genie de tous les diférents peuples, de leurs bonnes qualités & de leurs défauts, que la meilleure éducation n'a pas la force de corriger, parceque le principe original de ces défauts eft trop invinciblement imprimé dans l'ame, dès le moment de la conception. Pourquoi voit-on en France dans tous les diférents états, mê-me chez les Ecclefiaftiques & chez les Magiftrats, tant de petits-maîtres étourdis, & affez infenfés, pour qu'on les prenne plutôt pour des finges que pour des hommes ? c'eft que leurs peres les ont procrées, l'efprit rempli de l'amour des modes, occupés des difputes frivoles fur la mufique françoife & italienne, entoufiafmés des entre-chats d'une danfeufe, affectés de deux ou trois mauvaifes fatires, cabalans contre une piece de theatre, enfin aiant l'imagination vuide de toute idée raifonnable. Il eft impoffible que de femblables peres ne produifent des enfans, qui fe ref-fentent d'une origine auffi défectueufe. ,, Tout ce ,, que l'on a vu, *dit Pline*, tout ce que l'on a enten-,, du, ou dont on s'eft fouvenu, & à quoi l'on a penfé ,, au moment de la conception, contribue beaucoup ,, à la reffemblance." *Similitudinem quidem in mente repu-*

μίξεις γίνεσθαι. ἐκ
Φαύλων γὰρ καὶ ἀ-
συμφώνων καὶ ταρα-
χωδῶν ἕξεων μοχθη-
ρὰ γίνεται τὰ σπέρ·
ματα.

§. 14. Μετὰ πάσης
οὖν σπουδῆς καὶ προσ-
οχῆς δεῖ καταβάλ-
λεσθαι, ὅπως τὰ γεν-
νώμενα γίνηται χαριέ·

prendre garde, que
dans le moment de
la génération l'on ait
l'esprit tranquile, car
les semences sont ren-
dues mauvaises par les
afections folles, incon-
stantes, & fougueuses.

§. 14. On ne sau-
roit donc aporter trop
de soins & trop d'a-
plication *à l'acte de
la génération*, afin d'a-
voir des enfans bien
sa-

*reputatio est, & in qua creduntur multa fortuita polle-
re, visus, auditus, memoria haustæque imagines sub
ipso conceptu.* Plinius ibidem. Voila pourquoi un
Anglois, dès la tendre enfance, parle deja de la gloire & de l'intcrêt de sa patrie, du maintien de la liberté de sa nation, de l'equilibre de l'Europe, de l'utilité du commerce : il est procrée d'un pere rempli de
ces idées. Un Milord, qui en sortant d'une séance
du Parlement, va souper à la taverne, & de là procréer un enfant, fait un courtisan politique, qui passe
sa vie à trouver le juste degré de la puissance du Souverain & du droit des sujets. Un Duc & Pair, qui
revenant de Versailles, se donne un successeur dans
sa famille, produit un courtisan aimable, brave dans
les combats, & galant dans la paix. Il en est des autres nations, ainsi que de ces deux premieres. Le
Ro-

nés, & ensuite bien élevés. Si ceux qui aiment les cheveaux, les oiseaux, les chiens, ont soin de la génération de ces animaux, & observent comment, quand est-ce, & par quelle bête il faut les faire procréer, pour que la race ne vienne point à pericliter; n'est il pas honteux [17] que les hommes ne fassent

ϛατα, καὶ γεννώμενα, καλῶς ἀνατραφῇ. οὔτε (δὲ) γὰρ δίκαιον, τοὺς μὲν Φιλίππους καὶ Φιλόρνιθας καὶ Φιλό- κυνας, μετὰ πάσης ἐπι- μελείας φροντίδα ποι- εῖσθαι τῶν γινομένων, ὡς δεῖ, καὶ ἐξ ὧν δεῖ, καὶ ὅτε δεῖ, καὶ πῶς διακειμένων γί- νεσθαι τὰς μίξεις καὶ τὰς κοινωνίας, τοῦ μὴ ὡς ἔτυχε γίνεσθαι τὰ γεν-

Romain fait un fils, qui rit de voir les autres nations recevoir un joug dont il profite, & dont il se moque au fond du cœur; le sage Venitien produit un enfant aussi prudent que lui; le grave & brave Espagnol, esclave des femmes, & des Inquisiteurs, voit dans sa famille la gravité, la valeur, la servitude pour le sexe & pour l'Inquisition; d'un Hollandois, attaché à liberté de sa patrie, nait un zelé republicain; & d'un Allemand, nourri dans les armes & dans la discipline, vient le meilleur Officier de l'Europe, & le Soldat le plus exact à son devoir.

[17] Τοὺς δὲ ἀνθρώπους μηδένα ποιεῖσθαι λόγον τῶν ἰδίων ἐγγόνων. *N'est-il pas honteux que les hommes ne fassent aucun conte de leurs enfans.* Dans ces dernieres reflections d'Ocellus, on voit tout

ce

γεννώμενα, τοὺς δὲ ἀν- aucun conte de leurs
θρώπους μηδένα ποιεῖ- propres enfans, qu'ils
σθαι λόγον τῶν ἰδίων les engendrent par ha-
ἐγγόνων, ἀλλὰ (καὶ) zard, & qu'ils ayent
γεννᾶν ὡς ἔτυχε, ἢ très-peu de foin de leur
γεννωμένων ὀλιγωρεῖν nourriture & de leur
καὶ τῆς τροφῆς καὶ éducation. La negli-
τῆς

ce que l'on peut dire de plus fort & de plus fen-
fé, fur l'obligation des parens à inftruire leur famille, & à leur donner une éducation vertueufe
& convenable à leur état. Un pere qui aban-
donne à des étrangers le foin de fes enfans, devroit être privé pour toujours par les loix du
nom de pere, qu'il ne merite pas. Cependant
combien peu y a-t-il de parens qui prennent foin
eux-mêmes de l'éducation de leurs enfans ? s'ils ont
des garçons ils les mettent dans un Colege, s'ils
ont des filles, dans un couvent, ou à peine les
voient-ils deux fois dans l'année. Je conviens
que les Ecoles publiques font néceffaires, elles
doivent aider un pere dans l'éducation de fon fils,
mais elles ne le difpenfent pas de joindre les foins
paternels aux foins étrangers mercenairement ache-
tés, & par conféquent toujours foibles & in-
fuffifants, lorfqu'ils font feuls ; l'âge de la jeunef-
fe paffe, & les défauts, qu'on y contraЄe, du-
rent toute la vie, & ne doivent prefque toujours
être imputés qu'à la negligence des parens. Les
gens vertueux devroient toujours avoir prefent à
l'efprit cette maxime de Platon, par laquelle
nous finirons nos notes fur la génération. Les
hom-

τῆς παιδείας. Ταῦτα γὰρ ἀμελούμενα, πάσης κακίας καὶ φαυλότητος παραίτια γίνεται, βοσκηματώδη ἢ ἀγεννῆ ἀποτελοῦντα τὰ γεννώμενα.

gence de ces choses est la caufe de la malice, & de la méchanceté humaine, & achevant de faire dégénerer l'efpece des hommes la rend femblable à celle des bêtes.

hommes fages ne prient pas les Dieux de leur donner des enfans immortels, mais bons & louables. Οὐκ ἀθανάτους σφίσι παῖδας εὔχονται γενέσθαι οἱ γονεῖς, ἀλλ' ἀγαθοὺς καὶ εὐκλεῖς. *Non fibi precantur parentes liberos immortales, fed bonos & laudabiles.* Chreſt. Platon. pag. 40. art. III.

AVER:

AVERTISSEMENT
DE L'AUTEUR.

C'eſt avec la plus grande ſurpriſe que j'ai vu, que dans un petit dictionnaire, intitulé *La France Litteraire*, on m'a attribué un grand nombre de Livres, où non-ſeulement je n'ai aucune part, mais que je n'ai jamais lûs, & dont je ne connois pas même les auteurs. Voici quels ſont ces ouvrages: *Anecdotes hiſtoriques, galantes & litteraires du tems préſent*: *Lettres d'un ſauvage dépaïſé*; *Anecdotes Venitiennes & Turques, ou Memoires du Comte de Bonneval*; *Avantures de la Ducheſſe de Vaxjour*; *Lettres amuſantes, ou délaſſement de l'eſprit*; *Les Avantures de Donna Bella*. Les Libraires, qui ont imprimé ces ouvrages, doivent en connoître les veritables Auteurs, & auroient pû donner à celui de *La France Litteraire* des éclairciſſemens, qui l'euſſent empêché de ſe tromper. Quant aux autres livres, qu'on m'attribue dans ce Dictionaire, je reconnois en être l'auteur, excepté des pieces, qui dans les *Memoires de l'eſprit & du cœur* ne ſont pas ſous mon nom, aux quelles je n'ai veritablement aucune part. Mr. Formey, mon Confrere à l'Académie, doit avoir remarqué dans quelqu'un de ſes ouvrages, que l'auteur des *Lettres d'un ſauvage dépaïſé* vivoit à Amſterdam, & qu'il avoit compoſé quelques autres livres. Si lorsque Mr. Formey donna une nouvelle Edition de la *France litteraire*, il m'eut fait la grace de me conſulter ſur mon article, je l'aurois prié d'y mettre la déclaration que je fais ici; & s'il trouve à la placer dans quelque journal, dont il connoiſſe les auteurs, je lui en ferai très obligé.